Maren Metz, Fabienne Theis (Hg.)

Digitale Lernwelt – Serious Games

Einsatz in der beruflichen Weiterbildung

© W. Bertelsmann Verlag GmbH & Co. KG
Bielefeld 2011

Gesamtherstellung:
W. Bertelsmann Verlag, Bielefeld
wbv.de

Umschlagabbildung: Zone 2 Connect GmbH

Mit freundlicher Unterstützung von Thorsten Unger und der Zone 2 Connect GmbH, mehrfacher Preisträger unter anderem 2009 und 2010 für den "Deutschen Computerspielpreis" für das "Beste Serious Game".

Bestell Nr.: 6004158
ISBN: 978-3-7639-4807-9 (Print)
ISBN: 978-3-7639-4808-6 (E-Book)
Printed in Germany

Das Werk einschließlich seiner Teile ist urheberrechtlich geschützt. Jede Verwertung außerhalb der engen Grenzen des Urheberrechtsgesetzes ist ohne Zustimmung des Verlags unzulässig und strafbar. Insbesondere darf kein Teil dieses Werkes ohne vorherige schriftliche Genehmigung des Verlages in irgendeiner Form (unter Verwendung elektronischer Systeme oder als Ausdruck, Fotokopie oder unter Nutzung eines anderen Vervielfältigungsverfahrens) über den persönlichen Gebrauch hinaus verarbeitet, vervielfältigt oder verbreitet werden.

Für alle in diesem Werk verwendeten Warennamen sowie Firmen- und Markenbezeichnungen können Schutzrechte bestehen, auch wenn diese nicht als solche gekennzeichnet sind. Deren Verwendung in diesem Werk berechtigt nicht zu der Annahme, dass diese frei verfügbar seien.

Bibliografische Information der Deutschen Nationalbibliothek
Die Deutsche Nationalbibliothek verzeichnet diese Publikation in der Deutschen Nationalbibliografie; detaillierte bibliografische Daten sind im Internet über http://dnb.d-nb.de abrufbar.

Inhalt

Geleitwort 5
Hans-Joachim Otto

Vorwort 7
Thorsten Unger

Einleitung 9
Maren Metz und Fabienne Theis

I. Serious Games in der Konzeption

Technische Konzeption

Potenziale und Fallstricke bei der spielerischen Kontextualisierung
von Lernangeboten 15
Oliver Korn

Serious Games im Unternehmenskontext: Besonderheiten, Chancen und
Herausforderungen der Entwicklung 27
Maic Masuch, Ralf Schmidt und Kathrin Gerling

Technologien für flexible Didaktik und Funktionalität 39
Klaus P. Jantke

Didaktische Konzeption

Game-Based Learning – Darf Lernen auch Spaß machen? 53
Gernold P. Frank

Mit Serious Games zum Lernerfolg 63
Maren Metz und Fabienne Theis

Informelles Lernen und der Einsatz von Serious Games 69
Manuela Feist und Regina Franken-Wendelstorf

Potenziale und Grenzen des spielerischen Lernens 77
Klaus P. Jantke

Reality Games als didaktische Szenarien für immersive Lernprozesse ... 85
Huberta Kritzenberger

Kommunikation in Serious Games 97
Claudia de Witt und Sonja Ganguin

Trainieren für den Einsatz: Serious Games als Trainings-, Ausbildungs- und Lernmedium im Umfeld Verteidigung und Sicherheit 109
Harald Schaub und Lukas Bucher

Serious Games, Simulationen und Planspiele: same but different? 117
Nils Högsdal

II. Serious Games in der Praxis

Ausbildung

Digitale Lernspiele im Kontext der Berufsvorbereitung und Ausbildungsförderung am Beispiel des Kassenspiels 131
Frank Neises und Katrin Napp

Ein computergestütztes Lernspiel zur Stärkung der interkulturellen Handlungskompetenzen von Auszubildenden in der dualen handwerklichen Berufsausbildung 141
Annette Klotz und Oliver Steinke

TechForce – Das Adventure-Spiel der Metall- und Elektroindustrie 151
Jirka Dell'Oro Friedl

Weiterbildung

Die Leistung von Serious Games wird oft (noch) unterschätzt 161
Herbert Frick und Dirk Hitz

Game-Based Learning mit SimuCoach als integriertes Trainingstool zur Transferüberprüfung 173
Thorsten Unger

ViPOL – Virtuelles Training von Polizeieinsatzkräften 181
Markus Herkersdorf und Uwe Seidel

HELIOS – Das Spiel 189
Jirka Dell'Oro Friedl

Der Vodafone Code 197
Thorsten Unger

Die Autoren 203

Geleitwort

Computerspiele haben sich in den letzten Jahren zu einem bedeutenden Bestandteil des gesellschaftlichen und kulturellen Lebens in Deutschland entwickelt. Unabhängig vom Alter und sozialer Herkunft nutzen zunehmend alle Gesellschaftsgruppen multimediale und interaktive Unterhaltungs- und Lernangebote. Strategie- und Simulationsspiele gehören genauso dazu wie Denkaufgaben oder das kurze Unterhaltungs- und Browserspiel zwischendurch. Menschen spielen einfach gerne, und das zunehmend elektronisch und keineswegs nur alleine, sondern oft gemeinsam. Auch wirtschaftlich gewinnt der Markt der Computerspiele weiter an Bedeutung. Als Teilmarkt der Kultur- und Kreativwirtschaft entfallen auf Unterhaltungssoftware rund 2,3 Milliarden Euro Jahresumsatz. Mit dem Deutschen Computerspielpreis fördert die Bundesregierung den Wirtschaftsstandort Deutschland im Bereich der Entwicklung interaktiver Unterhaltungssoftware. Besondere Anreize werden hierbei für die Entwicklung innovativer, kulturell und pädagogisch wertvoller Spielkonzepte und -inhalte gesetzt. So wollen wir die Vielfalt des Angebots qualitativ hochwertiger interaktiver Unterhaltungsmedien, speziell auch mit deutschem und europäischem kulturellem Hintergrund, weiter vergrößern.

Serious Games bilden die Schnittstelle zwischen Unterhaltungstechnologien und Anwendungen im institutionellen Bereich sowie im Bildungssektor. Sie werden immer häufiger in Aus- und Weiterbildung, Training und Simulation eingesetzt. Vor allem Unternehmen aus den Bereichen Medizin und Militär nutzen seit Längerem Technologien und Spielprinzipien aus dem Bereich der Unterhaltungssoftware. Aber auch der öffentliche Sektor setzt zunehmend auf die Realitätssimulationen lernorientierter PC-, Video- und Konsolenspiele. Bestandteil der Spiele der neuen Generation sind didaktisch durchdachte Konzepte, Lerneffekte und der Transfer des Erlernten in den Berufsalltag. Die Nutzer können sich so spielerisch Kenntnisse und Fähigkeiten aneignen, die ihnen in der Arbeitswelt weiterhelfen und sie qualifizieren. Hinter den Serious Games steht damit immer ein ernsthafter und gewichtiger Bildungsauftrag.

Digitale Wirtschafts- und Unternehmensplanspiele, die einen Teil der Serious Games ausmachen, ahmen wirtschaftliche Wirksysteme nach. Die Spieler übernehmen in solchen Spielen häufig eine Führungsrolle und üben realitätsnah, wichtige wirtschaftliche oder unternehmerische Entscheidungen zu treffen. Das fördert und optimiert das Verhalten und die Entscheidungsfindung. Gerade wenn es um relevante Weichenstellungen geht, können durch eine vorherige Simulation Fehlentscheidungen und damit Kosten vermieden werden. Außerdem helfen Serious Games dabei, wichtige Kompetenzen zu lernen, die insbesondere im beruflichen Alltag von großem Nutzen sind, wie etwa Fach-, Methoden- und Sozialkompetenzen. Auch können die Spiele ohne größeren Aufwand an den jeweiligen Unternehmenskontext und den spezifischen Arbeitsalltag angepasst werden. Deshalb nutzen Personalentwickler zunehmend Computerspiele als Instrument zur Teambildung. Nicht zu unterschätzen sind ferner die Motivation und Lernbereitschaft, die Serious Games, vor allem bei jüngeren, besonders spielaffinen Mitarbeitern hervorrufen können. Kurzum: Ihr Einsatz kann für das Unternehmen einen unmittelbaren wirtschaftlichen Nutzen haben. Dies gilt insbesondere auch für kleine und mittlere Unternehmen.

Auch deshalb arbeiten wir daran, das Gütesiegel *made in Germany*, das in der Industrie ein höchst wichtiges Markenzeichen darstellt, ebenso für den elektronischen Unterhaltungssektor nutzbar zu machen. Einige Spiele haben den Sprung auf das internationale Parkett bereits geschafft. Es gibt aber noch deutlich mehr kreatives Potenzial in Deutschland, das wir ausschöpfen können und wollen. Wir haben es hier mit einem gewaltigen Zukunftsmarkt zu tun. Qualitativ hochwertige deutsche Produkte müssen da in der ersten Reihe mitspielen.

Auch der Bereich Serious Games hat sehr gute Chancen, in den nächsten Jahren noch deutlich stärker zum inländischen Wachstum beizutragen. In diesem Sinne wünsche ich Ihnen eine spannende Lektüre.

Hans-Joachim Otto
Parlamentarischer Staatssekretär beim
Bundesminister für Wirtschaft und Technologie

Vorwort

Die Anforderungen im beruflichen Alltag steigen kontinuierlich und damit auch der Anspruch an den Mitarbeiter. Verbunden mit dem demografischen Wandel stehen Unternehmen und Institutionen heute vor großen Herausforderungen, auch in der Personalbeschaffung. In enger Zusammenarbeit mit dem Institut der Deutschen Wirtschaft haben wir für den Arbeitgeberverband Gesamtmetall mit *Techforce* 2008 eine Orientierung bei der Berufswahl gegeben. Ein Thema, das heute aufgrund des sich abzeichnenden Nachwuchskräftemangels so aktuell ist wie nie.

Bildung ist der bedeutendste Rohstoff der Zukunft. Informationen und Daten dominieren unseren Alltag und unser berufliches Umfeld. Fakten werden recherchierbar, es braucht Verständniswissen und Kompetenzen. Der Übergang vom Industrie- ins Informationszeitalter und der Wandel von einer Freizeit- und Spaßgesellschaft hin zu einer Wissensgesellschaft vollziehen sich in hoher Geschwindigkeit. Um diesen veränderten Rahmenbedingungen Herr zu werden, bedarf es neuer Konzepte.

Ein interessanter und verfolgenswerter Ansatz ist dabei die Anwendung von Computerspielen in der beruflichen Aus- und Weiterbildung. Der Einsatz dieser Serious Games ist im Ausland bereits heute gängige Praxis. Aber auch in Deutschland gewinnt dieser immer mehr an Bedeutung. Es ist also an der Zeit, im Rahmen dieses Sammelbandes Lehre und Praxis gleichermaßen zu Wort kommen zu lassen und zu verbinden. Er liefert fundierte Ergebnisse der Forschung ebenso wie Praxisbeispiele aus den verschiedenen Branchen wie Banken, Telekommunikation oder Gesundheit.

Doch was zeichnet den Einsatz von Computerspielen in der Bildung aus? Sie machen im Rahmen von arrangierten Lernumgebungen Wissen transparent und unmittelbar anwendbar. Dabei werden die Motivationstreiber von interaktiver

Unterhaltung, nämlich Spieltrieb, Geltungsbedürfnis, Wettbewerbsgedanke, Immersion und Ehrgeiz, mit relevantem Wissen kombiniert. Auf diese Weise entstehen Tools, die Zusammenhänge verständlich und Wissen im Kontext der Anwendung überprüfbar machen.

Als einer der innovativen Unternehmen in dem in Deutschland noch jungen Segment der *ernsthaften Spiele* haben wir, die Zone 2 Connect GmbH, mit verschiedenen Projekten Referenzen und Leuchttürme gesetzt. Wir möchten einen Beitrag leisten, das Motivationspotenzial von der Computerspielindustrie für die Bildung nutzbar zu machen. Daher betreiben wir auch das Informationsportal www.seriousgames.de.

Wir wünschen Ihnen viel Freude beim Lesen dieses Sammelbandes.

Thorsten Unger
Zone 2 Connect GmbH

Einleitung

Der Einsatz von Serious Games im Kontext der beruflichen Aus- und Weiterbildung gewinnt zunehmend an Bedeutung. Eine steigende Tendenz des Einsatzes dieser innovativen Lernmethode in Unternehmen ist wahrnehmbar.

Unter Serious Games versteht man die Nutzung von Technologien aus der Unterhaltungssoftware, die für ernsthafte Lernansprüche genutzt werden. Serious Games basieren auf einem pädagogischen Konzept, in dem der Lernende ein aktiver Teilnehmer ist und die Rolle des Lehrenden darin besteht, eine anregende und reflexive Lernumgebung zu schaffen. Serious Games sind nicht nur für die Vermittlung von Fakten gedacht, sondern dienen auch als Trainingsmöglichkeit von Handlungswissen und als Reflexionsmedium in der beruflichen Bildung. Daher können sich die Lerninhalte auf verschiedene Themenbereiche beziehen, wie Arbeitssicherheit, Gesundheitsmanagement, Kommunikation, Teamfähigkeit, oder unternehmensspezifische Themen, wie Wertevermittlung, Prozessabläufe oder interne Kommunikation.

Dem Lernen kommt im Rahmen eines selbstgesteuerten Lernprozesses eine besondere Bedeutung zu. Die in Serious Games angebotenen Lernwege tragen zu einer Förderung der Fach-, Methoden-, Selbst- und Sozialkompetenz des Lernenden bei. Das Gelernte wird durch die *Spielsituation* – das Erleben – nachhaltig integriert und kann durch die realistischen Simulationen schnell in die Berufspraxis transferiert werden.

Dieser Sammelband soll dazu beitragen, Serious Games als wichtige und nachhaltige Methode in der beruflichen Weiterbildung zu etablieren und als ein bedeutsames und zukunftsweisendes Entwicklungsfeld aufzuzeigen.

Der Sammelband gliedert sich in zwei Bereiche. Nach einem theoretischen ersten Teil *Serious Games in der Konzeption* zur Darstellung der didaktischen und technischen Konzeption von Serious Games, in der es um die Bereiche Lernen, Kompetenz, Reflexion und Transfer geht, werden im zweiten Teil des Sammelbandes *Serious Games in der Praxis* konkrete Praxisbeispiele im Bereich Aus- und Weiterbildung, die derzeit in Unternehmen eingesetzt werden, vorgestellt.

Im Bereich Serious Games in der technischen Konzeption zeigt *Oliver Korn* zunächst die Entwicklung auf, die Serious Games bis zum heutigen technischen Stand durchlaufen haben. Die immer noch zu beachtenden Herausforderungen der Entwicklung wie auch der Nutzen anhand praktischer Beispiele werden herausgestellt. Die Autoren *Maic Masuch*, *Ralf Schmidt* und *Kathrin Gerling* gehen in ihrem Beitrag auf den Entwicklungsprozess digitaler Spiele ein, stellen Besonderheiten heraus und weisen auf Herausforderungen hin. *Klaus P. Jantke* verdeutlicht praxisorientiert die Funktionalität von Technologien, die bei der Umsetzung von Serious Games angewendet werden können.

Die didaktische Konzeption hat den Schwerpunkt Lernen, Motivation und Transfer. *Gernold P. Frank* geht der Frage nach, ob Lernen Spaß machen darf. *Maren Metz* und *Fabienne Theis* stellen insbesondere die Vorteile und den Nutzungsbereich von Serious Games als innovatives Instrument in der Personalentwicklung heraus. Der Beitrag von *Manuela Feist* und *Regina Franken-Wendelstorf* beschreibt, wie Lernen durch Serious Games unterstützt wird. Dabei gehen sie insbesondere auf informelles Lernen ein. *Klaus Jantke* durchleuchtet in seinem Artikel kritisch die Potenziale und Grenzen des spielerischen Lernens. (Serious) Alternate Reality Games und deren Spielgeschichte und (Lern-)Umgebung ist der Blickwinkel im Artikel von *Huberta Kritzenberger*. *Claudia de Witt* und *Sonja Ganguin* setzen sich mit der Bedeutung der Kommunikation in Serious Games auseinander, während *Nils Högsdal* die Unterschiede zwischen Simulation und Serious Game aufzeigt. *Harald Schaub* und *Lukas Bucher* erörtern am Beispiel eines Serious Games für die Bundeswehr den pädagogischen Nutzen dieser Trainingsart.

Serious Games in der Praxis können ganz unterschiedliche Schwerpunkte haben. So gibt es unternehmensspezifische Herausforderungen, wie das Beispiel der HELIOS Klinik (*Jirka Dell'Oro Friedl*) zeigt, die auf das einzelne Unternehmen zugeschnitten sind. Daneben gibt es Spiele, die für eine ganze Branche eingesetzt werden können. Das gilt beispielsweise auf der Ebene der Ausbildung für TechForce (*Jirka Dell'Oro Friedl*), welches für die Metall- und Elektroindustrie entwickelt wurde, oder das Kassenspiel für den Einzelhandel (*Frank Neises* und *Katrin Napp*). Als Beispiel für den Einsatz in der Weiterbildung wird das Spiel ViPOL (*Markus Herkersdorf* und *Uwe Seidel*) für die Polizei vorgestellt. Wiederum andere

Spiele sind branchenübergreifend und orientieren sich an einer ausgewählten Zielgruppe. Die Spiele im Sammelband reichen von der Zielgruppe Auszubildende im branchenübergreifenden Zusammenhang (The Skillz, *Annette Klotz* und *Oliver Steinke*) über das Vertriebspersonal (SimuCoach und Vodafone Code, *Thorsten Unger*) bis hin zu Führungskräften als angehende Projektmanager (Sharkworld, *Herbert Frick* und *Dirk Hitz*).

Unser Dank gilt allen Autoren, die mitgewirkt und somit den Sammelband ermöglicht haben. Unser besonderer Dank gilt dem Sponsor des Buchprojektes, Herrn Thorsten Unger, Geschäftsführer der Zone 2 Connect GmbH, bei dem wir uns herzlich für seine finanzielle und ideelle Unterstützung für die Realisierung des Projektes im WBV-Verlag bedanken, wie auch seinem Mitarbeiter Herrn Arne Gels für sein Engagement.

Wir wünschen Ihnen viele Anregungen und Antworten auf Ihre Fragen im Zusammenhang mit Serious Games.

Hamburg im Februar 2011   Siegen im Februar 2011
Maren Metz   *Fabienne Theis*

Im Interesse der besseren Lesbarkeit haben wir auf die Unterscheidung von weiblicher und männlicher Form verzichtet. Selbstverständlich sind immer beide Geschlechter angesprochen.

I.
Serious Games in der Konzeption
Technische Konzeption

Potenziale und Fallstricke bei der spielerischen Kontextualisierung von Lernangeboten

OLIVER KORN

Serious Games und ihre Vorläufer

Lange bevor die Begriffe *Serious Game* oder *Applied Game* geprägt wurden, gab es traditionsreiche spielerische Ansätze in unterschiedlichsten Bereichen: So waren beispielsweise psychologische Rollenspiele oder militärische Truppenübungen groß angelegte Simulationen der Wirklichkeit. Das Durchspielen von Gefahrensituationen in aufwendigen Simulatoren ist auch in der Luftfahrt altbekannt – zumal deren Ursprung, die Flugmaschinen, von der Antike bis zur Neuzeit als realitätsfremde Spielereien abgetan wurden. Selbst im medizinischen Bereich gibt es eine Vielzahl spielerischer Übungen und Simulationen, z. B. im Bereich der Anatomie.

Auch der handlungsorientierte Ansatz der Serious Games ist nicht neu: Bereits in den 50er-Jahren entwickelte Piaget Ansätze zum Konzept des konstruktivistischen Lernens, in welchem Wissen unter aktiver Beteiligung des Lerners erarbeitet und mit Handlungen verknüpft wird, um Kompetenz zu erwerben (vgl. Piaget 1954). Dieses Paradigma fand seine Entsprechung in den handlungsorientierten Lernarrangements, die bis heute mit gutem Erfolg in der Aus- und Weiterbildung eingesetzt werden.

Schließlich ist auch die höhere Kontextualisierung, die Lerninhalte durch die Einbindung in Spiele oder virtuelle Welten erhalten, keine Erfindung von Serious Games: Bereits Ende der 80er-Jahre wurde die Notwendigkeit hervorgehoben, Lerninhalte in einen authentischen Kontext einzubinden (vgl. z. B. Brown/Collins/Duguid 1989).

Neu an Serious Games ist also nicht der Ansatz, Spielerisches und Berufsrelevantes in authentischen Handlungskontexten zu verbinden. Vielmehr wird hier die These vertreten, dass im Wesentlichen zwei Entwicklungen die Entstehung und weitere Evolution der Serious Games prägen:

- Die Digitalisierung reduziert die Erstellungskosten von spielorientierten Anwendungen bei gleichzeitiger Steigerung der Qualität und erleichtert so deren Verbreitung.
- Die Orientierung an kommerziellen Computerspielen und deren Nutzung in weiten Gesellschaftsbereichen führt zu neuen Anforderungen an die Qualität der virtuellen Welten und insbesondere an die Intensität der Immersion.

Chancen der Digitalisierung

Die Digitalisierung ermöglicht es heute, spielerische Anwendungen mit einem Bruchteil des Budgets zu realisieren, das noch vor 10 Jahren notwendig gewesen wäre. Wegbereiter dieser Entwicklung war die im Dezember 2005 von Adobe Systems übernommene Firma Macromedia. Mit den Anwendungen Authorware (seit ca. 1990), Director (seit 1988) und Flash (seit 1997) revolutionierte das Unternehmen die Softwareentwicklung: Nun war es auch Nichtprogrammierern möglich, per Flowchart (Authorware) oder Zeitleiste (Director und Flash) einfache interaktive Anwendungen zu erstellen.

Mit der Weiterentwicklung der Software und ihrer Bediener war es nur eine Frage der Zeit, wann die Königsdisziplin der interaktiven Software, das Spiel, in die Reichweite der Möglichkeiten dieser Entwicklungsumgebungen kam. Bis heute wird ein großer Teil der kleineren Spieleprojekte mit Flash oder Director realisiert, auch wenn die Anbieter großer Spiele-Engines wie z. B. Unity Technologies mittlerweile auf diesen Trend reagiert haben und ihrerseits einfach bedienbare und webfähige Entwicklungswerkzeuge auf den Markt bringen.

Diese Entwicklung darf nicht darüber hinwegtäuschen, dass Qualität nach wie vor ihren Preis hat: Die Budgets für sogenannte AAA-Spieletitel (Triple-A-Titel) sind in den letzten Jahren fast exponentiell gestiegen – so wurde beispielsweise zum Entwicklungsbudget des Westernepos Red Dead Redemption von Rockstar Games erstmalig die Marke von 100 Millionen US-$ kolportiert, die wohl spätestens mit der PC-Umsetzung dieses Konsolentitels auch erreicht werden wird. Die Digitalisierung führt also gleichermaßen zu einer Verteuerung und zu einer Verbilligung der Produktionskosten virtueller Welten:

- Die Verteuerung ergibt sich aus der Erweiterung der grundsätzlichen Möglichkeiten durch teure Cutting-Edge-Technologien.
- Die Verbilligung ist ein Nebeneffekt der zügigen Vereinnahmung dieser Technologien durch günstigere Zweit- und Drittmärkte, z. B. der TV-Produktionen oder eben der Entwickler von Lernsoftware.

Durch die rasante technische Entwicklung wird es möglich, 2010 ein Spiel für eine Million Euro zu produzieren, das 2007 noch vier Millionen Euro gekostet hätte und das 2003 technisch noch nicht realisierbar war. Ehemalige Cutting-Edge-Technologien wie Physik-Engines diffundieren permanent in die nachgelagerten Technologiemärkte – so ist mit APE (Actionscript Physics Engine) seit 2007 die erste 2D-Physik-Engine für Flash entstanden.

Von exakt dieser Technologiediffusion profitieren Serious Games: Der Stand der Technik ermöglicht es mittlerweile, mit Budgets, wie sie in der preissensiblen Lernbranche oder bei Forschungsprojekten üblich sind, optisch attraktive und potenziell sogar spielerisch reizvolle Serious Games zu entwickeln. Teilweise werden diese sogar in 3D entwickelt und damit den *echten* Spielen auf den ersten Blick immer ähnlicher. Allerdings wird dabei häufig der Aspekt des Gamedesigns bzw. der Kontextualisierung zugunsten von Didaktik vernachlässigt.

Neue Anforderungen an die Immersion

Manche Serious Games wiederholen einen Fehler, der bereits vor zehn Jahren unter dem Schlagwort Edutainment gemacht wurde: Berufsrelevante Inhalte und spielerische Konzepte werden nicht miteinander verzahnt, sondern in eine lose Folge gestellt. Diese Ansicht vertreten auch Michael und Chen in ihrem Grundlagenwerk: „Serious Games are more than just ‚edutainment', that 1990s-era attempt to cash in on the growth of multi-media PC market and the increasing prevalence of computers in schools" (Michael/Chen 2006, S. XV).

Was bei handlungsorientierten Lernarrangements sehr gut funktioniert, führt in Spielen regelmäßig dazu, dass Spieler aus der virtuellen Welt gerissen werden, um per Multiple Choice oder Point and Click Wissensfragen zu beantworten. Dieser Wechsel beruht auf der irrigen Annahme, dass Spiele dazu geeignet seien, Lerninhalte aufzuwerten – etwa so, wie ein Film dazu dienen kann, eine PowerPoint-Präsentation attraktiver zu machen. Tatsächlich bemerken laut dem Medienwissenschaftler Peter Vorderer schon Kinder, wenn ihnen im Spiel plötzlich eine Mathematikaufgabe untergeschoben wird, und „haben dann keine Lust mehr"

(Paulus 2010, S. 43). Jugendliche und Erwachsene reagieren ähnlich verstimmt, wenn Lerninhalte mit geringem Handlungsbezug die Immersion stören.

Genau wie beim Sprung zwischen den Medien Text und Film gelten auch nach dem Sprung zum interaktiven Medium Spiel neue Gesetze. Texterläuterungen, die in einer klassischen Lernanwendung problemlos akzeptiert werden, müssen in Spielen kunstvoll in Handlungsstränge integriert werden. Konzeptionell leistet solches die Narratologie, eine Wissenschaft, die zwar so alt ist wie Aristoteles' Poetik, in Serious Games jedoch regelmäßig durch Pädagogik oder Didaktik ersetzt statt ergänzt wird.

Spielerfahrene Personen (mittlerweile ein Großteil der Bevölkerung unter 50 Jahren) und davon besonders Jugendliche sind durch ihre Erfahrungen in exzellent gestalteten virtuellen Welten hohe Standards gewöhnt. Schüler und junge Erwachsene sind mit Computerspielen aufgewachsen und daher als *digital natives* laut Prensky (2001) auch in ihrer Informationsverarbeitung den *digital immigrants*, die häufig noch die Lehrergeneration stellen, weit voraus. Die unterste Ebene der Akzeptanzschwelle stellen beispielsweise bei der Informationsvermittlung virtuelle Berater oder Coaches dar. Hierbei handelt es sich um durch die Handlung eingeführte Figuren, die Tipps zur Bewältigung konkreter Aufgaben geben.

Für die Glaubwürdigkeit und Akzeptanz – und damit die Qualität der Immersion – ist es entscheidend, dass sich diese Figuren ihrem virtuellen Charakter getreu verhalten. So wird die Immersion eines Spielers massiv gestört, wenn der als martialischer *Haudegen* eingeführte Drill Sergeant plötzlich Formeln zur ballistischen Berechnung von Geschossflugbahnen erläutert. Lösen könnte man diese Problematik entweder durch Verweis auf eine andere im Spiel realisierte Figur oder aber durch den Verweis auf real existierende Unterlagen. Letzteres ist häufig die bessere Lösung, da durch die Einbindung spielexterner Medien die Grenze zwischen realer Welt und Spiel bewusst ins Fließen gebracht werden kann. Dies steigert (ganz im Sinne von Brown/Collins/Duguid 1989) die Authentizität der Erfahrung. Dieser Effekt ist bei technikaffinen Zielgruppen aller Altersklassen beliebt, wie die Begeisterung für Augmented Reality oder Spielereien mit GPS-Caches zeigen.

Internationale Serious Games

Seit einigen Jahren nimmt die Zahl der Lernspiele und Serious Games bedingt durch die oben dargestellten Möglichkeiten der Digitalisierung stark zu. Dies heißt jedoch nicht, dass nur Qualitätsprodukte entstehen. Petko leistet hierzu eine vernichtende Bestandsaufnahme:

> *„Die Problematik solcher Lernspiele im Vergleich zu unterhaltungsbezogenen Spielen liegt jedoch darin, dass die Produkte ein deutlich geringeres Entwicklungsbudget aufweisen und insofern in vielen Bereichen nicht mit kommerziellen Entertainment-Games konkurrieren können. Viele Lernspiele besitzen eine durchsichtige pädagogische Prägung, langweilige repetitive Aufgaben mit stereotypem Feedback und ohne erkennbare Adaptivität. Die Spielehandlung ist linear und einseitig, die Aufgaben wenig komplex und die Grafik unprofessionell. Natürlich gibt es Ausnahmen, wie sie gegenwärtig weltweit unter dem Stichwort ‚serious games' entwickelt werden"* (Petko 2008, S. 10).

Auch wenn es durchaus Unterhaltungsspiele gibt, für welche die oben genannten Kritikpunkte auch gelten, ist doch zu fragen, warum viele Serious Games im Vergleich zu rein kommerziellen Spielen so stark zurückfallen. Diesen Umstand, wie Petko (2008) vorschlägt, allein am geringeren Entwicklungsbudget festzumachen trifft nicht den Kern der Problematik, wie die Vielzahl günstig produzierter und doch höchst attraktiver Browser-Games oder Spiele für iPhone und Android beweist.

Um einen Eindruck der Bandbreite von Serious Games zu vermitteln, werden im Folgenden einige der bekanntesten und international renommierten Titel vorgestellt: America's Army, Food Force und Re-Mission.

America's Army

America's Army heißt ein taktisches Actionspiel, das die US-Army seit 2002 entwickeln lässt. Obwohl der Name häufig im Kontext von Serious Games auftaucht, handelt es sich dabei nicht um ein klassisches Serious Game: Zum einen ist das Ziel nicht die Vermittlung von Inhalten, sondern Propaganda und Rekrutierung. Das macht *America's Army* zu einem typischen Applied Game. Zum anderen liegt das Budget weit über regulären Serious-Games-Projekten, denn bis zum Dezember 2009 wurden laut der Gaming-Website Gamespot bereits 32,8 Millionen US-$ in die Entwicklung investiert.

In *America's Army* erfüllt der Spieler unter Zeitdruck militärische Missionen. Dabei wurde auf große Realitätsnähe geachtet, z. B. bei der Bezeichnung und dem Klang von Waffen. Betrachtet man frühere Versionen des Taktik-Shooters, fällt die für militärische Anwendungen typische geringe Kontextualisierung auf: Handlungsanweisungen wurden einfach in weißer Schrift eingeblendet. In der aktuellen Version 3 sind diese Anweisungen zumindest am Missionsbeginn besser kontextualisiert, da sie Akteuren zugeordnet wurden.

Food Force

Im Jahr 2005 wurde das Strategiespiel *Food Force* veröffentlicht, das im Auftrag der Vereinten Nationen entwickelt wurde. Das Serious Game thematisiert die Welternährung im Kontext der Entwicklungshilfe. In mehreren Missionen steuert der Spieler – meist unter Zeitdruck – ein Team von UN-Experten, das möglichst schnell und effizient Nahrungsmittel in Krisenregionen verteilen soll.

Im Aufbau erinnert *Food Force* damit an das in Dietrich Dörners Klassiker *Logik des Misslingens* beschriebene Planspiel *Tanaland*, in dem rundenbasiert ernährungsrelevante Entscheidungen getroffen werden mussten (vgl. Dörner 1989, S. 22 ff.). Diese inhaltliche Parallele endet jedoch bei der Ausrichtung: Während Dörner an einer Verbesserung des systemischen Denken interessiert ist, verfolgt *Food Force* das pragmatische Ziel, die Arbeit der UN attraktiv und schultauglich darzustellen. Entsprechend können alle sechs Missionen in einer knappen Stunde durchgespielt werden.

Re-Mission

Ein drittes international bekanntes Serious Game ist *Re-Mission*. Dabei handelt es sich um eine Art *Killerspiel* für krebskranke Kinder, die in einem virtuellen Körper Krebszellen bekämpfen. Diese Konkretisierung und Visualisierung der zuvor abstrakten Gefahr in einem actionreichen Spiel führt nachweislich dazu, dass die krebskranken Kinder ihre Medikamente regelmäßiger einnehmen (vgl. Kato et al. 2008).

Entwickelt wurde das Serious Game mit ca. 4,5 Millionen US-$ an Spendengeldern von der Firma HopeLab. Auch bei diesem bekannten Beispiel handelt es sich nicht um ein klassisches Serious Game, das primär Wissensinhalte transportiert, sondern um ein Applied Game, d. h. ein Spiel als Mittel zum Zweck – in diesem Fall dem medizinischen Zweck der kontrollierten und regelmäßigen Medikation.

Best Practices aus Deutschland

Seit einigen Jahren gibt es auch in Deutschland hochinteressante Projekte mit Serious Games. Drei davon werden vorgestellt. Anders als die zuvor dargestellten internationalen Beispiele sind diese stärker der Bildung verpflichtet.

TechForce

Im Jahr 2008 wurde das Serious Game *TechForce* im Auftrag des Arbeitgeberverbands Gesamtmetall entwickelt. Ziel dieses klassischen Lernspiels ist es, einen Einblick in die Berufsbilder im Umfeld von Metall und Elektrik zu vermitteln und diese attraktiv darzustellen.

Aufgabe der Spieler ist es, einen Gleiter zu entwickeln. Dabei müssen die notwendigen Teile konstruiert und produziert werden. Zunächst funktioniert *TechForce* als klassisches Point-and-Click-Adventure: Die Spieler suchen nach Informationen, führen per Multiple Choice Dialoge und lösen kleinere Aufgaben in typischer E-Learning-Manier. Spannender und actionreicher wird es am Ende, wenn der zuvor mühsam gebaute Gleiter im Rennspiel ausprobiert werden kann. Hier nutzte der Entwickler Zone 2 Connect geschickt den Belohnungseffekt am Ende zur Motivation der Spieler in der lernorientieren Phase. Obwohl das Serious Game in der Lernphase spielerische Elemente und Wissensvermittlung bzw. Tests in tradierter Form sequenziell aneinanderreiht, sorgen die gute Grafik und eine durchdachte Rahmenhandlung mit prägnanten Charakteren für eine hohe Akzeptanz des Spiels, das mit mehreren Preisen ausgezeichnet wurde.

learn2work

Die Idee zu dem Serious Game *learn2work* entstand 2004 am Fraunhofer Institut für Arbeitswirtschaft und Organisation. Ziel war es, Lernen und Spielen integral zu verzahnen. Eine handlungsorientierte, explorative Lernwelt sollte den Spieltrieb zur Motivationssteigerung der Lerner nutzen und zugleich durch Anpassbarkeit die Nähe zur beruflichen Praxis gewährleisten. Entwickelt wurde die Simulation mit der oben erwähnten Anwendung Flash in den Jahren 2005 bis 2007 von KORION mit Unterstützung der Initiativen Junge Innovatoren und EXIST-SEED. In der Forschung beschrieben wurde learn2work erstmalig 2006 (vgl. Korn 2006), 2008 folgte die Auszeichnung mit dem Innovationspreis Ausbildung der IHK, 2010 mit dem eLearning Award.

Abb. 1: Die Unternehmenssimulation learn2work für Auszubildende und Studenten trainiert das systemische, unternehmerische Denken

In der Unternehmenssimulation übernimmt der Spieler als Manager die Kontrolle eines Produktionsbetriebs. Gemeinsam mit ein bis zwei Mitspielern steuert er alle Bereiche, von der Produktion über Personal bis zum Controlling. Dabei muss er sich intensiv mit den realen Kollegen austauschen, um erfolgreich zu wirtschaften. Die Auslagerung von Fachinhalten in das Handbuch bzw. begleitende Fachseminare ermöglichen die Konzentration auf die Vorteile einer interaktiven Simulation: das Experimentieren mit Wirkungszusammenhängen zum Aufbau systemischer Denkweisen im Sinne Dörners und damit letztlich die Förderung des vorausschauenden unternehmerischen Denkens.

qualimanager

Der *qualimanager* entstand 2008 bis 2010 im Rahmen des vom BMBF und vom Europäischen Sozialfonds geförderten Projekts *qualiboXX*. Ziel war die Entwicklung einer einfachen aber attraktiven Wirtschaftssimulation im Berufsfeld Gastronomie, mit der gezielt lernmüde Schüler (besonders im berufsvorbereitenden Jahr) angesprochen werden sollen.

Abb. 2: Die Wirtschaftssimulation *qualimanager* zeigt, dass betriebswirtschaftliche Kenntnisse sogar bei einem einfachen Imbiss den unternehmerischen Erfolg prägen

An diesem Projekt lassen sich in exemplarischer Weise die Potenziale und Herausforderungen bei der Entwicklung moderner Serious Games aufzeigen. So war es erklärtes Ziel, die jugendlichen Spieler durch ein spannendes und attraktives Spielerlebnis zur Beschäftigung mit wirtschaftlichen Themen zu motivieren. Andererseits ist der *qualimanager* in bildungsorientierte Fördermaßnahmen eingebunden, die von Pädagogen betreut werden – dies erfordert eine Leistungsmessung.

Diese Leistungsmessung verdeckt und mit möglichst geringen Auswirkungen auf die Spielattraktivität zu integrieren war eine zentrale Aufgabe des Projekts – in der pädagogischen Fachdiskussion spricht man von Seamless Assessment (vgl. z. B. Smith/Smith/De Lisi 2000). Gelöst wurde diese Aufgabe durch die weitestgehende Integration von Aufgaben in spielrelevante Handlungen und Dialoge, analog zu dem Quest-System in Rollenspielen (RPGs). Ein Beispiel ist die Bevorratung der Lebensmittellager: Wer hier den Dreisatz beherrscht, wählt häufiger die günstigere Verpackungsgröße. Komplexere Fähigkeiten wie z. B. Sozialkompetenz konnten durch ein detailliertes Tracking des Verhaltens in Dialogen abgebildet werden.

Hier zeigt sich, dass Serious Games nicht per se weniger komplex und aufwendig sind als Unterhaltungsspiele: Abgesehen von wenigen bekannten Ausnahmen wie z. B. der Fable-Serie von Peter Molyneux berücksichtigen die meisten Spiele das Verhalten der Spieler kaum oder nur generisch in einem linearen Gut-böse-Modell. Hier anhand des messbaren Verhaltens zu psychologisch komplexeren Modellen der Spieler zu kommen ist eine große Herausforderung für Serious Games mit Assessment-Komponenten.

Fazit

Aktuelle AAA-Spiele bieten (mit und ohne 3D-Brille) ein nie dagewesenes Ausmaß an Immersion. Durch neue Softwareprodukte und Technologiediffusion profitieren seit Ende der 90er-Jahre auch kleinere Spielprojekte und E-Learning von der Dynamik der Spielebranche. Serious Games waren der logische nächste Schritt dieser Entwicklung.

Das pädagogisch-didaktische Potenzial von Serious Games ist seit Jahren bekannt. Mittlerweile ist auch die prinzipielle Wirksamkeit erwiesen. So kam eine Metaanalyse von Vogel et al. auf Basis von 32 kontrollierten Studien schon 2006 zum Ergebnis, dass mit Simulationen und Spielen im Vergleich zu traditionell lernenden Kontrollgruppen signifikant besser gelernt wird und auch signifikant positivere Einstellungen zum Lernen zu beobachten sind. Zum gleichen Ergebnis kommt ebenfalls 2006 van Eck. Dennoch ist die Verbindung der Bereiche Pädagogik/Didaktik und Gamedesign in jedem neuen Projekt sowohl organisatorisch als auch konzeptionell anspruchsvoll. Beispielhaft zu nennen ist die grundsätzliche Spannung zwischen Wissensvermittlung und Immersion bzw. spielerischer Freiheit. Momentan existieren hier nur Einzellösungen.

Bereits die Entwicklung von Unterhaltungsspielen ist seit deren Professionalisierung in den 90er-Jahren eine Querschnittsaufgabe von Experten aus unterschiedlichen kreativen und technischen Bereichen, z. B. Drehbuchautoren, 3D-Artists und Datenbankspezialisten. Für den Erfolg von Serious Games mindestens ebenso wichtig wie das Budget ist es, in diese komplexe Teams auch Pädagogen und Didaktiker erfolgreich zu integrieren. Die interdisziplinäre Mischung aus

Sozial-, Geistes- und Informationswissenschaften bietet viel Potenzial für Missverständnisse. Nur wenn die interdisziplinäre Zusammenarbeit gelingt, werden bildungsorientierte Serious Games anders als Edutainment über gute Einzellösungen hinaus ein nachhaltig erfolgreicher und attraktiver Markt werden.

Erste Lösungsansätze wurden anhand nationaler und internationaler Beispiele hier vorgestellt. Dennoch steht Serious-Game-Design erst am Anfang – der Weg zum Idealbild des Seamless Assessment oder auch nur Seamless Learning ist noch lange. Insbesondere ist viel Forschungs- und Entwicklungsarbeit zu leisten, um Strukturen und Prozesse für eine effiziente interdisziplinäre Zusammenarbeit der beteiligten Disziplinen zu etablieren: Für erfolgreiches Serious-Game-Design muss klassisches Gamedesign durch die Bereiche Pädagogik und Didaktik ergänzt und erweitert werden.

Literatur

Brown, J. S./Collins, A./Duguid, P. (1989): Situated Cognition and the Culture of Learning. In: Educational Researcher 18, S. 32–42.

Dörner, D. (1989): Die Logik des Misslingens. Strategisches Denken in komplexen Situationen. Reinbek.

Kato P. M./Cole S. W./Bradlyn A. S./Pollock, B. H. (2008): A Video Game Improves Behavioral Outcomes in Adolescents and Young Adults With Cancer: A Randomized Trial. In: PEDIATRICS, Vol. 122, No. 2 August 2008, S. 305–317.

Korn, O. (2006): KORION learn2work. Eine spielbasierte Unternehmenssimulation zum Erwerb beruflicher Kompetenzen. In: Michel, L. P. (Hg.): Digitales Lernen. Forschung – Praxis – Märkte. Essen, Berlin, S. 276–288.

Michael, D./Chen, S. (2006): Serious Games: Games That Educate, Train and Inform. Boston.

Paulus, J. (2010): Computerspiele – die Guten. In: Psychologie heute. Oktober 2010, S. 40–43.

Petko, D. (2008): Unterrichten mit Computerspielen. Didaktische Potenziale und Ansätze für den gezielten Einsatz in Schule und Ausbildung. In: Medienpädagogik. Themenheft 15/16: Computerspiele und Videogames in formellen und informellen Bildungskontexten, S. 1–15.

Piaget, J. (1954): The Construction of Reality in the Child. New York.

Prensky, M. (2001): Digital game-based learning. St. Paul.

Smith, J. K./Smith, L. F./De Lisi, R. (2000): Natural Classroom Assessment: Designing Seamless Instruction and Assessment. Thousand Oaks.

Van Eck, R. (2006): Digital Game-Based Learning: It's Not Just the Digital Natives Who Are Restless. In: EDUCAUSE REVIEW, Vol. 41, S. 16–30.

Vogel, J. J./Vogel, D. S./Cannon-Bowers, J./Bowers, C./Muse, K./Wright, M. (2006): Computer Gaming and Interactive Simulations for Learning: A Meta Analysis. In: Journal for Educational Computing Research, 34 (3), S. 229–243.

Serious Games im Unternehmenskontext: Besonderheiten, Chancen und Herausforderungen der Entwicklung

MAIC MASUCH, RALF SCHMIDT UND KATHRIN GERLING

Einleitung

Der globale Markt kommerzieller digitaler Spiele erfreut sich seit Jahren steigender Wachstumsraten und Medienpräsenz. Stete Zielgruppenerweiterungen durch neue Genres wie z. B. Musikspiele und die Entwicklung neuer Interfaces für die aktuelle Konsolengeneration stützten diesen insgesamt positiven Trend – trotz der Einflüsse der Finanz- und Wirtschaftskrise. Gepaart mit dem von Prensky (2001) als *Gamer Generation* bezeichneten demografischen Effekt ist auch künftig eine positive Entwicklung zu erwarten. Neben Produkten, welche die Unterhaltung als primäres Ziel haben, sind in den vergangenen Jahren vermehrt auch Spiele entwickelt worden, die auf die persönliche Bildung und Weiterentwicklung des Nutzers im privaten wie auch im schulischen und beruflichen Kontext abzielen. So bezeichnet der Horizon Report (vgl. The New Media Consortium 2008) euphorisch Spiele, genutzt als pädagogische Plattform, als einen der Metatrends der Zukunft. Diese sogenannten Digitalen Lernspiele (DLS), auch als Serious Games bezeichnet, nutzen erfolgreiche Mechanismen aus Computerspielen und das den Spielen inhärente Involvement, um neben der reinen Unterhaltung implizite und explizite Lernziele zu verfolgen. Dies soll dann in einem nachweislichen Kompetenzerwerb resultieren. Das Erreichen dieser Ziele im betrieblichen Kontext, insbesondere unter Berücksichtigung der Kosteneffizienz, erfordert einen zielorientierten effektiven Produktionsprozess, der durch die erforderliche Beteiligung von Pädagogen und Domänenexperten weiter an Komplexität gewinnt. Im Folgenden werden die technischen, inhaltlichen, prozessbezogenen und personellen Faktoren der Herstellung von DLS betrachtet und in den Kontext beruflicher Bildung gesetzt.

Der Entwicklungsprozess digitaler Spiele

Auch wenn sich die Spielentwicklung von Studio zu Studio unterscheidet und die Wahl des Vorgehensmodells der Entwicklung, die Teamerfahrung und individuelle Prozessstrukturen großen Einfluss auf Inhalte und Benennung der Produktionsphasen haben, lässt sich die Produktion prinzipiell in vier große Phasen unterteilen. Das Prozessmodell (vgl. Abb. 1) beschreibt die Produktionsabläufe von DLS, welche denen reiner Entertainmenttitel und klassischer Softwareprodukte stark ähneln.

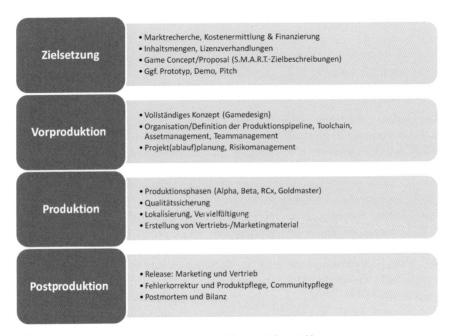

Abb. 1: Klassischer Entwicklungsprozess im Bereich der Spielentwicklung

Phase 1: Zielsetzung

In der ersten Phase wird die Produktidee zusammen mit den beabsichtigten inhaltlichen und ökonomischen Zielen, Kosten und Zeiträumen erfasst. Typisches Ergebnis dieser Phase ist ein mehrseitiges Dokument, das *Proposal* oder *Game Concept*. Die Erstellung des Dokuments wird in der Regel von einem kleinen Kernteam aus Produktmanagement, Producing und Gamedesign erarbeitet und kann bereits von ersten technischen Prototypen begleitet sein. Das Ziel der ersten Phase ist die Erarbeitung einer konkreten Vision des zu entwickelnden Produkts und darauf aufbauend das Zustandekommen einer sicheren Projektfinanzierung. Das klassische und derzeit noch gängigste Modell ist die Vorfinanzierung eines Projekts durch einen Publisher, der durch eine erfolgreiche Vorstellung von Projekt und Entwicklungsstudio, dem sogenannten *Pitch*, gewonnen wird.

Phase 2: Vorproduktion

Wurde das Proposal aus Phase 1 unter gestalterischen und ökonomischen Gesichtspunkten akzeptiert, werden in Phase 2, der Vorproduktion, alle notwendigen Maßnahmen und Schritte durchgeführt, um eine reibungslose Produktion vorzubereiten. Die Ergebnisse dieser Phase spiegeln sich in wertvollen Erfahrungen und einer Reihe von Dokumenten, Designvorlagen, technischen Untersuchungsergebnissen und der Teamzusammenstellung wider. Den Kern bilden dabei das *Gamedesign-Dokument* und das *Technische Designdokument*. Beide zusammen beschreiben das geplante Projekt im Detail und bilden damit die Grundlage für jegliches weiteres Vorgehen in der Produktion. Beide Dokumente sind aufgrund des komplexen Projektcharakters einer Spielproduktion einer steten Anpassung durch veränderte Rahmenbedingungen oder Konkurrenzsituationen, Verbesserungen oder unvorhergesehene Problemstellungen unterlegen. Um diesem Aspekt Rechnung zu tragen, wird eine klassische Projektplanung zunehmend durch agile Vorgehensmodelle wie *Scrum* (vgl. Schwaber/Beedle 2002) ergänzt oder gar komplett ersetzt. Die Vorproduktion hat durch ihren ausgeprägten vorbereitenden Charakter eine weitreichende Bedeutung für die Abschätzung von Risiken, Projektkosten sowie Projektlaufzeit und wird in ihrer Wichtigkeit häufig unterschätzt.

Phase 3: Produktion

Mit der Vorproduktion sind alle Vorbereitungen für den nun folgenden Produktionsstart abgeschlossen, und die Spielproduktion beginnt mit der eigentlichen Kernarbeit. Hier besteht aktuell der meiste Aufwand in der *Asset-Generation*, also der Erstellung von grafischen, auditiven oder textuellen Inhalten, gefolgt von Level Design und Programmierung. Das Projekt durchläuft während dieser Phase, je nach Vorgehensmodell, verschiedene Teilphasen bzw. Iterationen, die mit der Erreichung eines Meilensteins enden. Ein Meilenstein beschreibt einen bestimmten, vorher festgelegten Entwicklungsstand des Projektes zu einem bestimmten Zeitpunkt. So legt beispielsweise der *Alpha-Meilenstein* in gängiger Definition fest, dass sämtliche geplante Features des Projektes grundsätzlich implementiert, funktionsfähig und frei von kritischen Fehlern sind. Inhalte sind hingegen nur in Teilen vorhanden und können aus Platzhaltern bestehen.

Begleitende Prozesse in der Produktionsphase sind die Fortführung des Gamedesigns, die Qualitätssicherung, die Lokalisierung und Herstellung von Vertriebs- und Marketingmaterial. Die Qualitätssicherung beginnt ihre Arbeit idealerweise parallel zur Produktionsphase. Das inhaltliche Abprüfen des ständig aktualisierten Gamedesign-Dokumentes sowie der Test erster Prototypen sind zu Beginn die Aufgaben dieses Teams. Der Aufwand, somit der Personalbedarf, der Qualitätssicherung steigt mit zunehmendem Entwicklungsfortschritt jedoch schnell an und erreicht seinen Zenit mit der *Beta-Phase* der Produktion, an deren Schluss sowohl Features als auch Assets vollständig implementiert sind. Zur inhaltlichen Fehlerfreiheit kommt der schwierig zu messende Spielspaß als großes Qualitätsmerkmal eines Spiels hinzu. Der Gesamtaufwand der Qualitätssicherung ist nur schwer abschätzbar, kann aber in Abhängigkeit der Qualität des Teams einen beachtlichen Anteil der Produktionskosten ausmachen. Generell sind grobe Fehler im Design oder der Projektplanung umso teurer, je später sie entdeckt werden.

Ähnlich schwer vorhersehbar wie der Aufwand der Qualitätssicherung sind zu Beginn der Produktion meist die Anforderungen und Terminvorgaben des Produktmanagements und des Marketings bezüglich der Erstellung von Marketingmaterial für die Veröffentlichung. In der Regel besitzen Spielprojekte extrem enge Zeitvorgaben, da die Einhaltung von Veröffentlichungsterminen für Entwicklerstudio wie auch Publisher mitunter existenzielle Bedeutung haben kann. Ein weiterer Bestandteil der Produktionsphase ist die Lokalisierung, also die Übersetzung aller notwendigen Texte, Sprachdateien und Grafiken in andere Sprachversionen. Sie findet ebenfalls häufig in der *Beta-Phase* statt.

Den Abschluss der Produktion bildet schließlich das Erreichen des *Goldmasters*, des komplett fertigen Spiels, welches nun zur Vervielfältigung und Vertrieb an den Publisher übergeben wird.

Phase 4: Postproduktion

Zur Postproduktionsphase gehören im Allgemeinen Produktvertrieb, -pflege, und Support, sowie weitere Lokalisierungen. Häufig werden mit Fehlerkorrekturen zusätzliche Inhalte und Features ergänzt und als *Patch* bereitgestellt. Ein empfehlenswertes Verfahren ist zudem, eine Retrospektive der Produktion in einem sogenannten Postmortem-Dokument festzuhalten, um für kommende Produktionen aus diesem Erfahrungsschatz schöpfen zu können (vgl. Petrillo et al. 2009).

Unterschiede und Gemeinsamkeiten in der Entwicklung digitaler (Lern-)Spiele

Digitale Spiele lassen sich im Wesentlichen in drei große Bestandteile bzw. Arbeitspakete und dazugehörige Teams aufschlüsseln. Wie im vorherigen Kapitel erwähnt, beschreibt das Gamedesign-Dokument dabei detailliert das umzusetzende Produkt. Das Spiel selbst besteht dann aus der Programmierung und künstlerischen Assets wie 2D/3D-Grafiken, Animationen, Story, Sound und Musik, die nach den Ausführungen im Gamedesign-Dokument erstellt und implementiert werden.

Der wesentliche Unterschied der Produktion eines DLS und der Produktion eines digitalen Spiels ist der Lernaspekt, welcher durch Domänenexperten und Pädagogen erarbeitet wird. Sie bilden eine Expertengruppe, die insbesondere in der Zielsetzungs- und Vorproduktionsphase eng mit dem Gamedesign-Team zusammenarbeitet und somit entscheidenden Einfluss auf den Gesamtprozess nimmt.

Domänenexperten sind Spezialisten des im Produkt betrachteten Wissensgebietes und bilden somit die wichtigste Quelle für Auswahl und Umfang der zu vermittelnden Inhalte, Fähigkeiten und Soft Skills. Pädagogen sind zuständig für die didaktisch korrekte und passende Aufbereitung des Domänenwissens. Sie erarbeiten zudem, gemeinsam mit dem Gamedesign-Team, die kontextbezogene Integration des Wissens in das Produkt und überprüfen die Umsetzung nach der Implementierung.

Aufgrund der deutlich unterschiedlichen fachlichen Hintergründe und Zielsetzungen und der häufig neuen Teamzusammenstellung ist die Schnittstelle des Gamedesigns zu den Pädagogen und Domänenexperten gerade unter Berücksichtigung häufig mangelnder Erfahrung ein kritischer Punkt der Lernspielproduktion (vgl. Seeny/Routledge 2009). Durch die Einbindung zusätzlicher Experten ist die DLS-Produktion per se komplexer als eine reine Entertainmentproduktion.

Abbildung 2 verdeutlicht die erweiterten Einflussfaktoren auf die Produktion, welche aus dem didaktischen Anspruch digitaler Lernspiele hervorgehen. Für diese Betrachtung ist es zunächst unerheblich, ob das DLS für den unmittelbaren Wissenstransfer entworfen wird, ob es in einen Lernkontext eingebettet wird oder die Didaktisierung durch die Einbettung von Aufgaben in eine spielerische Lernumgebung stattfindet.

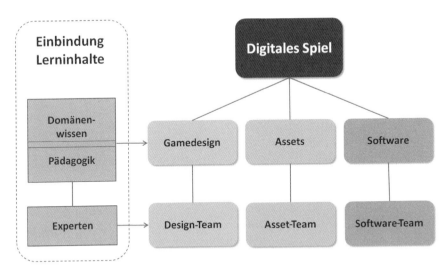

Abb. 2: Säulen der Entwicklung von DLS

Weitere Faktoren, die die Herstellung eines DLS stark beeinflussen, sind die Zielgruppendefinition und Budgetvorgaben. Als Rezipienten des Produkts kommen neben Spielern und Genrekennern auch Nichtspieler und Spieler mit anderen Genrevorlieben in Betracht, da aufgrund des kleinen DLS-Angebots in einem Wissensgebiet oder einer z. B. betrieblichen Vorgabe keine Wahlmöglichkeit besteht. Das Gamedesign-Team steht somit vor der Herausforderung, eine sehr breite und heterogene Zielgruppe bedienen und begeistern zu müssen. Häufig stehen dazu nur Budgets zur Verfügung, die im Vergleich zu digitalen Spielen ähnlichen Formats deutlich geringer ausfallen. Zudem wird ein großer Teil für die Herstellung und Integration der Wissensinhalte benötigt. Auch das Verhältnis von eingesetzten Ressourcen zu generierter Spielzeit fällt bei DLS oftmals ungünstiger aus als bei digitalen Spielen. Die Spielzeit ergibt sich meist aus der vielfältigen Nutzererfahrung als Produkt der Spielinhalte (Assets) im Zusammenspiel mit Spielmechaniken, Spielregeln und dynamischen Inhalten (Parameter). Ein typisches Beispiel ist die Repräsentation eines bestimmten Fahrzeugtyps (Asset) in einem Sportspiel. Das Fahrverhalten kann durch eine Reihe von Parametern wie Leistung, Fahrwerk, Bremsverhalten verändert werden, was im Regelwerk der Spielwelt zu einem bestimmten Spielgefühl führt. Für ein weiteres Fahrzeug wird eine andere Repräsentation genutzt, aber sein Fahrverhalten wird durch dieselben, bereits vorhandenen Regeln bestimmt. Durch die Anpassung der Parameter wird nun für dieses Fahrzeug das Spielgefühl gegenüber dem ersten verändert. Durch dieses Vorgehen entsteht mit moderatem Aufwand Vielfalt im Gameplay, die den Spieler im Idealfall längerfristig an das Spiel bindet.

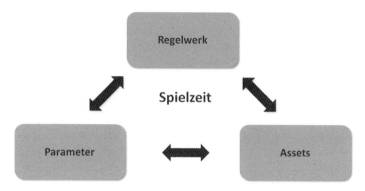

Abb. 3: Faktoren der Spielzeit

Die Erzeugung von Spielzeit in digitalen Lernspielen ist hingegen durch den Anspruch der Wissensvermittlung häufig aufwendiger. Assets und Inhalte sind deutlich konkreter und fallbezogener ausgestaltet und daher weniger parametrisierbar. Selbst in einem zahlengetriebenen Mathetrainer ist es nicht ohne erheblichen Aufwand möglich, Inhalte zufällig zu verändern oder gar zu erzeugen, will man didaktisch sinnvolle und im Schwierigkeitsgrad aufeinander aufbauende Aufgaben umsetzen.

Auch die im vorherigen Abschnitt erwähnten Prozesse zur Internationalisierung bedürfen in DLS besonderer Beachtung. Die Suche nach dem richten Partner gestaltet sich aufgrund des zumeist exakt zu behandelnden Domänenwissens deutlich schwieriger als in der klassischen Spielherstellung. Hinzu kommt die Beachtung besonderer Vorgaben, zum Beispiel zum Übersetzungsstil, die vonseiten der Didaktik oder eines etwaigen Lizenzgebers vorgeschrieben werden. Daraus resultiert wiederum ein Mehraufwand gegenüber einem reinen Unterhaltungstitel.

Alle Entwicklungsanstrengungen einer Produktion stehen unter der Prämisse des Projekterfolges, der durch vorher festgelegte Zielsetzungen bestimmt ist. Bei digitalen Spielen wird der Erfolg üblicherweise am Verkaufserlös gemessen. Neben dem eigentlichen Unterhaltungswert des Produktes wird dieser von einer ganzen

Reihe weiterer Faktoren, wie unter anderem dem Marketing, dem Inhalt, der allgemeinen Qualität des Produktes, dem Preis, dem Veröffentlichungszeitpunkt und der Konkurrenzsituation, bestimmt.

Für DLS ist eines der Haupterfolgskriterien der Kompetenzerwerb, d. h. die Vermittlung von in die Realität übertragbarem Wissen bzw. übertragbarer Fertigkeiten. Die Qualität und Quantität dieses Ziels wird in der Regel durch Reviews der Domänenexperten, Tests, Debriefings und Befragungen der Nutzer bestimmt. Um im Unternehmensumfeld eingesetzt zu werden, muss ein DLS außerdem Vorteile gegenüber bestehenden Lernangeboten und konkurrierenden Vermittlungsmethoden wie z. B. dem klassischen E-Learning bieten. Als entscheidende Vorteile können dabei ein besserer Lernerfolg durch eine höhere Motivation der Rezipienten oder Einsparungen durch ein gutes Kosten/Nutzenverhältnis sein.

Digitale Lernspiele in der betrieblichen Bildung – Chancen und Vorteile

In den vergangenen Jahren haben digitale Lernspiele in Berufsvorbereitung und Ausbildung Einzug gehalten. Gerade in den letztgenannten Bereichen erscheint der Einsatz von DLS sinnvoll, da Spiele unter Jugendlichen und jungen Erwachsenen sehr etabliert und angesehen sind. Mit dem Heranwachsen der Gamer-Generation, wird ihr Einsatz auch in der (unternehmensinternen) beruflichen Weiterbildung begünstigt. Im Gegensatz zu eher passiv-rezeptiven Bildungsmethoden wie bisherigen Formen des E-Learning erlauben DLS ein aktiveres und immersiveres Erlebnis, das ein stärkeres Engagement und höhere Lernmotivation zur Folge hat (vgl. Ferreira 2009). Die durch den Spielspaß erzeugte Motivation, gepaart mit einem leichten Einstieg, ist letztendlich der Grund für eine stärkere Auseinandersetzung mit den Wissensinhalten eines Produktes und ein nachhaltiges, positives Lernergebnis, so die Annahme. Kritisch muss hier angemerkt werden, dass bislang nur wenige DLS erfolgreich evaluiert wurden (vgl. Stewart et al. 2008; vgl. Surface et al. 2007; vgl. Kato et al. 2008) und Belege für diese optimistische Hypothese auf breiter Basis bislang fehlen.

Durch die Veränderungen der Arbeitsmärkte der Industrieländer in der Informationsgesellschaft im 21. Jahrhundert und den Einfluss der Globalisierung sehen sich Unternehmen und Mitarbeiter heutzutage mit stark veränderten Lehr-/Lernprozessen konfrontiert. Neben den fachlichen Kenntnissen sind insbesondere weiche Kenntnisse, die sogenannten Soft Skills, gefragt. Eine Übersicht ist zum Beispiel bei Michael und Chen (2006) zu finden. Letztere lassen sich gut über ein erfahrungsbasiertes Lernen vermitteln, welches inhärenter Bestandteil digitaler Spiele ist. Ferner begünstigen technische Entwicklungen, wie die steigende Mobilität, die Verbreitung von leistungsfähigen mobilen Endgeräten und die zunehmende Vernetzung, eine gesellschaftlich, verlangte höhere Flexibilität und Verfügbarkeit des Lernens.

Herausforderungen

Die Herausforderungen und Risiken einer DLS-Produktion erben in vielerlei Hinsicht vom E-Learning. So fehlt zum Einführungszeitpunkt häufig eine unbedingt erforderliche institutionelle Verankerung des Produktes innerhalb des Bildungsmix einer Organisation. Dazu gehört auch die Akzeptanz der Lehrenden, deren Rolle sich durch die Einführung eines DLS grundlegend verändert. Sie werden vom Trainer zum Contentschaffenden und Begleiter durch das Spiel (vgl. Prensky 2001). Des Weiteren gibt es bisher keine Standards in Produktion oder Erfolgskontrolle, jedes Projekt ist eine Einzellösung. Zur Etablierung von DLS im Unternehmenskontext ist es daher ratsam, den Einstiegsaufwand in eine erste Produktion niedrig zu halten und Erfahrungen zu sammeln. Schlanken Lösungen für kleine, abgegrenzte Themen eröffnen nach Blackman (2005) neue Perspektiven für DLS-Produktionen. Dazu müssen allerdings heutige Technologien aus der Spielproduktion stärker modularisiert und bezüglich ihrer Anwendungsgebiete flexibilisiert werden.

Modularisierung und Wiederverwendung ist auch in Bezug auf die Inhalte der DLS entscheidend. Etabliert sind heute in vielen Unternehmen Learning-Management-Systeme (LMS), in denen die Inhalte nach festgelegten Standards wie SCORM (vgl. ADLnet) abgelegt sind. Schon aus Kostengründen besteht für DLS die Herausforderung, Inhalte ebenfalls standarisiert abzulegen und – soweit möglich und sinnvoll – vorhandene Inhalte zu nutzen. Um die Integration und Anpassung des DLS auch für heutiges, häufig nicht technisches Schulungspersonal zu ermöglichen, ist die Entwicklung von Authoring-Tools, wie aus Spielproduktionen bekannt, erforderlich (vgl. Gómez-Martin/Gómez-Martin/González-Calero 2009).

Zudem ist es eine noch offene Forschungsfrage, wie jeweils gewünschte Lerninhalte in einer Spielumgebung entsprechend didaktisch aufbereitet werden müssen, damit der Einsatz eines DLS erfolgreich ist.

Bezüglich der Zusammenarbeit zwischen Spielherstellern und Unternehmen sind verschiedenste Probleme zu erwarten. Unterschiedliche Erwartungen und Erfahrungen treffen hier aufeinander. Klassische Rollenverständnisse aus der Spielbranche, wie das Publisher-Entwickler-Verhältnis, sind nicht anwendbar. Eine detaillierte Besprechung aller notwendigen Prozesse und eine entsprechende Aufgabenverteilung und Klärung finanzieller Fragen unter den Partnern sind daher unbedingt erforderlich. Letztendlich muss ein DLS, wie jede andere betriebliche Investition, sich unter den Gesichtspunkten der Effektivität, Effizienz und Gebrauchstauglichkeit als erfolgreich erweisen, um langfristig zur Weiterentwicklung des Unternehmens beizutragen.

Fazit und Ausblick

Digitale Lernspiele für den Einsatz im Unternehmen bieten neue Chancen. Es wird versucht, mit dem einem Spiel eigenen Spielspaß und der daraus hervorgehenden Motivation eine stärkere Auseinandersetzung mit dem Produkt und seinen Wissensinhalten zu erreichen, die einen nachhaltigen Übertrag des so Gelernten in die Realität bewirkt. Die Herstellung und der Einsatz ist heute ein individuelles Projekt mit etlichen Herausforderungen, beginnend mit der Auswahl von Thema und Genre über den Produktionsprozess mit einem sehr heterogen aufgestellten Produktionsteam, die Implementierung und Pflege im Unternehmen bis hin zur kostenintensiven Erfolgskontrolle.

Entscheidend für die Zukunft wird sein, ob es gelingt, Prozesse und Standards zu entwickeln, um die Produktion eines DLS einfacher und erfolgssicher zu gestalten. Dazu zählt die Frage, ob sich Entwurfsmuster, die digitalen Spielspaß erzeugen, auch auf zweckgebundene Spiele mit der Vermittlung von Lerninhalten übertragen lassen.

Werden diese Aufgaben bewältigt, können DLS zu einer festen Institution im Bildungsmix von Unternehmen werden. Die gesellschaftlichen und technischen Entwicklungen der nächsten Jahre, wie das Heranwachsen der Gamer-Generation, eine zunehmende Affinität zu Spielen sowie die immer stärkere Verbreitung unterschiedlicher, aber vernetzter Spielplattformen, bieten vielversprechende Voraussetzungen, den Bildungsanforderungen der Gegenwart und der Zukunft zu begegnen.

Literatur

ADLnet: Scorm – Shareable Content Object Reference Model. http://www.adlnet.gov [Stand: 22.12.2010].

Blackman, S. (2005): Serious Games ... and less. ACM Siggraph Computer Graphics.

Ferreira, N. (2009): Serious Games, MAP-i Doctoral Programm in Computer Science, Universidad do Minho, Braga, Portugal. Conference in Games and Virtual Worlds for Serious Applications.

Gómez-Martin, M. A./Gómez-Martin P. P./González-Calero P. P. (2009): Content Integration in Games-Based Learning Systems. In: Games-Based Learning – Advancements for Multi-Sensory Human Computer Interfaces, Information Science Reference (IGI Global).

Kato, P. M./Cole, S. V./Bradlyn, A. S./Pollock, B. H. (2008): A Video Game Improves Behavioral Outcomes in Adolescents and Young Adults With Cancer: A Randomized Trial. http://pediatrics.aappublications.org/cgi/content/full/122/2/e305 [Stand: 28.11.2008].

Michael, D./Chen S. (2006): Serious Games. Games that educate, train and inform. Thomson Course Technology.

Petrillo, F./Pimeta, M./Trinade, F./Dietrich, C. (2009): What Went Wrong? A Survey of Problems in Game Development. ACM Computers in Entertainment. Vol. 7, No. 1, Article 13, February.

Prensky, M. (2001): Digital Game-Based Learning. New York, McGraw-Hill.

Schwaber, K./Beedle, M. (2002): Agile Software Development with Scrum, Pearson International Education.

Seeny, M./Routledge, H. (2009): Drawing Circles in the Sand – Integrating Content into Serious Games. In: Games-Based Learning – Advancements for Multi-Sensory Human Computer Interfaces, Information Science Reference (IGI Global).

Stewart A. C. /Black, S. S./Smith-Gratto, K./Williams, J. A. (2008): Learning from experience: creating leadership capabilities through computer simulated leadership challenges. http://www.inderscience.com/search/index.php?action=record&rec_id=17113&prevQuery=&ps=10&m=or [Stand: 30.11.2008].

Surface, E. A./Dierdorff, E. C./Watson, A. (2007): Special operations language training software measurement of effectiveness study: Tactical Iraqi study final report. http://support.tacticallanguage.com/index.php?option=com_docman&task=doc_download&gid=44&Itemid=74 [Stand: 01.12.2008].

The New Media Consortium, Educause Learning Initiative (2008): The 2008 Horizon Report. The new Media Consortium.

Technologien für flexible Didaktik und Funktionalität

Klaus P. Jantke

Wer auf Informations- und Kommunikationstechnologien für Lehr- und Lernprozesse setzt, erhofft sich einen Mehrwert davon. Viele Potenziale liegen auf der Hand und werden auch immer wieder hervorgehoben, etwa die Verfügbarkeit rund um die Uhr und über beliebige Entfernungen. Gibt es, neben diesen oberflächlich erscheinenden Aspekten, nicht auch tiefer liegenden Mehrwert, den zutage zu fördern verdienstvoll wäre? Und wenn es solche Schätze zu heben gibt, welche Werkzeuge sollte man dazu in die Hand nehmen?

Ein qualitativer Durchbruch des E-Learning – insbesondere wenn es um so kontrovers gesehene Ansätze wie Game-Based Learning geht – erfordert zu explizieren, wie man mit den IuK-Technologien nicht nur mehr Wert, also Quantität, sondern Mehrwert, also Qualität, in den Lernprozess einbringen kann. Aber wieso erlauben Technologien flexibler auf die Lerner einzugehen, sie differenzierter zu behandeln und ihren individuellen Bedürfnissen und Wünschen – was nicht dasselbe ist – besser gerecht zu werden? Wie kann man mit neuen Technologien neue Funktionalitäten bereitstellen, die für das Lehren und Lernen wirklich essenziell sind und die nicht nur darin bestehen, etwas zu digitalisieren, was vorher analog war, also zum Beispiel mit dem PC statt auf Papier zu schreiben? Die Frage nach echten Mehrwerten ist nicht einfach zu beantworten.

Der Fokus dieses Artikels liegt darauf zu zeigen, wie man mit bestimmten innovativen Technologien im Lehren und Lernen tatsächlich mehr machen kann als ohne sie. Lehrer, Trainer oder Coaches werden in die Lage versetzt, verfeinerte didaktische Konzepte umzusetzen, und Lernende haben Funktionalitäten zur Hand, die zuvor unvorstellbar waren. Das Ziel dieses Artikels besteht auch darin, Kenntnisse über die Verfügbarkeit dieser neuen Technologien und über ihre Reichweite zu vermitteln. Damit sollen Anwender in die Lage versetzt werden, selbst zu entscheiden, ob sie auf dieser Basis ihren Produkten und Dienstleistungen eine neue Qualität über den gegenwärtigen Stand der Kunst hinaus – eventuell sogar ein Alleinstellungsmerkmal – verschaffen wollen.

Webble Technology – Touch & Feel

Leider wird auch das heutige E-Learning noch durch Systeme dominiert, die man zu Recht *Page Turner* schimpft. Wozu braucht man digitale Technologien, wenn man doch nur Seiten umblättert, nur eben per Mausklick statt mit dem Daumen. Das entscheidende Defizit auf wissenschaftlicher Seite liegt in einem grundlegenden Missverständnis vieler Autoren, Tutoren und Lehrenden, vor allem aber der Technologieanbieter, worum es bei dem Begriff Lernobjekt – Learning Object – eigentlich geht. In modernen E-Learning-Umgebungen müssen Lernobjekte im Normalfall von deutlich feinerer Granularität sein als Seiten, die man auf dem Bildschirm sieht (vgl. Memmel et al. 2007). Typischerweise ist ein Lernobjekt ein Bild, ein Text oder auch nur ein Textbaustein, eine Komponente in einer virtuellen Apparatur o. Ä., so gut wie niemals jedoch eine ganze Seite, ein PDF-Dokument oder ein ganzes Video.

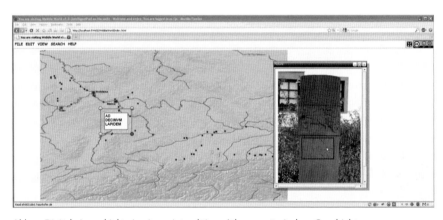

Abb. 1: Digitale Lernobjekte in einem interaktiven Atlas zur römischen Geschichte

Lernobjekte werden als Webbles (vgl. Kuwahara/Tanaka 2009) implementiert. In der Abbildung 1 sind, exemplarisch gezeigt und auf Serious Games im Allgemeinen übertragbar, u. a. das Bild des Meilensteins, der auf dem Meilenstein angeklickte Text (mit dem Mauszeiger im Feld) und der extrahierte lateinische Text über der Karte Lernobjekte. Webbles sind hierarchisch strukturiert und können einander enthalten, so wie das Webble des Meilensteins kleinere Webbles an den

Stellen der beiden lateinischen Inschriften enthält. Webbles sind direkt manipulierbare digitale Objekte, die der Interaktion mit Lernsystemen, spielend wie lernend, neue Dimensionen eröffnen.

Webbles sind Meme Media

Richard Dawkins hat systematisch den Gedanken der nicht biologischen Evolution ausgearbeitet und deren elementare Bausteine mit dem Kunstwort *Meme* bezeichnet. Yuzuru Tanaka hat Dawkins' Anregung aufgegriffen (vgl. Tanaka 2003). Wenn sich Entwicklungen etwa in der Architektur und in der Mode als Evolution auffassen lassen, mit Kreuzungen, Mutationen und Kriterien für das *Überleben*, warum sollte man sich das nicht zunutze machen? Wenn sich Ideen kreuzen und vermehren lassen, warum nicht auch solche, die digital repräsentiert sind? Wenn sich mit digitalen Medienbausteinen Prozesse der Evolution simulieren lassen, dann bieten die Kapazitäten moderner IuK-Technologien – vor allem Speicherplatz und Verarbeitungsgeschwindigkeit – kaum absehbares Potenzial für eine technologische Beschleunigung der Wissensevolution. Derartige Gedanken haben zur Entwicklung von dem geführt, was man heute *Meme Media* nennt, beginnend mit Tanaka/Imataki (1989) über Okada/Tanaka (1995) und Tanaka (2003) bis zur modernsten technologischen Form, den sogenannten Webbles (vgl. Kuwahara/Tanaka 2009).

Webbles können – im Sinne von Dawkins (1976) und Tanaka (2003) – gesehen werden als digitalisierte Wissensbausteine.

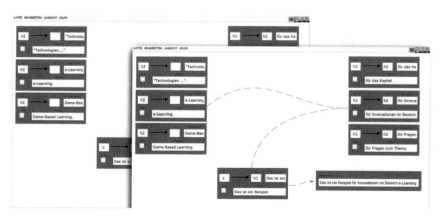

Abb. 2: Wissen über formale Grammatiken – jede Regel ist ein frei editierbares Webble

Die Manipulation von Webbles mit der Maus auf dem Computerbildschirm bedeutet den konstruktiven Umgang mit Wissen. Abbildung 2 zeigt einen Einsatz in der Hochschullehre. Grammatikregeln können editiert und zusammengesteckt werden (Verbindungen im rechten Screenshot), sodass sie selbst die sprachlichen Ableitungen durchführen – *aktives* Wissen. Das Textfenster unten rechts zeigt das Ergebnis der grammatischen Ableitung.

Mediendidaktik und selbstbestimmtes Lernen

Angesichts der Verfügbarkeit von *digitalen Wissensmedien* kann man sich fragen, wie man derartige Möglichkeiten für Prozesse des Lehrens und Lernens ausreizen kann. Wenn man Medienobjekte hat, die in gewisser Weise – sofern man Dawkins und Tanaka folgt – Wissen repräsentieren und deren Veränderung mit der Zeit die Entwicklung von Wissen reflektiert, so birgt das ein besonderes Potenzial: Lernende können sich allein und in der Kommunikation mit anderen in diesen digitalen Wissenswelten bewegen, sie erkunden und die Inhalte in ihren Wechselwirkungen – auch spielerisch – erproben. Mehr noch, sie können im jeweiligen *Meme Pool* dazu beitragen, die Wissensevolution voranzutreiben.

Abb. 3: GORGE – von der KI-Steuerung über das Erleben maschineller Intelligenz zum Erfolg

Spielerisches Lernen funktioniert gegenwärtig, wie u. a. in Egenfeldt-Nielsen (2007), Irmer/Jantke (2009) und Jantke (2010a) kritisch analysiert, einigermaßen schlecht. Häufig fallen Spielen und Lernen vollkommen auseinander. Der *didaktische Zeigefinger* ist nicht zu übersehen und führt eher zur Ablehnung des Spiels als zu Lernerfolgen. Texte dominieren. Analysen zeigen deutlich, dass gerade leistungsschwächere Lerner nicht erreicht werden.

GORGE demonstriert, dass es auch anders geht. GORGE können mehrere Spieler im Internet mit- bzw. gegeneinander spielen. Man kann aber auch mehrere der bis zu vier Spieler durch Computerprogramme spielen lassen. Deren künstliche Intelligenz (KI) kann eingestellt werden (linkes Bild in Abbildung 3), sodass man beim Spielen den Eindruck gewinnt, diese Gegner hätten so etwas wie einen bestimmten Charakter. Die Auseinandersetzung mit Ideen der KI zahlt sich im Spielerleben aus. Eine qualitative Studie mit Schülergruppen hat gezeigt, dass beim Spielen von GORGE Technologiekompetenz erworben wird (vgl. Jantke 2010b), die auch auf den Bereich der Aus- und Weiterbildung übertragen werden kann.

Dynamische Hilfe online

In diesem Abschnitt geht es um Hilfe für Lernende, insbesondere um die Hilfe, die für sie im Computersystem vorbereitet worden ist, um bei Bedarf per Mausklick abgerufen zu werden. Die Gründe dafür, E-Learning-Aktivitäten vorzeitig abzubrechen, sind vielfältig. Adäquate Hilfe können Lernende über einen längeren Zeitraum motivieren und den Grad des Lernerfolgs messbar positiv beeinflussen (vgl. Aleven et al. 2003; Bartholomé/Stahl/Bromme 2004; Delisle/Moulin 2002; Dworman 2007; Mathews/Mitrovi 2008; Roll et al. 2006).

Die Bedeutung der Hilfe für Lernende ist weitestgehend gut verstanden. Dagegen ist die Form der Hilfe, die Lernende gegenwärtig in E-Learning-Systemen und in digitalen Spielen erhalten, ernüchternd konventionell. Es dominiert die textuelle Hilfe, ergänzt von verschwindend wenigen Fällen, in denen Audiodateien oder Videos die Lernenden beraten. Vor allem aber konzeptuell gesehen ist gegenwärtige Hilfe konventionell, um nicht zu sagen einfallslos. Lernende werden informiert – textuell, akustisch, visuell –, was zu tun ist.

Hilfe in digitalen Systemen heute kann mehr, als Lernende nur beraten – sie kann Lernenden zur Hand gehen. In den Arbeiten von Fujima/Hawlitschek/Hoppe (2010) und Fujima/Jantke (2010) sind die Ansätze zu aktiver Hilfe, die hier skizziert werden, erstmalig ausgearbeitet und publiziert worden. Technologisch gesehen ist die zugrunde liegende Idee einfach: Die Hilfe wird mit Webbles implementiert. Wird ein Hilfe-Fenster geöffnet, ist jedes Objekt darin ein Webble.

Abbildung 4 zeigt auf der rechten Seite ein solches Hilfe-Fenster, das selbst ein hierarchisch strukturiertes Webble ist. Das Bild darin, der Text, die Sonne und die Wolke sind kleinere Webbles, die als Komponenten des Hilfe-Webbles auftreten. Das Beispiel stammt aus dem Solar Biker Lab des Fraunhofer IDMT, Abteilung Kindermedien, das schon mehrfach erprobt worden ist. Wenn Lernende den Solar

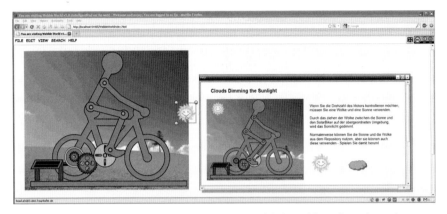

Abb. 4: Aktive Hilfe – die Sonne aus dem Hilfe-Fenster nach links auf den Arbeitsplatz ziehen

Biker etwa in der Form zusammengebaut haben, wie er auf der linken Seite von Abbildung 4 zu sehen ist, dann funktioniert er noch nicht. Es fehlt eben noch die Energiequelle, die Sonne. Lernende können das Hilfe-System des Labors konsultieren. Falls sie nicht gezielt danach suchen, finden sie vielleicht gar nicht die Sonne allein, sondern ein Hilfe-Angebot zu einem verwandten Thema wie das rechts eingeblendete Hilfe-Fenster *Clouds Dimming the Sunlight*. Wenn sie nun versuchsweise die Sonne aus dem Hilfe-Fenster auf den Arbeitsplatz ziehen, beginnt der Solar Biker zu fahren. Falls sie danach auch noch die Wolke auf den Himmel zwischen Sonne und Solar Biker ziehen, verlangsamt sich die Bewegung. Die Wolke reduziert das auf die Solarzelle fallende Sonnenlicht.

Bemerkenswert an Hilfe dieser Art ist, dass sie nicht nur beratende Information wie etwa den Text auf der rechten Seite von Abbildung 4 zur Verfügung stellt, sondern dass sie funktional ist. Die Hilfe selbst *packt mit an*.

Aufgrund der direkten Manipulierbarkeit der Webbles – man kann sie mit der Maus greifen und dorthin ziehen, wo sie gebraucht werden – können Lernende die angebotene Hilfe erkunden, indem sie ausprobieren, was die Webbles können und was sie bewirken. Eine derartige spielerische Exploration kann bis zum explorativen Spiel ausgebaut werden (vgl. Fujima/Gaudl 2010).

Die heute verfügbaren Technologien erlauben es also, wie illustriert werden sollte, moderne Hilfe-Systeme bereitzustellen, die nicht nur Lernende (und Spieler) informieren, sondern ihnen im besten Sinne des Wortes Hilfestellungen anbieten. Die Vorteile sind offenbar. Nicht nur, dass – wie behauptet wird – ein Bild mehr sagt als tausend Worte, ein Webble sagt mehr als tausend Videos. Im Unterschied zum Video kann man den Apparat, den das Webble repräsentiert, mit dem Mauszeiger anfassen und manipulieren, man kann die Abläufe vor- und zurückdrehen (wie im Video), aber man kann den Apparat – das Webble – auch auseinandernehmen und die Komponenten einzeln manipulieren. In vielen Fällen kann man herausgelöste Komponenten durch andere ersetzen und den Effekt studieren, man denke zum Beispiel nur an den Austausch von Zahnrädern mit unterschiedlichen Durchmessern oder an den Austausch von elektronischen Bauelementen mit unterschiedlichen Kennzahlen.

Operationale Notizen

Auch heute noch ist es nicht ungewöhnlich, dass sich jemand mit Papier und Stift vor einem Computer sitzend Notizen macht. Warum eigentlich auch nicht, wenn das gerade benutzte Programm keine komfortable Notizfunktion anbietet bzw. diese auch nichts weiter erlaubt, als Texte zu schreiben. Notizen der Zukunft sind bei Weitem nicht nur textuell – und diese Zukunft hat jetzt begonnen. In Jantke und Fujima (2010) sind die Ansätze, die hier skizziert werden, erstmalig ausgearbeitet und publiziert worden.

Doch zunächst soll kurz auf die Bedeutung von Notizen im Lernprozess eingegangen werden, denn Notizen sind nicht nur ein externes *Gedächtnis* (vgl. Boch/ Piolat 2005), das etwa in Vorbereitung auf eine Prüfung konsultiert werden kann. In van Meter/Yokoi/Pressley (1994) wird dokumentiert, dass Lernende, die sich Notizen in Vorbereitung auf eine Prüfung machen, selbst dann davon profitieren, wenn sie diese Notizen nie wieder ansehen. Für Menschen mit besonders hohen Ansprüchen an die Betreuung beim Lernen spielen Notizen unter gewissen Bedingungen eine besonders große Rolle und tragen überdurchschnittlich zum Lernerfolg bei (vgl. Boyle/Weishaar 2001). Auch Kiewra et al. (1995) und Trafton/Tricket (2001) belegen den hohen Wert des *Note Taking* für den Lernerfolg. Allerdings verlangt es auch besondere kognitive Anstrengungen, einen Lernprozess durch systematische Notizen zu begleiten (vgl. Piolat/Olive/ Kellogg 2005). Es muss hervorgehoben werden, dass in allen soeben zitierten Untersuchungen ausschließlich von Notizen in Schriftform, also von Texten, ausgegangen wird. Dagegen erlauben heutige IuK-Technologien Audio- und Videoaufzeichnungen, und Spielverläufe in digitalen Spielen können aufgezeichnet werden. In Beta-Tests moderner digitaler Spiele *notieren* große Spieleunternehmen Zehntausende Spielverläufe in digitaler Form. In bestimmten therapeutischen Anwendungen werden ganze Spielverläufe aufgezeichnet, um sie wieder abspielen und mit Patienten beraten zu können. Dagegen scheint das E-Learning bei textuellen Notizen stehen geblieben zu sein. Wieder einmal erscheint die E-Learning-Praxis weit konservativer als eigentlich notwendig. Webbles erlauben es, Notizen zu machen, die weit über textuelle Information hinausgehen, weil Webbles selbst Notizen sein können. Damit wird es möglich, während des Lernens operationale Ideen nicht nur etwa dadurch zu speichern, dass man sie beschreibt, sondern auch dadurch, dass man den funktionierenden Mechanismus selbst notiert.

Abbildung 5 zeigt ein weiteres Beispiel aus dem Solar Biker Lab. Links im Bild ist der Arbeitsplatz zu sehen. Rechts im Bild ist ein geöffnetes Hilfe-Fenster, das von zwei Notizen überdeckt wird. Jede Notiz ist ein Webble, von dem zwei Teilstrukturen zu sehen sind, nämlich ein Text und eine konstruktive Komponente des Solar Bikers. Beide Teile sind selbst Webbles.

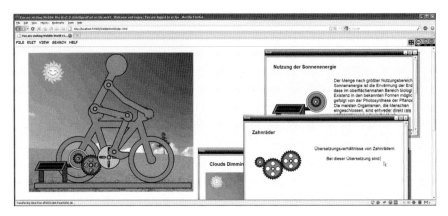

Abb. 5: Fenster mit Notizen in textueller und in operationaler Form als Webble-Objekte

Die drei verbundenen Zahnräder in der gerade in Bearbeitung befindlichen oberen Notiz haben alle ihre operationalen Eigenschaften bewahrt. Werden sie aus der Notiz auf den Arbeitsplatz gezogen, funktionieren sie wieder.

Die Potenziale solcher Notizen sind enorm. So kann man im Lernprozess zum Beispiel alternative Konstruktionen *notieren*, indem man sie abspeichert. Zu einem späteren Zeitpunkt kann man die Notizen wieder öffnen, die Alternativen untersuchen und sie ggf. weiterverwenden. Unterschiedliche Baugruppen in unterschiedlichen Notizen, eventuell auch von verschiedenen Lernenden, können zusammengeführt werden und den Lernenden neue Horizonte eröffnen. Notizen sind Help-Fenstern vergleichbar und können von Lernenden – im Sinne des Webs 2.0 – als Hilfe für andere entwickelt und ausgetauscht werden.

Zusammenfassung und Ausblick

Die Webble Technology ist eigentlich gar nicht so neu, wie Tanaka/Imataki (1989) und Tanaka (2003) belegen, und hat auch schon Eingang in den Bereich des Game-Based Learning gefunden (vgl. Fujima/Gaudl 2010). Dennoch ist ihr Potenzial für das E-Learning wohl bislang noch nicht deutlich geworden. Was in den vorangehenden Beispielen illustriert wurde, funktioniert in jedem gängigen Webbrowser. Neue Ideen müssen daher nur noch ausgearbeitet (vgl. Jantke 2010a), in der beruflichen Aus- und Weiterbildung etabliert (vgl. Jantke/Kreuzberger 2008) und praktisch angewendet werden. Die Technologie steht bereit.

Literatur

Aleven, V./Stahl, E./Schworm, S./Fischer, F./Wallace, R. (2003): Help Seeking and Help Design. In: Interactive Learning Environments. Review of Educational Research, vol. 73, no. 3, S. 277–320.

Bartholomé, T./Stahl, E./Bromme, R. (2004): Help-Seeking in Interactive Learning Environments: Effectiveness of Help and Learner-Related Factors in a Dyadic Setting. In: Proc. of the Intl. Conference on Learning Sciences: Embracing Diversity in the Learning Sciences, Mahwah, NJ: Lawrence Erlbaum, S. 81–88.

Boch, F./Piolat, A. (2005): Note Taking and Learning: A Summary of Research. The WAC Journal, vol. 16, S. 101–113.

Boyle, J. R./Weishaar, M. (2001): The Effects of Sstrategic Notetaking on the Recall and Comprehension of Lecture Information for Highschool Students with Learning Disabilities. Learning Disabilities Res. & Practice, vol. 16, no. 3, S. 133–141.

Dawkins, D. (1976): The Selfish Gene. Oxford.

Delisle, S./Moulin, B. (2002): User Interfaces and Help Systems: From Helplessness to Intelligent Assistance. Artificial Intelligence Review, vol. 18, S. 117–157.

Dworman, G. (2007): Arbitration of a Help System. Interactions, S. 39–42.

Egenfeldt-Nielsen, S. (2007): Educational potential of Computer Games. Continuum Studies in Education, Continuum Intl. Publ. Group.

Fujima, J. (2010): Auto-Connection Mechanisms for Educational Virtual Laboratory. In: The IET International Conference on Frontier Computing, Proc., Taichung, Taiwan, August 4–6, S. 396–401.

Fujima, J./Gaudl, S. (2010): Spiel-(Bau-)Steine. Neue Perspektiven der Spieleentwicklung mittels Webbles. In: Diener, H./Marcuiszek, D./Malo, S./Martens, A./Urban, B. (Hg.): Workshop „Spielend lernen". Rostock, 13./14. Oktober 2010, München: Fraunhofer Verlag, S. 153–161.

Fujima, J./Hawlitschek, A./Hoppe, I. (2010): Living Machinery – Advantageous of Webble Technologies for Teaching and Learning. In: 2nd Intl. Conf. on Computer Supported Education, CSEDU 2010, Valencia, Spain, April 7–10, S. 215–220.

Fujima, J./Jantke, K. P. (2010): Living Machinery – Next Generation Help Systems for Learning on Demand with Webble Technology. In: eLearning Baltics 2010, 3rd International eLBa Science Conference, Rostock, July 1–2, S. 192–201.

Irmer, M./Jantke, K. P. (2009): Edutainment: Lernen und Spaß – funktioniert das? In: Digitale Spiele – Herausforderung und Chance. Boizenburg, S. 53–63.

Jantke, K. P. (2010a): Neue Spielideen für neue Lerneffekte. Fraunhofer IDMT, Abteilung Kindermedien, Report KiMeRe-2010-01, Version 1.00, 31. Januar 2010.

Jantke, K. P. (2010b): The Gorge Approach. Digital Game Control and Play for Playfully Developing Technology Competence. In: Cordeiro, J./Shishkov, B./Verbraeck, A. (Hg.): 2nd Intl. Conf. on Computer Supported Education, CSEDU 2010, INSTICC, S. 411–414.

Jantke, K. P./Fujima, J. (2010): Hypermedia Note Taking. In: The IET Intl. Conf. on Frontier Computing, Proc., Taichung, Taiwan, August 4–6, S. 105–110.

Jantke, K. P./Kreuzberger, G. (2008): Aufbau einer akademischen Ausbildung für Spieletechnologie und -wissenschaft. In: Picot, A./Zahedani, S./Ziemer, A. (Hg.): Spielend die Zukunft gewinnen. Berlin/Heidelberg, S. 75–89.

Kiewra, K. A./Benton, S. L./Kim, S./Risch, N./Christensen, M. (1995): Effects of Note-Taking Format and Study Technique on Recall and Relational Performance. Contemporary Educational Psychology, vol. 20, no. 2, S. 172–187.

Kuwahara, M./Tanaka, Y. (2009): Webble World Portal. http://meme.hokudai.ac.jp/Webble WorldPortal/ [Stand: 23.09.2010].

Mathews, M./Mitrovi , T. (2008): How Does Students' Help Seeking Behaviour Affect Learning? In: Proc. of ITS 2008, LNCS 5091, Springer Verlag, S. 363–372.

Memmel, M./Ras, E./Jantke, K. P./Yacci, M. (2007): Approaches to Learning Object Oriented Instructional Design. In: Koohang, A./Harman, K. (Hg.): Learning Objects and Instructional Design. Santa Rosa, California: Informing Science Press, S. 281–326.

Okada, Y./Tanaka, Y. (1995): IntelligentBox: A Constructive Visual Software Development System for Interactive 3D Graphic Applications. In: Proc. of Computer Animation 95, Geneva, Switzerland, S. 114–125.

Piolat, A./Olive, T./Kellogg, R. T. (2005): Cognitive Effort during Note Taking. Applied Cognitive Psychology, vol. 19, S. 291–312.

Roll, I./Aleven, V./McLaren, B. M./Ryu, E./de Baker, R. S. J./Koedinger, K. R. (2006): The Help Tutor: Does Metacognitive Feedback Improve Students' Help-Seeking Actions, Skills, and Learning? In: Prof. of ITS 2006, LNCS 4053, Springer Verlag, S. 360–369.

Tanaka, Y. (2003): Meme Media and Meme Market Architectures: Knowledge Media for Editing, Distributing and Managing Intellectual Resources. IEEE Press.

Tanaka, Y./Imataki, T. (1989): IntelligentPad: A Hypermedia System allowing Functional Compositions of Active Media Objects through Direct Manipulations. In: Proc. of IFIP 11th World Computer Congress, S. 541–546.

Trafton, J. G./Trickett, S. B. (2001): Note-Taking for Self-Explanation and Problem Solving. Human-Computer Interaction, vol. 16, S. 1–38.

Van Meter, P./Yokoi, L./Pressley, M. (1994): College Students' Theory of Note-Taking Derived from their Perceptions of Note-Taking. Journal of Educational Psychology, vol. 86, S. 323–338.

Didaktische Konzeption

Game-Based Learning –
Darf Lernen auch Spaß machen?

Gernold P. Frank

Hintergrund

Kennen wir nicht alle vielfältige Lernprozesse, die man langläufig auch als Methode nach dem Nürnberger Trichter bezeichnet? Bei der Wissensvermittlung in geordneten, systematischen Bahnen im Vordergrund steht und deren Überprüfung des erlernten Wissens im positiven Fall zu einem formalen Qualifikationsabschluss führt? Aus lerntheoretischer Sicht waren dies zunächst kognitive und dann in Ergänzung behavioristische Ansätze. Heute gehen wir verstärkt von einem konstruktivistischen Ansatz aus, der gekennzeichnet ist durch verstärkte Selbststeuerung und den Einbezug von Erfahrungen. Und der zudem erstmals das situative Element und auch die aktive Rolle des Lerners in Bezug auf Interaktionen betrachtet. Gleichzeitig aber wissen wir aus vielen Untersuchungen, dass neben dem formellen Lernen das informelle Lernen eine besonders große Bedeutung hat. Legt man beispielsweise die Analysen des Bundesinstituts für Berufsbildung (BIBB) zugrunde, so kann man davon ausgehen, dass rd. 70–90 % des gesamten Kompetenzerwerbs diesem kaum planbaren Weg entstammen (vgl. Laur-Ernst 1998).

Zu Recht ist deshalb auch seit einigen Jahren der Fokus verlegt worden von der Qualifikationsorientierung auf die Kompetenzorientierung, worauf in der obigen Analyse bereits Bezug genommen wurde. Diese beiden Sichtweisen – formal/informell einerseits und Kompetenz statt Qualifikation andererseits – aber gehören noch enger zusammen: Während man früher bestrebt war und dies auch den Zugang beispielsweise zu Stellen sicherte, einen bestimmten formalen Abschluss vorzuweisen, so steht nunmehr die am situativen Kontext orientierte Handlungskompetenz im Vordergrund (vgl. Erpenbeck/Rosenstiel 2003). Ziel ist es dann nicht mehr, auf den formalen Abschluss hinzuarbeiten (und oftmals danach vieles davon zu vergessen, denn schließlich ist der Abschluss erworben), sondern eine nachzuweisende Kompetenz zu erwerben, um eine konkrete Problemsituation zu lösen – man spricht demzufolge auch von Handlungs- bzw. Problemlösungskompetenz.

Unabhängig davon erleben wir derzeit einen der rasantesten Wirtschafsaufschwünge, die es jemals in Deutschland gegeben hat. Und auch wenn nicht sicher ist, ob es sich tatsächlich um nachhaltige Prozesse handelt, so steigt die Nachfrage nach Arbeitskräften fast schon dramatisch an; nahezu im Wochentakt werden derzeit entsprechende Verlautbarungen seitens einzelner Arbeitgeber oder Interessenverbände gemacht. Vielfach wird bereits davon gesprochen, dass sich Deutschland einer Vollbeschäftigung mit leer gefegtem Arbeitsmarkt annähert.

Die Unternehmen, zumindest in Deutschland, waren dieses Mal offensichtlich bereits mit dem absehbaren Problem der Demografie so weit vertraut, dass das regierungsseitig angebotene Instrument der Kurzarbeit in großem Umfang realisiert wurde, um die Arbeitskräfte *an Bord* zu halten und bei einem beginnenden Aufschwung nahezu verzögerungslos ihre Kapazitäten hochzufahren. Jede weitere Aufschwungphase aber bedeutet nun große Herausforderungen an die betriebliche Weiterbildung, denn es geht darum, neue Kräfte möglichst umgehend in die vorhandenen Prozesse etc. zu integrieren, um vorhandene und weitere Produkte und Märkte zu entwickeln und zu erschließen, sowie Wettbewerbsvorteile zu erhalten und auszubauen (vgl. z. B. Buck et al. 2005). Und das setzt entsprechende Kompetenz gerade auch bei neuen Mitarbeitern voraus. Das genau wird zum zentralen Dilemma: Kompetenzentwicklung ist (fast) überlebensnotwendig, aber informelles Lernen ist unter den bisherigen Regelungen nur bedingt steuerbar.

Deswegen sollen zunächst das informelle Lernen und hier insbesondere die Rahmenbedingungen betrachtet werden. Hinzu kommen vielfältige neue Technologien im Kontext des Lernens, die wiederum ihrerseits Einfluss auf das informelle Lernen haben werden. Und besonders herausgegriffen werden soll ein Aspekt, der uns unmittelbar bewusst ist, wenn es um die Eigendynamik und Selbstständigkeit geht: der Spaß (oder auch die grundlegende Motivation).

Wichtig ist bei allem aber, den betriebswirtschaftlichen Hintergrund nicht aus den Augen zu verlieren. Jeder aufeinander abgestimmte Gestaltungsprozess zur unternehmerischen Wertschöpfung wird durch das Zusammenspiel dieser drei Faktoren bestimmt: Mensch, Technik und Organisation. Die Ausgestaltung und Leistungsfähigkeit, beispielsweise durch die *passende* Kompetenz der Menschen, dieses Zusammenwirkens ist letztlich für die Produktivität der gesamten Leistungserstellung entscheidend (vgl. z. B. Drumm 2005, der insbesondere auch die ökonomischen Querbezüge aufzeigt).

Personalentwicklung und informelles Lernen

Personalentwicklung (PE) hat drei Sichten auf den Menschen im Produktions- oder Dienstleistungserstellungsprozess (Produktionsfaktor Arbeit, vgl. Becker 2005):
1. PE kümmert sich aus Unternehmenssicht darum, dass die aktuell benötigten und absehbaren Kompetenzen in ausreichender Menge unter Beachtung ökonomischer Prinzipien zur Verfügung stehen.
2. Zugleich hat PE aber auch die bisweilen gegenläufigen Interessen der Mitarbeiter zu erkennen und in Einklang mit 1. zu bringen.
3. Zudem wird PE noch eine auf die gesamte Gesellschaft hin wirkende Funktion zugeschrieben, die am leichtesten mit den Überlegungen zur Employability der Mitarbeiter aus Gesellschaftssicht umrissen werden kann: Gelingt es dem Unternehmen, die erforderlichen Kompetenzen ständig à jour zu halten, dann nutzt das allen Beteiligten, aber in diesem Fall beispielsweise auch der Innovationsfähigkeit eines Landes.

Gelingt dieses Zusammenspiel, so spricht man hierbei auch von einer erfolgreichen Wertschöpfungsorientierung der Personalarbeit: Es müssen nicht nur die eigenen Prozesse hinterfragt, sondern es müssen sämtliche Schnittstellen bei Produktion oder Dienstleistungserstellung zwischen Mensch und Maschine aufgezeigt werden und dabei vor allem analysiert werden, welche Kompetenzen die dort arbeitenden Mitarbeiter haben müssen – aktuell und zukünftig.

Neben der daraus ableitbaren Forderung, dass sich erfolgreiche Personalarbeit nur umsetzen lässt, wenn die Nähe zum Geschäftsfeld des Unternehmens gewährleistet ist, geht dieser Gedanke einher mit dem von Dave Ulrich eingebrachten Konzept des sog. *Business Partners* und steht inzwischen auf den Agenden vieler Unternehmen – nur die Umsetzung, so zeigen aktuelle Studien (vgl. BPM-Kongress 2010), lässt zu wünschen übrig. Damit einher geht allerdings auch die Forderung an eine entsprechende Kompetenzentwicklung (vgl. z. B. Frank 2010), die freilich auch neue Formen beinhalten muss. So zeigt beispielsweise Bergmann die Bedingungsfaktoren für neue Formen einer zukunftsfähigen Kompetenzentwicklung sehr konkret auf und kommt dabei zum Schluss, dass „eine Kompetenzentwicklung [...] nicht allein mit traditionellen Formen der Aus- und Weiterbildung" (2001, S. 3) gelingt.

Einige zentrale Herausforderungen an eine zukunftsorientierte Kompetenzentwicklung sind leicht nachvollziehbar:

- Zunehmend komplexere Kompetenzanforderungen können nicht mehr durch ein *Lernen auf Vorrat* sichergestellt werden, sondern nur durch Kontinuität der Kompetenzentwicklung.
- Kontinuität aber bedeutet, dass Lerninhalte kleinteiliger, modularer bis hin zu inkremental werden müssen, um die Verzahnung zwischen Arbeit und Lernen möglichst eng zu gestalten.
- Lernziel ist Kompetenzentwicklung, d. h., es geht nicht darum, Wissen zu vermitteln, sondern darum, Handlungs- oder auch Problemlösungskompetenz zu erreichen.
- Handlungs- und Problemlösungskompetenz ist an einen konkreten Kontext gebunden, d. h., erst die Anwendung des Wissens auf eine konkrete Situation führt zur Kompetenzentwicklung.
- Es muss den Mitarbeitern möglich sein, ihr Wissen auszuprobieren und Risiken zu erleben – ohne aber das Risiko zu realisieren.

In diese Anforderungsbereiche stößt seit vielen Jahren das technologiegestützte Lernen. Hierbei geht es um neue Formen des Zusammenspiels zwischen den oftmals noch immer gegeneinander abgegrenzten Arbeits- und Lernwelten.

Aus Sicht der Lerntheorie bedeutet dies eine Umsetzung konstruktivistischer Prinzipien. Im Wesentlichen unterscheidet man die folgenden Entwicklungsstufen (vgl. Issing/Klimsa 2002):
1. Instruktionistischer Ansatz
2. Kognitivistischer Ansatz
3. Behavioristischer Ansatz
4. Konstuktivistischer Ansatz

In der betrieblichen Weiterbildung gibt es nach wie vor beispielsweise kognitivistische Umsetzungen, wie z. B. im Bereich festgelegter Regelungen zu Compliance. Allerdings finden sich verstärkt konstruktivistische Umsetzungen, die in ihrer Weiterentwicklung zu Action Learning oder Social Learning noch stärkere Querverbindungen zum informellen Lernen aufweisen. Folgt man nun im Hinblick auf die zentralen Eigenschaften Carol/Bandura (1987), die es als wichtig ansehen, die formale Kontrolle zurückzunehmen, weil der Einzelne bzw. die Gruppe entsprechende Korrektiv- und Kontrollfunktionen übernehmen, dann findet man schnell wesentliche Rahmenbedingungen für informelles Lernen:
- selbstgesteuert
- erfahrungsbasiert
- situativ
- interaktiv (vgl. auch Schulmeister 2007).

Informelles Lernen und neue Technologien

In einer Studie findet sich bei *e-teaching.org* dieser Sachverhalt sehr gut herausgearbeitet. Hier wird einmal die Vielfalt von technologiegestütztem Lernen verdeutlicht, die letztlich von den alten Computer-Based Trainings (CBT) bis zu neueren Ansätzen im Bereich von Web 2.0 – also z. B. der Einsatz von Twitter oder Blogs – reichen.

Nicht zuletzt aber ist gerade die Integration von Web 2.0 ein Indiz dafür, dass informelles Lernen noch viel breiter und intensiver eindringen wird in die bisherigen Kompetenzentwicklungsprozesse. Die entscheidende Frage dabei ist, wie man, so kurios dies auch zunächst klingen mag, die Rahmenbedingungen und Organisationsstrukturen steuern und gestalten kann, um solche informellen Prozesse erfolgreich umzusetzen.

Was anderes als informelles Lernen sind *Communities of Practice*, wie z. B. *sekretaria.de* als eine der bekanntesten – man hilft sich selbst bis dahin, dass Dokumente eingestellt werden, die andere übernehmen können. Wie sollen Blogs wie der gerade genannte Weiterbildungsblog denn anders interpretiert werden? Um nur zwei Beispiele aufzugreifen.

Letztlich sind damit die Wechselwirkungen zwischen lerntheoretischen Grundlagen und informellen Prozessen überdeutlich: Der oben beschriebene Anteil wird nicht nur nachvollziehbar, sondern durch den Technologieeinsatz wird eher die Obergrenze mit fast 90% als die Untergrenze mit 70 % glaubhaft.

Lernen mit Spielen

Eine spezifische Form des technologiegestützten Lernens ist das Game-Based Learning, das tendenziell auf Ideen basiert, die wir als Planspiele bereits einsetzen. Richtig bekannt wurden Planspiele als sogenannte reale Sandkastenspiele im Zusammenhang mit militärischer Nutzung, bevor sie in den 50er-Jahren des letzten Jahrhunderts zunehmend Eingang in die Unternehmen gefunden haben. Planspiele haben einen klaren Bezug zur Haptik, zum Konstruktivismus und zum Gruppen- bzw. Teamlernen. Solche Spiele sind heute beispielsweise aus der kaufmännischen Weiterbildung (z. B. TOPSIM oder BTI-Tools, die explizit haptische Planspiele z. B. für die betriebswirtschaftliche Schulung offerieren), nicht mehr wegzudenken. Hier haben wir uns inzwischen an die Kombination von Spielen und Lernen gewöhnt (vgl. die Übersicht bei Preußer 2007).

Mit dem Vordringen von Computertechnologien konnten Simulationen/Simulationsspiele entwickelt werden, die sich in ihrer Ausgestaltung dem spielerischen Experimentieren nähern und damit den wichtigen Aspekt des Individualisierens mit dem Digitalisieren zusammenführen (vgl. Kickmeier-Rust 2009). Es gibt keinen Piloten oder Zugführer, der nicht beständig solche Simulationen durchlaufen muss und während der Trainings mit Situationen konfrontiert wird, die mit einem spielerischen Extremszenario vergleichbar sind, wie z. B. Triebwerksausfall.

Die Weiterentwicklung geht in Richtung virtueller Trainingswelten, die bei Polizei und vor allem Bundeswehr eingesetzt werden und geradezu auf Extremsituationen zugeschnitten sind (http://www.polizei-bw.de/sites/p-online/Seiten/Default.aspx). Beständig werden weitere Bereiche durch solche Simulationstrainings erschlossen wie z. B. für den Einsatz von Kampfmittelräumrobotern oder für maritime Hochgeschwindigkeitsfahrzeuge (vgl. http://www.vdivde-it.de/innonet/projekte/in_pp223_MARSPEED.pdf).

Niemand würde das Lernen trotz der verbalen Verbindung zwischen Spielen und Lernen bei dieser Art von Simulationsspielen infrage stellen. Inzwischen sind demzufolge *seriöse* Spiele in viele Bereiche von Wirtschaft (z. B. Corporate Games oder Game-Based Learning), Kultur (z. B. Persuasive Games) und Gesellschaft (z. B. Health Games) eingezogen (vgl. z. B. Frank 2009). Dennoch ist die gegebene Nähe zu den als *Ballerspielen* (Egoshooter) abgestuften Games hinderlich bei der intensiveren Durchdringung des Weiterbildungsmarktes.

Was aber sind nun die Besonderheiten des Game-Based Learning? Hier liefert Corti (2006, S. 2) eine treffende Beschreibung:

„Game-based learning enables learners to undertake tasks and experience situations which would otherwise be impossible and/or undesirable for cost, time, logistical and safety reasons. (Game-based learning is) truly interactive, everything that the learner does, or does not do, has an effect and are thus highly experiential."

In dieser Darstellung finden sich letztlich alle Ansatzpunkte einer konstruktivistischen Umsetzung. Was also ist der besondere Reiz von Spielen? Warum soll der Lerner ein solches Game-Based Learning absolvieren?

Hierauf gibt Prensky (2001) eine klare Antwort, wenn er postuliert, dass Computer und Spiele in der Lage sind, erstmals Grundanforderungen zu vereinen, die Bedingungen für erfolgreiche Lernprozesse sind. Dazu stellt er zwölf Punkte heraus, die mit dem wohl wichtigsten Punkt, dem Spaß, beginnen, jedoch bei

kritischer Durchsicht auch die anderen Anforderungen erkennen lassen, die für den Konstruktivismus, aber auch für Action Learning und Social Learning stehen:
1. Games are a form of *fun*. That gives us *enjoyment and pleasure*.
2. Games are form of *play*. That gives us *intense and passionate involvement*.
3. Games have *rules*. That gives us *structure*.
4. Games have *goals*. That gives us *motivation*.
5. Games are *interactive*. That gives us *doing*.
6. Games are *adaptive*. That gives us *flow*.
7. Games have *outcomes and feedback*. That gives us *learning*.
8. Games have *win states*. That gives us *ego gratification*.
9. Games have *conflict/competition/challenge/opposition*. That gives us *adrenaline*.
10. Games have *problem solving*. That sparks our *creativity*.
11. Games have *interaction*. That gives us *social groups*.
12. Games have *representation and story*. That gives us *emotion*.

Ein Kernaspekt dieser Motivationsform ist der sogenannte Flow, der etwas in uns auslöst, sodass wir mit einer gewissen Besessenheit einfach weitermachen. Und ein wichtiger Baustein für den Flow ist Spaß!

Kommen nunmehr Spiele zum Einsatz, die diese Prinzipien beherzigen und zusätzliche Interaktion mit anderen aufweisen, so tauchen wir gleichsam automatisch in informelle Lernprozesse ein. Beste Beispiele dafür sind die derzeit dank der Technologieentwicklung auf dem Vormarsch befindlichen AR-Spiele: Augmented Reality Games.

Beispielhaft für dieses spezielle Genre soll auf *Expedition Schatzsuche* verwiesen werden (siehe allg.: http://studierstube.icg.tu-graz.ac.at/handheld_ar/ sowie ein kurzer Clip zu diesem Spiel: http://www.youtube.com/watch?v=denVteXjHlc). Dieses Spiel wird in einem österreichischen Museum eingesetzt, bedient sich der Spielelemente wie z. B. Wettkampf gegen andere und benutzt reale Museumsinhalte, die nach einer entsprechenden Frage gefunden und mit einem speziellen Device fotografiert werden müssen: Gewonnen hat, wer die richtige Figur, das richtige Gemälde etc. als Erstes findet und fotografiert. Bei der Frage und dem anschließenden Suchprozess werden Hilfen eingeblendet bzw. gesprochen, die ganz konkrete Inhalte vermitteln.

Interaktion in Verbindung mit spielerischem Wettbewerb und Technologienutzung führen zu dem bei Prensky (2001) *doing, intense and passionate involvement* und *flow* genannten Umsetzungen. Wie langweilig wirken dagegen bekannte Museumsführungen insbesondere für Kinder und Jugendliche!

Im Bereich der Personalentwicklung werden bislang solche Konzepte nur sehr vereinzelt eingesetzt – wohl auch deshalb, weil einerseits dafür zunächst im Sinne der Grundinvestition ein nicht geringer Aufwand anfällt, sicherlich aber auch deshalb, weil viele Verantwortliche in der Personalentwicklung die Mächtigkeit solcher Ansätze noch nicht überschauen bzw. noch nicht von dem im Vergleich zu traditionellen Umsetzungen größeren Nutzen etc. überzeugt sind; hier gilt es sicherlich, entsprechende Forschungen zu etablieren.

Ein gutes Beispiel allerdings kann hier angeführt werden, dass einen auch ökonomisch vertretbaren Weg aufzeigt: Das Spiel SHARKWORLD (siehe http://www.sharkworld.de) ist als Projektmanagementspiel entwickelt worden, wurde von accenture Holland entsprechend angepasst und wird heute gezielt dazu eingesetzt, Kompetenzen rund um Projektmanagement – sowohl Hard wie Soft Skills – zu trainieren (vgl. https://microsite.accenture.com/innovation-awards/2010/Pages/default.aspx).

Ähnliche, auf Mehrfachnutzen abstellende Umsetzungen werden von Fraunhofer IAO unter dem Label *Virtual Lab* schon seit einigen Jahren angeboten und zunehmend genutzt: http://www.iao.fraunhofer.de/lang-de/geschaeftsfelder/engineering-systeme/277-virtual-reality-lab.html. Idee ist, dass ein Unternehmen *sein Design* in die virtuelle Laborumgebung integriert und dadurch hohe Grundaufwendungen mehrfach genutzt werden können – man denke bei Realisierungen z. B. an Hotels, die ihre Rezeptionsmitarbeiter *an ihrer Rezeption* trainieren möchten.

Perspektiven

Lernen muss Spaß machen! Auf diese einfache Formel gebracht, können wir davon ausgehen, dass Game-Based Learning unaufhaltsam vordringt und das Lernen sukzessive verändern wird. Dabei spielt nicht nur die immer mächtiger werdende Technologie und deren nahezu grenzenloser Zugang eine bedeutsame Rolle, sondern die Verwischung mit informellen Konzepten: Wir lernen freiwillig und vor allem unbewusst, weil wir Spaß am Thema, an der Aufbereitung oder der Umsetzung haben.

Ganz besonders subtile oder auch erfolgreiche Kompetenzentwicklung findet sich zudem in solchen Spielen, die vordergründig nur Spaß machen und erst gar nicht von Lernen sprechen: Man bezeichnet dies auch als *stealth learning,* was Spiegel online bereits 2007 zu einer intensiven Darstellung der Hintergründe und Erfolge führte (vgl. http://www.spiegel.de/netzwelt/spielzeug/0,1518,458953,00.html).

Spiele können somit das vermitteln, was uns als innere Treiber erst dazu führt, einfach weiterzumachen: Spaß (vgl. Baitsch 1998)! Die Weiterentwicklung des *social learning* durch Bandura zeigt allerdings auch, dass eine Art von Einbindung, von Nacharbeit notwendig wird, um einen erfolgreichen Kompetenzentwicklungsprozess zu erzielen: (Selbst-)Reflexion.

In einem eigenen Forschungsfeld, das sich *critical reflection school* nennt, wird darüber seit vielen Jahren geforscht. In einer Arbeit hat Brookfield (1988) vier zentrale Aktivitäten herausgestellt:
1. Assumption analysis
2. Contextual awareness
3. Imaginative speculation
4. Reflective skepticism

Deutlich wird, dass die Inhalte zu den vier Aufgaben am besten in einer Mischung aus Selbstreflexion und *angeleiteter* bzw. *betreuter* Reflexion aufgearbeitet werden können. Für einen erfolgreichen Einsatz im Rahmen betrieblicher Personalentwicklung muss somit auch darauf geachtet werden, dass der Lerner bei einem *Lernspiel* nicht *alleingelassen* wird, sondern dass sowohl beim Lerner selbst als auch evtl. in Lerngruppen solche Reflexionsprozesse eingeplant werden. Nicht zuletzt ist das der Rollenwechsel, dem sich Trainer eigentlich seit Einführung der allerersten CBTs stellen müssen – der Wandel vom anleitenden Lehrer zum erklärenden Coach.

Und noch etwas ganz anderes spricht für diese Entwicklung: Die vor den Türen des Arbeitsmarktes stehende Generation ist im Umfeld von Spielen groß geworden; sie erwartet ein anderes Lernen. Spiele verstehen, den sogenannten Flow in uns zu wecken als Ausdruck der intrinsischen Motivation.

Viele Unternehmen aber müssen umdenken: Spiel wird via Game-Based Learning integraler Bestandteil betrieblicher Kompetenzentwicklung werden. Andernfalls werden solche Unternehmen schnell den *Kompetenzanschluss* verlieren und zudem bei der abzusehenden *Jagd auf Talente* insbesondere von neu in den Arbeitsmarkt tretenden Menschen kaum noch beachtet werden.

Literatur

Baitsch, C. (1998): Lernen im Prozeß der Arbeit – zum Stand der internationalen Forschung. In: Kompetenzentwicklung 98. Forschungsstand und Forschungsperspektiven. Münster, S. 269–337.

Becker, M. (2005): Systematische Personalentwicklung – Planung, Steuerung und Kontrolle im Funktionszyklus. Stuttgart.

Bergmann, B. (2001): Kompetenzentwicklung – Eine Aufgabe für das ganze Erwerbsleben. In: ABWF (Hg.): Bulletin Nr. 3, Berlin, S. 1–6. http://www.abwf.de/content/main/publik/bulletin/2001/B-3-01.pdf [Stand: 05.10.2010].

Brookfield, S. (1988): Developing Critically Reflective Practitioners: A Rationale for Training Educators of Adults. Training Educators of Adults: The Theory and Practice of Graduate Adult Education.

Buck, A./Frank, G./Schletz, A./Dworschak, P. (2005): Herausforderungen des demographischen Wandels für die betriebliche Personalpolitik. In: Spath, D. (Hg.): e3World Work, learning, performance – Lernen für die Arbeit von morgen. Universum Verlag, S. 65–79.

Caroll, W. R./Bandura, A. (1987): Translating Cognition into Action: The Role of Visual Guidance in Observational Learning. In: Journal of Motor Behavior, Vol. 19. No. 3, S. 385–398. http://www.des.emory.edu/mfp/Bandura1987Translating.pdf [Stand: 05.10.2010].

Corti, K. (2005): Serious Games. In: Learning Magazine. http://www.kevincorti.com/downloads/wolce_learning_mag.pdf [Stand: 05.10.2010].

Drumm, H. J. (2005): Personalwirtschaft. Springer Verlag, 5. Aufl., Berlin.

Erpenbeck, J./von Rosenstiel, L. (Hg.) (2003): Handbuch Kompetenzmessung. Erkennen, Verstehen und Bewerten von Kompetenzen in der betrieblichen, pädagogischen und psychologischen Praxis. Stuttgart.

Frank, G. (2009): Spielen oder die Lust zu lernen. In: Sieck, J./Herzog, M. A. (Hg.): Kultur und Informatik: Serious Games. Boizenburg, S. 143–156.

Frank, G. (2010): Serious Games, GameBased Learning & Co. In: Siepmann, F./Müller, P. (Hg.): Jahrbuch eLearning & Wissensmanagement 2011. Albstadt, S. 56–59.

Issing, L. J./Klimsa, P. (Hg.) (2002): Information und Lernen mit Multimedia und Internet – Lehrbuch für Studium und Praxis. Weinheim.

Kickmeier-Rust, M. D. (2009): Proceedings of the 1st International Open Workshop on Intelligent Personalization and Adaptation in Digital Educational Games. S. 43–53, October.

Laur-Ernst, R. (1998): Informelles Lernen in der Arbeitswelt. Thema einer Reihe deutschamerikanischer Workshops. In: Berufsbildung in Wissenschaft und Praxis, Heft 4, S. 44–47.

Prensky, M. (2001): Digital Game-Based Learning. New York. http://www.marcprensky.com/writing/Prensky%20-%20Digital%20Game-Based%20Learning-Ch5.pdf [Stand: 10.12.2010].

Preußer, S. (2007): Planspiel als eine Methode der Bildung für nachhaltige Entwicklung. Veröffentlichung im Rahmen des Transfer-21-Projektes des BMBF. http://www.transfer-21.de/daten/materialien/Lernangebote/23Planspiel.pdf [Stand: 12.11.2010].

Schulmeister, R. (2007): Grundlagen Hypermedialer Lernsysteme. München.

Mit Serious Games zum Lernerfolg

Maren Metz und Fabienne Theis

Auszubildende verbessern ihre interkulturelle Handlungskompetenz, Vertriebler üben sich in Verkaufsgesprächen, und angehende Führungskräfte schlüpfen in die Rolle eines internationalen Projektleiters. Das Potenzial von Serious Games ist groß, und Computerspiele mit pädagogischem Mehrwert können praktisch in jedem Lernkontext eingesetzt werden. Mittels Serious Games lassen sich viele Themenbereiche umsetzen, von der Produktschulung über Kommunikationstraining bis hin zur komplexen Entscheidungsfindung im Rahmen von Führungskräfteentwicklung. Sie richten sich an Einzelpersonen oder Gruppen, je nachdem welches Lernziel verfolgt wird. Durch Serious Games wird eine hohe Motivation der Lernenden erreicht, die durch andere Trainingsmaßnahmen nicht erzielt werden kann. Sie ermöglichen insgesamt selbstbestimmtes, aktives und spielerisches Lernen.

Diese digitalen Lernspiele bahnen sich derzeit ihren Weg in die Aus- und Weiterbildung von Unternehmen, denn selbstgesteuertes Lernen wird auch im beruflichen Kontext zunehmend wichtiger. Dort werden Serious Games im Rahmen der Personalrekrutierung, im Ausbildungsbereich, in der Personal- und Organisationsentwicklung oder der Führungskräfteentwicklung angewendet. Serious Games sollen (potenziellen) Auszubildenden, Mitarbeitern und Führungskräften in unterschiedlichen Lernbereichen zur Verfügung stehen. Unternehmen im Allgemeinen und die Personalentwicklung im Besonderen erkennen immer mehr die Vorteile von Serious Games, wie beispielsweise die freie Wahl des Lernortes, eine flexible Zeiteinteilung, die Wahl des Lernzeitpunktes, das Eingehen auf das individuelle Lerntempo des einzelnen Lerners, das selbstständige Erarbeiten der Spielsituation und das damit verbundene selbstgesteuerte Lernen.

Es lässt sich ein zunehmendes Interesse an dieser neuen Lernform ausmachen. Sowohl die Wissenschaft als auch die pädagogische Praxis haben virtuelle Spiele als geeignete Lernmethode erkannt. Der Grund dafür sind die *lernfördernden Besonderheiten*. Der Lernende handelt aktiv und selbstbestimmt, er ist für seine Lernergebnisse selbst verantwortlich und steuert autonom seinen Lernprozess. Serious Games ermöglichen somit selbstbestimmtes und aktives Lernen im Spiel.

Serious Games als Lerninstrument der Personalentwicklung

Serious Games sind ein spannendes Instrument in der beruflichen Bildung. Sie dienen als virtueller Lernraum, in dem E-Learning neu gedacht wird.

Angesiedelt sind die Spiele im *Instrumentenportfolio* der Personalentwicklung, die auf die kontinuierliche Anpassung der Mitarbeiterqualifikationen zur Umsetzung strategischer Unternehmensziele fokussiert ist. Da die Personalentwicklung die Aufgabe zur „Förderung beruflich relevanter Kenntnisse, Fertigkeiten und Einstellungen durch Maßnahmen der Weiterbildung (Seminare und Trainings), der Beratung und der Arbeitsgestaltung" (Mattenklott/Ryschka/Solga 2005, S. 17) hat, müssen spezifische Methoden bereitstehen. Die üblichen Maßnahmen reichen von Mitarbeitergesprächen, kollegialen Beratungen, Mentoring, Nachwuchsförderung und Traineeprogrammen, Teamentwicklung und Projektmanagement, 360°-Feedback, Karriereberatung, Workshops, fachlichen Schulungen, Seminaren und Trainings, Beratung, Coaching, Supervision und Mediation bis hin zu den modernen Formen computergestützten Lernens und dem damit zusammenhängenden E-Learning (vgl. Flato/Reinbold-Scheible 2006, S. 46 und Mattenklott et al. 2005, S. 77). Digitale Lernspiele unterstützen dabei ein geeignetes Selbstlernarrangement – weg von traditionellen Lernformen – durch neue Technologien und innovative virtuelle Lernkonzepte. Es werden virtuelle Lernräume bereitgestellt. „Virtualität mit ihren vielfältigen Möglichkeiten ersetzt zunehmend reale, traditionelle Lernformen, ja sogar Lernorte" (Benke 2008, S. 200). Serious Games greifen damit einen Trend auf: Lernprozesse lösen sich „aus der Realität heraus und verlagern sich immer mehr in die Virtualität" (Benke 2008, S. 194).

Ein virtuelles Lernsetting, wie das der Serious Games, setzt generell eine unbefangene, *selbstexplorative Lernhaltung* voraus. Es geht darum, Wissen, Kenntnisse, Fähigkeiten, Meinungen, Haltungen oder Qualifikationen zu erkennen, zu verstehen und geeignet einzusetzen. Durch dieses Lernen können aber auch Eigenschaften und Kompetenzen, wie Selbstständigkeit, Flexibilität, Selbstvertrauen, Verantwortungsbewusstsein, Problemlösefähigkeit, Systemdenken oder Kooperationsbereitschaft, entwickelt oder gestärkt werden (vgl. Illeris 2010).

Das dafür zugrunde liegende Lernkonzept von Serious Games (angelehnt an Kolb 1984) ist auf der Metaebene ein Prozess, bei dem es vier Stadien innerhalb eines

Lernzyklus gibt: Das erste Stadium ist das konkrete Erkennen (Begreifen durch Erfassen der inhaltlichen Problemkonstellation), das zweite das reflektierte Beobachten bzw. der Umgang mit Zusammenhängen (Umbildung durch Sinngebung), das dritte die abstrakte Begriffsbildung (Begreifen durch Verständnis, Erkennen von systemischen Konstellationen und Folgen) und das vierte das aktive Experimentieren (Umbildung durch Expansion). Dieser Kreislauf wird im Spiel mehrfach durchlaufen. Dieser systematisierte Lernprozess wird erweitert durch z. B. Erlebnisse, Vermutungen, Auffassungen oder Probleme. Besonders Emotionen bezüglich sozialer und individueller Prozesse nehmen eine lenkende Rolle ein, wie auch die Ebene der Steuerung (z. B. Arbeitsorganisation). Insgesamt wird eine erhebliche Motivation der Lernenden erreicht, die durch andere Trainingsmaßnahmen nicht gleichwertig erzielt werden kann.

Nachhaltiger Lernerfolg und hohe Motivation

Serious Games haben einen hohen Motivationsgrad, insbesondere auch durch das Flow-Erlebnis. Computerspiele können beim Spieler einen Flow erzeugen bzw. ein Flow-Erlebnis hervorrufen. Der Flow wird nach Csikszentmihalyi (2000) definiert als eine Aktivität, die ein deutliches Ziel hat: Die Tätigkeit hat eine *autotelische* Zielsetzung, und es kommt zu einer unmittelbaren Rückmeldung. Der Flow, also das Fließen oder Strömen, ist ein Gefühl des völligen Aufgehens in einer Tätigkeit. Diese ungezwungene Konzentration ist *unüberspannt*. Es entsteht ein *Tätigkeitsrausch* bzw. eine *Funktionslust*, indem der Spieler vor schnell aufeinanderfolgende Aufgaben eines mittleren Schwierigkeitsgrades gestellt wird, die ihn genügend herausfordern und die er mit hoher Wahrscheinlichkeit erfolgreich lösen kann. Die Herausforderung muss dabei nicht besonders anspruchsvoll sein. Den Flow zu erreichen bedeutet, den optimalen Bereich zwischen Über- und Unterforderung gefunden zu haben. Es wird ein beeinflussbares Glücksgefühl erzeugt. Der Flow wird größer, je mehr die Fähigkeiten zusammen mit den Anforderungen steigen. Zu anspruchsvolle Aufgabenstellungen gekoppelt mit einem Misserfolg können allerding das Flow-Erlebnis unterbrechen. Serious Games aber schaffen die geeigneten Rahmenbedingungen für ein Flow-Erlebnis, welches wiederum zum Lernerfolg führt.

Der Anspruch an Serious Games ist damit, spielerisch – also durch ein konstantes Motivationsniveau – Selbstständigkeit und Tatendrang zu verbinden und das reflexive Lernen zu fördern, damit Lernprozesse lange wirksam bleiben und die Ergebnisse in den Berufsalltag transferiert werden können (vgl. Helm/Theis 2009).

Nach Kolb (1984) ist der in Serious Games vorhandene Lernprozess (siehe oben) zunächst ein generell innerer Lernprozess, der sich für einen nachhaltigen Lerntransfer auch nach außen wenden bzw. expliziert werden muss, z. B. durch gezielte Anregungen zur Reflexion (vgl. Illeris 2010). Serious Games sollten daher eingebunden sein in ein didaktisches Konzept, damit sie nicht losgelöst vom Lern- und Transferprozess eingesetzt werden. Besonders wichtig dabei ist die Reflexionsphase nach dem Spiel. Hier geht es darum, kritisch zu betrachten, was gut und weniger gut gelaufen ist, was gelernt wurde, was verbesserungswürdig ist und wie man es beim nächsten Mal lösen würde und wie andere vorgegangen sind etc. Ziel ist es, eine selbstreflexive Haltung zu fördern, denn erst durch individuelle Reflexion wird selbstgesteuertes Lernen erfolgreich. *Selbstreflexion* ist dabei ein innerer Dialog und bedeutet, sich und die Umwelt zu beobachten, zu analysieren, Gründe bzw. Überzeugungen zu finden, Entscheidungen zu treffen und zu urteilen. Selbstreflexion findet nach Arnold (2008) hauptsächlich auf der Ebene des emotionalen Lernens statt. Man nimmt eine Beobachtungsposition ein und analysiert seinen eigenen inneren Weg, d. h. sein Denken, Fühlen und Handeln. Ziel ist es, ein optimiertes Verständnis von der eigenen subjektiven inneren Wirklichkeit zu bekommen. Das Handeln, das durch diese Wirklichkeit gesteuert wird, ist ein oft unbewusstes Muster, daher muss Selbstreflexion unterstützt werden durch eine externe Anleitung zur individuellen Reflexion, dem sogenannten Debriefing. Diese angeleitete reflexive Innenschau geschieht durch eine Informationsgewinnung, eine Analyse der Spielsituation, die Nutzung des vorhandenen Wissens, das Erkennen emotionaler Grundstrukturen und deren Denk- und Handlungsfolgen sowie die Veränderung innerhalb der systemischen Bedingungen (vgl. Jetter/Skrotzki 2005). Dabei geht es dann um Themen wie beispielsweise die eigene Persönlichkeit, die persönliche Haltung und Werte, Motivation sowie Einstellung zu Fehlern. Es geht darum, die eigenen Vorstellungen mit den Erwartungen des Unternehmens abzugleichen und geeignete Erkenntnisse in den Berufsalltag zu integrieren. „Der Lerneffekt in Serious Games wird durch eine didaktische Strukturierung des Selbstbeobachtens und Selbstreflektierens verstärkt" (Helm/Theis 2009, S. 5).

Der *Transfer* des Gelernten sollte über ein coachingbasiertes Gesamtkonzept begleitet werden, indem sich der Lerner mit dem Spiel im Nachhinein zu bestimmten Fragestellungen noch einmal auseinandersetzt, reflektiert und schließlich das Erlernte in die Tat umsetzt und im Berufsalltag dauerhaft anwendet. Nur so ist nachhaltiges Lernen gewährleistet.

„Für den Lernerfolg von Serious Games sind aber auch noch Rahmenfaktoren wie Qualität und Funktionalität sowie ein ansprechendes Design wichtig. Insgesamt sollte ein Gleichgewicht zwischen pädagogischem Anspruch und gut umgesetzten technischen Lösungen bestehen, in dem Lernen unabhängig und selbstbestimmt ermöglicht wird" (Metz/Theis 2009, S. 29). Die folgende Abbildung gibt einen Überblick über die Lernkomponenten, die beim Einsatz von Serious Games bedacht werden sollten.

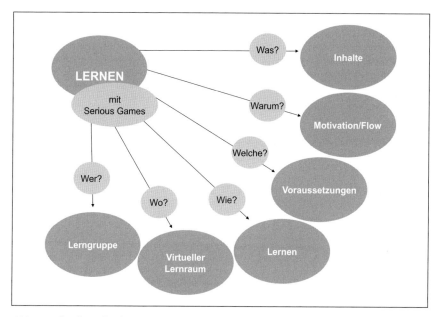

Abb. 1: Einflussbereiche des Lernens mit Serious Games

Fazit

Serious Games sind als handlungsorientierte Lernarrangements ausgerichtet. Sie unterscheiden sich in den bisherigen Methoden von den Vorteilen computerbasierten Lernens. Für Organisationen sind Serious Games interessant, weil unterschiedliche Themen transportiert werden können. Die Mitarbeiter bestimmen ihr Lerntempo individuell, es wird eine hohe Aktivität und Motivation erzeugt, es werden gezielt Kompetenzen wie strategisches Denken oder taktische Entscheidungsfindung gefördert und eine hohe Reflexionsfähigkeit trainiert. Zusätzlich kann man durch ein eingebettetes Coaching schnell Rückmeldung über einzelne Verhaltensweisen oder Entscheidungen im Spiel geben und Lernziele sichern. Außerdem fallen Anfahrtswege wie bei externen Seminaren weg.

Das Potenzial von Serious Games ist damit groß, und durch seinen pädagogischen Mehrwert können sie praktisch in vielfältigen Lernkontexten eingesetzt werden. Daher sollten Serious Games als innovatives Konzept in der Aus- und Weiterbildung etabliert werden.

Literatur

Arnold, P. (2008): Führen mit Gefühl. Eine Anleitung zum Selbstcoaching mit einem Methoden-ABC. Wiesbaden.

Benke, K. (2008): Beratung im Cyberspace: Virtualität als Lebens(lern)raum. In: Schachtner, C. (Hg.): Learning Communities: das Internet als neuer Lern- und Wissensraum. Frankfurt/Main, S. 191–201.

Csikszentmihalyi, M. (2000): Das Flow-Erlebnis. Jenseits von Angst und Langeweile im Tun aufgehen. 8., unv. Aufl. Stuttgart.

Flato, E./Reinbold-Scheible, S. (2006): Personalentwicklung: Mitarbeiter qualifizieren, motivieren und fördern – Toolbox für die Praxis. Landsberg am Lech.

Helm, M./Theis, F. (2009): Serious Games als Instrument in der Führungskräfteentwicklung. In: Hohenstein, A./Wilbers, K. (Hrsg.): Handbuch E-Learning, Wolters Kluwer Deutschland (Deutscher Wirtschaftsdienst), Köln, 29. Erg.-Lfg., Juli 2009. S. 6.10-1–6.10-12.

Illeris, K. (2010). Lernen verstehen. Bedingungen erfolgreichen Lernens. Bad Heilbrunn.

Jetter, F./Skrotzki, R. (2005): Soziale Kompetenz. Führungskräfte lernen emotionale Intelligenz, Motivation, Coaching. Regensburg.

Kolb, D. A. (1984): Experimental Learning. Experience as the Source of Learning and Development. Engelwood cliff.

Mattenklott, A./Ryschka, J./Solga, M. (2005): Ein Prozessmodell der Personalentwicklung. Wiesbaden.

Metz, M./Theis, F. (2009): Führung spielerisch lernen. In: Weiterbildung. Zeitschrift für Grundlagen, Praxis und Trends. Ausgabe 3/2009, Köln, S. 28–30.

Informelles Lernen und der Einsatz von Serious Games

MANUELA FEIST UND REGINA FRANKEN-WENDELSTORF

Zeit-, orts- und situationsunabhängige Lebens- und Arbeitswelten verlangen nach unabhängigen Lern- und Wissenswelten. Serious Games werden dabei immer häufiger als eine Möglichkeit gesehen, Kenntnisse und Fähigkeiten in der beruflichen Aus- und Weiterbildung zu vermitteln. Bezog man die Phasen des informellen Lernens bisher im Wesentlichen auf die Mitarbeit in Vereinen oder innerhalb familiärer Aktivitäten, so nimmt der Umgang mit den Neuen Medien im Rahmen des informellen Lernens durch die Einbeziehung von Work-Life-Balance-Strategien und lebenslangem Lernen in die Unternehmensphilosophien einen immer größeren Raum ein. Betrachtet man die von Dohmen (2001) vorgeschlagene Definition: „Informelles Lernen wird auf alles Selbstlernen bezogen, das sich in unmittelbaren Lebens- und Erfahrungszusammenhängen außerhalb des formalen Bildungswesens entwickelt" (S. 25), dann heißt das, dass medienunterstützendes informelles Lernen vor allem die unmittelbaren Erfahrungszusammenhänge der Nutzer mit berücksichtigen muss. Im nationalen Bildungsbericht wird hierbei auf die „Entgrenzung der ehemals getrennten sozialen Sphären von Erziehung, Instruktion, Konsum und Unterhaltung" (Rauschenbach 2004, S. 325) hingewiesen. Die Verbindung von informellem Lernen und Serious Games spielt sich dabei im Wesentlichen zwischen den Bereichen Instruktion, Konsum und Unterhaltung ab.

Unter dem Begriff Serious Games versteht man digitale Lernspiele, die in der beruflichen Aus- und Weiterbildung eingesetzt werden, um konventionelles Lernen mithilfe von technischen und multimedialen Elementen zu unterstützen. Die interaktiven Anwendungen sollen insbesondere die direkte Teilnahme und die Motivation der Mitarbeiter steigern, sodass in diesem Zusammenhang das Benutzererlebnis attraktiver gestaltet wird. Hierbei erfolgt die Informationsvermittlung auf spielerische Art und Weise, um das Interesse des Nutzers für das jeweilige Themengebiet zu wecken sowie das erwünschte Lernen und die Aufnahme von Informationen anzuregen. Laut Prensky (2001) wird überwiegend im englischsprachigen Raum der Ausdruck *Game-Based Learning* verwendet, um den Prozess des Lernens mit digitalen Spielen zu verdeutlichen. In diesem Zusammenhang spielt auch der Begriff Edutainment eine wichtige Rolle. Edutainment repräsentiert eine hybride Mischung von Elementen aus dem Bildungs- und dem Unterhaltungsbereich, die meist auf einem spielerischen Format basieren und mithilfe eines Erzählers vermittelt werden (vgl. Buckingham/Scanlon 2003). Laut White (2003) wurde das Wort *Edutainment* erstmalig für bildungsorientierte CD-ROM-Spiele eingesetzt, um Kinder auf unterhaltsame Art und Weise zu unterrichten. In der heutigen Zeit existiert eine wachsende Nachfrage zur Steigerung und Erweiterung der verschiedenen Lernumgebungen (vgl. Karime et al. 2008).

Durch den Einsatz von Serious Games werden bestimmte Lernziele definiert, die mithilfe von interaktiven Ansätzen vermittelt werden. Somit werden die Aspekte aus dem Bildungsbereich um den *Spaßfaktor* erweitert und mithilfe verschiedener multimedialer Elemente repräsentiert. Doch so wie das Internet und zunehmend auch die E-Books in den Medien und der Didaktik für überladene und unstrukturierte Informationen stehen, sehen sich Computerspiele dem Vorwurf ausgesetzt, in ihren Ausführungen relativ einseitig zu sein. Serious Games unterstützen oft nur bestimmte durch den didaktischen Spielansatz vorgegebene Denkstrukturen und Lernszenarien, ohne die berufliche Adaption bzw. Weiterentwicklung mit zu berücksichtigen. Dies gilt auch für den Bereich der Planung von Wissensgewinnung. Plant der Lernende mithilfe des Spiels seinen weiteren Lernerfolg oder lässt er sich verführt vom Medium durch das Thema gleiten, ohne eigenen Einfluss auf die Informationsgenerierung? Hier muss zwischen freiem und gesteuertem Lernen unterschieden werden. Lernen im Sinne von Lernen mit allen Sinnen sollte möglichst alle sensorischen Erfahrungsmöglichkeiten einbeziehen. Das Institut für integratives Lernen und Weiterbildung in Berlin (IFLW 2010) unterscheidet daher sechs verschiedene Lerntypen. Diese zunehmende Ausdifferenzierung der Lerntypen bedingt sich durch die gesellschaftlichen Veränderungen und den Einzug einer hoch technologisierten Welt in den normalen Erfahrensbereich des Menschen. Sie kennzeichnen aber auch ein eher pädagogisches Szenario, welches auf unserer bisherigen Form der Wissensvermittlung basiert und eng mit der derzeitigen Begrifflichkeit von Intelligenz verbunden ist. Dies zeigt sich auch in der Diskussion um Howard Gardners Theorie der multiplen Intelligenzen. Für ihn konzentriert sich Erziehung zurzeit ausschließlich auf den Bereich der sprachlichen und logischen Intelligenz, ein besserer Weg wäre seiner Meinung nach, das Individuum in das Zentrum zu stellen. Computer können laut Gardner (2009) als Vermittler von Fertigkeiten angesehen werden. „Moreover even when someone is just typing on a keyboard, he or she can think in spatial, musical, linguistic, or bodily intelligences" (vgl. Weiss 2010).

Um innerhalb des digitalen Spiels diverse Lernstile, wie den visuellen oder auditiven, zu unterstützen, ist es wichtig, die Lerninhalte mithilfe einer Kombination aus unterschiedlichen Medientypen (Text, Bild und Audio) für die definierte Zielgruppe ansprechend und attraktiv aufzubereiten. Ein besonderer Aspekt ist der Bereich der eigenen Spielerfahrung. Jeder lernt nicht nur anders, er spielt auch anders; daraus ergibt sich, dass jeder individuell auf seine Art mit einem Lernspiel umgehen wird. Serious Games müssen bei der Planung und Konzeption also nicht nur auf die individuellen Lerntypen eingehen, sondern auch die individuellen Spielerfahrungen berücksichtigen. Grundelemente und Ausgangsvoraussetzungen jeder Entwicklung von Serious Games sind mit der Kernfrage verbunden, ob durch das Spiel Wissen (reproduzierbar und abfragbar) vermittelt werden oder nur Anreize gegeben werden sollen, sich mit einem Thema zu beschäftigen. Vor allem im Rahmen der beruflichen Weiterbildung ist es von besonderer Bedeutung, die jeweilige Motivation mit dem richtigen Spiel zu verbinden. Jemand, der durch das Spiel wirklich etwas lernen will, wird mit einem auf Unterhaltung ausgelegten Spiel schnell unterfordert sein. Auf der anderen Seite kann das interessanteste Spiel frustrierend sein, wenn nicht von Anfang an klar ist, dass der Erwerb von abfragbarem Wissen Inhalt und Ziel des Spiels ist.

Aber gerade auf dem Gebiet des informellen Lernens spiegeln sich Bereiche wider, die jenseits des Faktenwissens liegen, wie Experimentierfreudigkeit, Ausdauer, Kooperationsfähigkeit, Hilfsbereitschaft und Empathie. Schwerpunkte, die soziale Interaktionen in Form von *Gemeinschaft erleben* voraussetzen. Gerade in sozialen Gemeinschaften (z. B. im Ausbildungs- und Berufsumfeld) werden die oben genannten Kompetenzen erfahren, geübt und an den Nächsten weitergegeben. Sie spielen nicht nur bei der Wissens- und Erfahrungsgewinnung eine bedeutende Rolle, sondern auch bei der Identitätsbildung. Geht man davon aus, dass informelles Lernen ein Lernen im eigenen sozialen Umfeld ist, dann bedeutet es aber auch, dass dieses Lernen im Wesentlichen durch und über die im sozialen Umfeld vorhandene soziale Organisationsstruktur (z. B. Arbeits- und Wohnumfeld) stattfindet. Die hier vorherrschenden sozialen Netzwerke bilden auch im Bereich des informellen Lernens eine soziale Einheit. So haben Unternehmen hier die Möglichkeit, nicht nur passive Nutzer von Weiterbildungsangeboten zu sein, sondern aktiv die Lernerfahrungen der Mitarbeiter mitzugestalten. Auf der anderen Seite funktionieren Serious Games und internetbasierte Lernspiele für den unmittelbaren Nutzer dagegen weitestgehend unabhängig von den Vorgaben des sozialen Gefüges und des Umfeldes. Zwar gibt es auch hier zahlreiche Verknüpfungen, jedoch ist das Selbstbestimmungsrecht der Lernenden wesentlich größer und unabhängiger. So bieten Serious Games im Weiterbildungsbereich zum ersten Mal die Möglichkeit, ortsunabhängig zu lernen und das Gelernte über größere Distanz zu überprüfen und mit relevanten Feedbacks zu versehen. Gerade international operierenden Unternehmen oder Unternehmen in strukturschwachen Regionen bieten sich hier vielfältige Möglichkeiten. Darüber hinaus haben Mitarbeiter und Auszubildende nun orts- und kulturunabhängig eine Vielzahl an Weiterbildungsmöglichkeiten. Dies gilt vor allem für solche Spiele, die jedem frei zugänglich sind. Sie bieten dem Nutzer eine wesentlich größere Freiheit, selbst zu entscheiden, was und wie er lernen will. Das impliziert jedoch auch eine größere Verantwortung. Wer eigenständig entscheiden kann, was, wann und wie er lernt, muss im Vorfeld vor allem *selbstständiges* Lernen gelernt haben. Dies bezieht sich auf die Reflexion der eigenen Lernstrategien, Lerndisziplinen und Lernmethoden. Hier spielt die eigene Motivation eine viel größere Rolle als im Bereich des informellen Lernens im sozialen Umfeld. Serious Games können dabei das Selbstbestimmungsrecht des Lernenden unterstützen. Allerdings wird in diesem Kontext die Medienkompetenz der Mitarbeiter von vielen Firmen überschätzt, dabei wären Schulungen und Einführungen sowie die Schaffung bedarfsgerechter Bildungsangebote im Rahmen der Weiterbildung dringend erforderlich. Vor allem die technologischen Entwicklungen z. B. auf der Ebene der Multi-Touch-Anwendungen erfordern eine Kompetenzerweiterung in der Nutzung von Informations- und Kommunikationstechnologien.

Die Berücksichtigung der motorischen, haptischen und personenorientierten Lernmethoden sowie die Einbeziehung kommunikativer Strukturen stellen aber nicht nur die Nutzer, sondern in erster Linie die Entwicklung von digitalen Spielen vor vielfältige Herausforderungen. So bieten zum einen technische Realisierungen im Bereich der Multi-Touch-Anwendungen neue dynamische Möglichkeiten, zum anderen können Bewegungsabläufe insbesondere im 3D-Bereich besser simuliert und dargestellt werden. Lerninhalte lassen sich also besser kommunizieren und direkter erfahren. So können komplexe Situationen transparenter dargestellt bzw. Wirkungsabläufe veranschaulicht werden. Diese Fähigkeit, einzelne Elemente miteinander zu vernetzen, gewinnt immer mehr an Bedeutung. Besondere Herausforderungen bestehen hierbei in der Berücksichtigung emotionaler und sozialer Erfahrungswerte.

Netzwerkspiele, Wikis und inner- sowie außerbetriebliche Learning Communities spielen bei der Entwicklung von Social Networking im Bereich des informellen Lernens eine immer größere Rolle. Die Schaffung von sozialen Netzen, einer kollektiven Lernerfahrung und die Vermeidung von sogenannten sozialen Isolationseffekten sind Ziele dieses vernetzten Lernens, das Wissen in einer anderen Form (virtuell) erlebbar macht. Damit diese Form der Lernspiele aber überhaupt zum Lernerfolg führt und in die eigene Erfahrenswelt eingepasst wird, müssen die einzelnen Lern- und Spielschritte detailliert von Fachleuten geplant und konzipiert werden. Gleichzeitig müssen sie genaue Kenntnisse spieltechnischer Abläufe haben, denn gerade die Verknüpfung von linear und nicht linear vernetzten Spielabläufen entscheidet darüber, ob ein Spiel als realitätsnah oder realitätsfern eingestuft wird. Dabei kommt der Darstellung von Wirkungszusammenhängen und Wirkungszwängen eine besondere Bedeutung zu. Um ein für die Nutzer akzeptables digitales Lernspiel zu entwickeln, ist es notwendig, Vertreter der definierten Zielgruppe in die Entwicklungsphase der Anwendung einzubeziehen. Hierbei eignet sich besonders der Gebrauch der nutzerorientierten Gestaltung, im Englischen auch bekannt als User-Centred Design (vgl. Sharp/Rogers/Preece 2007). Dieser iterative Prozess besteht aus vier unterschiedlichen Teilschritten, wobei die Ergebnisse eines einzelnen Schrittes in den nächsten übernommen werden (siehe Abbildung 1).

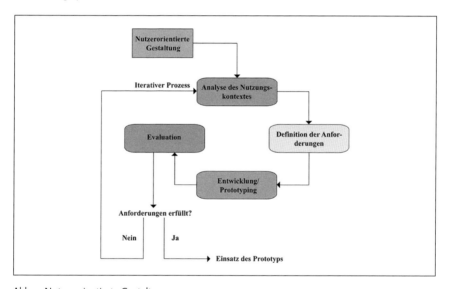

Abb. 1: Nutzerorientierte Gestaltung

Im ersten Schritt des Designprozesses wird der Nutzungskontext analysiert, wobei es wichtig ist, Vertreter der definierten Zielgruppe zu involvieren, um eine akzeptable und effektive Anwendung für die potenziellen Nutzer zu entwickeln. Folglich werden Pilotstudien, zum Beispiel mithilfe von Fragebögen und Interviews, durchgeführt, um sowohl quantitative als auch qualitative Daten zu sammeln. Anschließend werden basierend auf den Daten aus dem vorhergehenden Schritt die funktionalen und nichtfunktionalen Anforderungen an das System definiert.

Unter Berücksichtigung dieser Anforderungen werden dann in der nächsten Phase verschiedene Mock-ups (Modelle) und computerbasierte Prototypen entwickelt. Im vierten Schritt der nutzerorientierten Gestaltung erfolgt schließlich die Evaluation des Systems, um die Anwendung basierend auf dem Feedback potenzieller Vertreter der definierten Zielgruppe zu verändern. In diesem Fall kann zum Beispiel die Methode Cooperative Evaluation (vgl. Monk et al. 1993) zum Testen von Usability und Funktionen des prototypischen Systems angewendet werden. Bei diesem speziellen Verfahren werden die Teilnehmer der Evaluation aufgefordert, laut zu denken, sodass unerwartetes Verhalten und einzelne Kommentare notiert werden können. Falls die Evaluationsergebnisse verdeutlichen sollten, dass die Anforderungen der Nutzer an das System nicht erfüllt worden sind, werden Iterationsstufen des Prozesses der nutzerorientierten Gestaltung durchgeführt, um das System basierend auf den Antworten der Teilnehmer zu verbessern. Laut Druin (2002) sollten bei der Entwicklung einer Anwendung potenzielle Nutzer während des gesamten Prozesses unter Berücksichtigung verschiedener Rollen einbezogen werden. Somit müssen diese neben ihrer Rolle als Informanten und Designpartner auch als Testpersonen involviert werden, um das prototypische System effektiv bewerten zu können.

Ausblick

Bereits die Möglichkeit, Computer, Smartphones, Handhelds oder iPads nutzen zu können, ist für Mitarbeiter eine wichtige Motivationsquelle. Dennoch wird deutlich, dass im Bereich der Serious Games Wissen nicht nur spielerisch erworben wird, sondern genauso selbstständig erarbeitet und vertieft werden muss wie mit jedem anderen Medium auch. Dabei sollten die Zielgruppenorientierung und die Definition der Ziele im Vordergrund der Entwicklung stehen. Eine genaue Analyse dahin gehend, ob und wie gelernte Prozesse auf das reale Lebens- und Arbeitsumfeld Einfluss nehmen, steht nicht nur im Bereich des informellen Lernens noch aus, sondern muss auch Gegenstand der Computerspielforschung werden. Dies gilt insbesondere für die sensomotorischen und kognitiven Bereiche, aber auch für die Fragestellung, inwieweit Computerspiele bestimmte Verhaltensweisen in der Gesellschaft fördern. Spielkonsolen und vor allem Multi-Touch-Geräte werden hier in Zukunft ein breites Spektrum an Lernmöglichkeiten abdecken und dabei die verschiedenen Lerntypen und Lernarten mit berücksichtigen und so das Selbstbestimmungsrecht des Lernenden unterstützen. Versteht man informelles Lernen als ein handlungs- und problemorientiertes Lernen, das sich auf den direkten Erfahrungsbereich des Lernenden bezieht, dann müssen Serious Games mit eingebunden werden. Sie müssen also nicht nur zielgruppenorientiert sein, sondern auch das Umfeld, das heißt die Arbeits- und Lebenszusammenhänge, mit berücksichtigen. Diesen wichtigen Bereich des – u. a. auch informellen – Lernens können aber auch Netzwerkspiele und Learning Communities bisher nur bedingt vermitteln, da viele Unternehmen Bildung und Lernerfahrung ihrer Mitarbeiter oft nur im unternehmensspezifischen Bereich unterstützen. Lernspiele sind somit noch kein Ersatz für bisherige Strukturen des betrieblichen Lernens, sondern vielmehr eine zusätzliche Quelle dafür, sich mit einem Thema auseinanderzusetzen oder Defizite, die sich durch ein spezifisches Organisationsumfeld ergeben, auszugleichen.

Literatur

Buckingham, D./Scanlon, M. (2003): Education, entertainment and learning in the home. Buckingham and Philadelphia: Open University Press.

Dohmen, G. (2001): Das informelle Lernen – Die internationale Erschließung einer bisher vernachlässigten Grundform menschlichen Lernens für das lebenslange Lernen aller. http://www.bmbf.de/pub/das_informelle_lernen.pdf [Stand: 20.09.2010].

Druin, A. (2002): The role of children in the design of new technology. Behaviour and Information Technology, 21 (1), S. 1–25.

Gradner, H. (2009): A Multiple Intelligences Approach to Human gifts and Creativity. 3rd International Education Conference at Münster University „Individual Education of Multiple Talents". Münster, 09.–12.09.2009.

IFLW, Institut für integratives Lernen und Weiterbildung Berlin (2010): Christine Falk-Frühbrodt, Lerntypen II. http://www.iflw.de/wissen/lerntypen_II.htm [Stand: 20.09.2010].

Karime, A./Hossain, M. A./El Saddik, A./Gueaieb, W. (2008): A multimedia-driven ambient edutainment system for the young children. SRMC '08: Proceeding of the 2nd ACM International Workshop on Story Representation, Mechanism and Context, Vancouver, British Columbia, Canada, 31 Oct, New York: ACM Press, S. 57–64.

Monk, A./Wright, P./Haber, J./Davenport, L. (1993): Improving your human-computer interface: a practical technique. Hemel Hempstead: Prentice Hall International (UK) Ltd.

Prensky, M. (2001): Digital Game Based Learning. New York: McGraw-Hill.

Rauschenbach, T. (2004): Konzeptionelle Grundlagen für einen Nationalen Bildungsbericht – non-formale und informelle Bildung im Kindes- und Jugendalter, Berlin. http://www.bmbf.de/pub/nonformale_und_informelle_bildung_kindes_u_jugendalter.pdf [Stand: 18.09.2010].

Sharp, H./Rogers, Y./Preece, J. (2007): Interaction Design: beyond human-computer interaction. 2nd ed., Chichester, West Sussex: John Wiley & Sons Ltd.

Weiss, R. (2010): Howard Gardner Talks About Technology, Training & Development. http://findarticles.com/p/articles/mi_m4467/is_9_54/ai_65579213/ [Stand: 29.11.2010].

White, R. (2003): That's Edutainment. White Hutchinson Leisure & Learning Group. http://www.whitehutchinson.com/leisure/articles/edutainment.shtml [Stand: 20.09.2010].

Potenziale und Grenzen
des spielerischen Lernens

Klaus P. Jantke

Spielend lernen zu können ist ein alter Menschheitstraum, gleich nach dem Lernen im Schlaf. Da verwundert es nicht, dass man inzwischen allerorten Berichten über erfolgreiches Lernen mittels digitaler Spiele – offline, online und mobil – begegnet. Wovon die Kunden träumen, das sollen sie auch bekommen oder, genauer gesagt, das soll ihnen verkauft werden. Erfolgsberichte aus der Welt der *Serious Games* sind ein marktwirtschaftliches Phänomen. Schaut man dagegen – mit echtem wissenschaftlichen Interesse oder mit dem Bemühen um nachhaltige Lösungen – genauer hin, so entdeckt man in der Fachliteratur kritische Stimmen. Die einen berichten über das Scheitern konkreter Projekte des spielerischen Lernens, während die anderen das Funktionieren generell infrage stellen.

Einzelne Beiträge wie Irmer und Jantke (2009) oder Seelhammer und Niegemann (2009) untersuchen digitale Spiele im Detail und decken selbst bei Spielen von etablierten Schulbuchverlagen und professionellen Spieleentwicklern eklatante Mängel auf.

Egenfeldt-Nielsen hat in einer drastischen Formulierung den Stand der Kunst zusammengefasst: „Edutainment started as a serious attempt to create computer games that taught children different subjects. Arguably, it ended up as a caricature of computer games and a reactionary use of learning theory" (2007, S. 42).

In Niegemann et al. (2008) rätseln die Autoren: „Die Cognitive-Load-Theorie [...] sagt für Edutainment-Produkte schlechtere Lernleistungen voraus als für ‚Entertainment'-freie Lernumgebungen. Ist diese Hypothese empirisch haltbar oder gibt es doch einen ‚Trade-off' zwischen Cognitive Load und Motivierung?" (2008, S. 305). Den Autoren kann man natürlich entgegenhalten, dass die Frage sich gar nicht stellt. Zumindest in Einzelfällen, siehe etwa Jantke (2010a), haben qualitative Studien gezeigt, dass die motivierende Wirkung eines Spiels groß genug sein kann, um zusätzliche Belastungen zu überspielen und am Ende eines Spielerlebnisses tatsächlich etwas dazugelernt zu haben, und zwar rein spielerisch. Aber die Herangehensweise, so Niegemann et al. (2008), ist trotzdem richtig.

Digitale Spiele als Medien werden, wie alle anderen Medien auch, von Menschen ganz verschieden angenommen, im Kontext der jeweiligen eigenen Erfahrungen und Vorlieben, aber auch in starker Abhängigkeit der jeweiligen Rahmenbedingungen und möglicherweise auch je nach Stimmungslage. Wenn man sich wissenschaftlich mit den Potenzialen des spielerischen Lernens befasst, muss man fragen, wer denn überhaupt spielt.

Auf der einen Seite ist der Markt der digitalen Spiele derjenige Bereich der Medien mit dem stärksten Umsatzzuwachs Jahr für Jahr. Trotz aller Schwierigkeiten ist das eine prosperierende Branche. Die Euphorie für spielerisches Lernen basiert auf solchen Fakten.

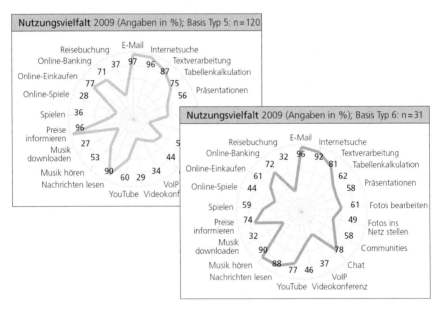

Abb. 1: Nutzungsvielfalt digitaler Spiele – Defizite selbst bei Profis und bei der Avantgarde

Dagegen zeigt Abbildung 1 aktuellste Ergebnisse (© TNS Infratest, März 2010, Studie *Digitale Gesellschaft,* Initiative D21 2010) über die Nutzung digitaler Medien in Deutschland durch sogenannte digitale Profis (Typ 5) und die digitale Avantgarde (Typ 6). Menschen dieser Gruppen machen nur etwa 5 % der Bevölkerung aus und haben die stärkste Affinität zu digitalen Medien. Aber die Bedeutung von Spielen ist viel geringer als gedacht.

Das Gesamtbild von den Möglichkeiten und Grenzen des spielerischen Lernens könnte kaum vielfältiger und im Detail widersprüchlicher sein. Die Meinungen gehen nicht nur weit auseinander, offenbar reden und schreiben viele Autoren auch aneinander vorbei. Fortschritte sind nur zu erhoffen, wenn man die Diskussion auf den Punkt bringt. Das verlangt klare Begriffe und die Bereitschaft, sich dieser auch zu bedienen.

Begriffe des spielerischen Lernens

„It is not only for lack of trying that a good vocabulary for describing game experiences does not exist. It is downright hard to describe video games and experience of playing them" (Philips 2006, S. 22). Bruce Philips hat formuliert, was noch heute das Hauptproblem der Wissenschaft von den digitalen Spielen ist – es gibt sie nicht. In Jantke and Gaudl (2010) wird das wiederholt gesagt: „The digital games science or what some day might be called the digital games science is nowadays still lacking its language of discourse. It is not yet a science" (S. 27).

Bevor man sich die Frage stellen kann, was denn wohl ein Serious Game sein soll und wie spielerisches Lernen vor sich gehen könnte, muss man sich kurz mit dem Spielen selbst befassen. Fritz (2004) beschreibt das Spielen in einer Form, die der Autor übernommen und auf die Bedürfnisse seiner Untersuchungen und Entwicklungen insbesondere digitaler Spiele angepasst hat (Jantke 2010b):

Spielen ist eine gerahmte Handlung, in der man sich als Mensch, ggf. gemeinsam mit anderen, von anderen Alltagshandlungen abgrenzt. Man erlebt beim Spielen eine Balance von Unbestimmtheit und Selbstbestimmtheit. Wenn diese Balance gestört ist, dann ist das Spielen kein Spielen mehr. Es funktioniert nicht. Wenn die Balance jedoch im Prinzip funktioniert, versucht man als Spieler, seine Selbstbestimmtheit gegenüber der Unbestimmtheit durchzusetzen. Man versucht, etwas in den Griff zu bekommen. Dieses Bemühen um Kontrolle, das oft sogar als Kampf erlebt wird, schließt immer Lernen ein. In diesem Sinne bringt jedes Spielen Lernen mit sich.

Die beschriebene Unbestimmtheit kann aus unterschiedlichen Quellen herrühren, etwa aus einem irgendwie implementierten Zufall (natürlich stets nur einer programmierten Annäherung), aus dem Agieren anderer Menschen, aus dem Einfluss der realen Umwelt (Pervasive Games) oder allein aus der Komplexität des Computerprogramms. In vielen Spielen geht die Balance sukzessive verloren. Das Spiel verliert seinen Reiz.

Wenn der Natur nach jedes Spiel Lernen mit sich bringt, stellt sich die Frage, warum spielerisches Lernen denn eine solche Herausforderung darstellt und, insbesondere, warum man aus den Spielen noch diejenigen herausheben sollte, die nun ganz besonders mit Lernen zu tun haben: *Serious Games*.

Ritterfeld, Cody und Vorderer (2009) verstehen unter Serious Games „any form of interactive computer-based game software [...] that has been developed with the intention to be more than entertainment" (S. 6). Diese auf den ersten Blick ansprechende Definition erweist sich als praktisch wenig brauchbar. Wie sollte man einem vorgelegten Spiel die Intentionen der Entwickler ansehen? Wie sollte man sie gegebenenfalls herausbekommen? Zumindest braucht man das Spiel selbst nicht zu starten oder zu spielen, um etwas über die Intentionen der Macher zu erfahren.

Praktischer erscheint es, die leichte Modifikation der obigen Begriffsbildung zu wählen und als Serious Games solche Spiele zu bezeichnen, *die zu mehr als Entertainment geeignet sind*. Um das zu überprüfen, sollte man qualitative oder quantitative Studien initiieren.

So naheliegend die hier vorgeschlagene Definition auch ist, bringt sie doch das Problem mit sich, dass jedes digitale Spiel ein Serious Game ist. Man kann mit jedem Spiel etwas lernen, und sei es nur über Interface-Gestaltung oder Softwaretechnologie. Dies deckt sich mit der Auffassung von Sawyer and Smith (2008): „All games are serious" (Folie 8).

Wenn jedes Spiel Potenzial zum Lernen hat, dann fragt sich nur, für wen, für welchen Zweck und unter welchen Bedingungen. Wenn ein Spiel für mehr als Unterhaltung eingesetzt werden soll, dann muss man sich über den Kontext Gedanken machen. Ein Spiel, das in dem einen Kontext der politischen Bildung dienen kann, lässt sich in einem anderen Kontext einsetzen, um (schlechtes) Interface-Design zu diskutieren, und in einem weiteren Kontext kann man anhand dieses Spiels Varianten didaktischer Konzepte erörtern.

Taxonomien für digitale Spiele (vgl. Jantke 2010b und Jantke/Gaudl 2010) stellen Begrifflichkeiten bereit, um der Wechselwirkung eines Spiels mit seinem Kontext auf den Grund zu gehen. So bezeichnet beispielsweise *extra game play* Besonderheiten des Spiels, die Spieler motivieren, das Spielen zu unterbrechen und zum Beispiel mit anderen über ihr Spielerlebnis zu kommunizieren. Das Spiel CONSPIRACY CODE funktioniert als Serious Game nur in Kontexten, die *extra game play* unterstützen. Im Unterschied dazu bezeichnet *meta game play* Besonderheiten, die zum mehrfachen Spielen in bestimmten Kontexten führen.

Die Kunst des Kontexts

Wenn man den theoretischen Standpunkt vertritt, dass alle digitalen Spiele als Serious Games gesehen werden können, dann hat das praktische Konsequenzen, sowohl für Beurteilung bereits existierender Spiele und für den Umgang mit ihnen als auch für die Entwicklung und Verwendung neuer digitaler Spiele.

Unter diesem Gesichtspunkt, dass alle digitalen Spiele Serious Games sind, bekommt der Kontext des Spielens einen ganz anderen Stellenwert. Die Frage, ob ein konkretes Spiel ein Serious Game sei, ist dann unsinnig. Jedes Spiel ist mehr oder weniger serious und lässt sich, oft auf ungeahnte Art und Weise, für Lernzwecke einsetzen. Spiele können, wenn man sie wissenschaftlich untersucht und dabei ihren Einsatz für Lehren, Lernen, Trainieren usw. fokussiert, gar nicht mehr an sich, herausgelöst aus jeglichem Kontext, gedacht werden.

Die Besonderheiten eines Spiels interferieren mit den Charakteristika eines Kontextes, und erst in der Wechselwirkung können sich die Potenziale des spielerischen Lernens entfalten. Wie kann man zum Beispiel den Kontext derart einrichten, dass Spieler trotz sehr unterschiedlicher Voraussetzungen und Einstellung nahezu gleichermaßen Gelegenheit haben, das Spielen als eine herausfordernde Balance von Selbstbestimmtheit und Unbestimmtheit zu erleben. Die Antwort heißt Adaptivität (vgl. Brusilovsky/Specht/Weber 1995 und Leutner 1997).

Es geht nicht allein darum, digitale Spiele als Computersysteme adaptiv zu gestalten (vgl. Berger/Müller 2009). Das ist nur der Kern der Adaptivität. Die explizite Berücksichtigung des Kontexts im spielerischen Lernen bringt mit sich, das digitale Spiel in seinem Verhalten der jeweiligen Instanz des antizipierten Kontexts anzupassen sowie die jeweilige Instanz des Kontexts den Spielern anzupassen.

Hier ist von Instanzen des Kontexts die Rede, denn wenn ein Spiel für Lehr- und Lernzwecke entwickelt wird und wenn dabei geeignete Kontexte entworfen werden, dann haben diese einen in gewissem Sinne generischen Charakter. Der Einsatz des Spiels erfolgt in einer jeweils konkreten Instanz der vorgedachten Bedingungen.

Die Bedeutung des spielerischen Lernens für praktische Ziele wie die Führungskräfteentwicklung kann als erkannt und gut verstanden angesehen werden (vgl. Helm/Theis 2009). Konkrete Planspiele demonstrieren die Vorgehensweise (vgl. Florschuetz/Nill 2009) sowie die Beispiele in Helm/Theis (2009, Kap. 5).

Gerade bei einigen Formen in der Führungskräfteentwicklung – etwa dem Coaching – spielt es eine große Rolle, genau auf die Persönlichkeit der Adressaten, auf ihre Bedürfnisse, Wünsche und Besonderheiten einzugehen. In Geißler/Helm/Theis (2007) wird, um dies zu betonen, von Gesprächspsychotherapie (und Organisationsentwicklung) gesprochen.

Wenn zu diesem Zweck Software zum Einsatz kommen soll, nennen wir sie ruhig ein Serious Game, so ist klar, dass die Einbettung in einen Kontext von entscheidender Bedeutung ist. Kontexte dieser Art sind durch unterschiedliche Dimensionen charakterisiert (vgl. auch Helm/Theis 2009). Der Einfachheit halber wird im Folgenden die Auseinandersetzung von Lernenden mit der betreffenden Software als *Spielen* bezeichnet:
- Spielt man allein oder mit bzw. gegen andere, die ebenfalls lernen?
- Spielt man vornehmlich kooperativ oder kompetitiv?
- Ist das Spielen weitestgehend monolithisch oder systematisch unterbrochen?
- Spielt man im persönlichen Kontakt oder auf Distanz (über das Internet)?
- Spielt man synchron oder asynchron?
- Spielt man im Rahmen einer Veranstaltung (seminaristisch), im Rahmen einer Serie von Veranstaltungen oder eher formfrei (in Arbeitspausen ...)?
- Wird während des Spielens über das Spielen (extra game play) diskutiert?
- Werden gesamte Spielverläufe erörtert (meta game play)?
- Werden Spielverläufe wiederholt (replay) und analysiert?

Beantwortet man jede der obigen Fragen, ergibt sich ein Kontext für das spielerische Lernen im Unternehmen. Diesen Kontext im konkreten Lernprozess auszugestalten bedeutet, eine Instanz zu schaffen. Mit weiteren Fragen lässt sich der Ansatz verfeinern.

Wenn man spielerisches Lernen ernst nimmt, versucht man Spiel und Kontext in einer Einheit zu entwickeln, die ein sozusagen ergreifendes Spielerlebnis – Flow im Sinne von Csikszentmihalyi (1990) – hervorruft. Das Spiel bzw. die Simulation allein kann das nicht sicherstellen.

Jedes Spiel ist damit ein Serious Game im geeigneten Kontext. Mit unterschiedlichen Kontexten kann ein Spiel verschiedenen Zielen dienen oder für verschiedene Zielgruppen nutzbar sein. Kein Spiel ist ohne Kontext, sozusagen an sich, ein Serious Game. Die Entwicklung von digitalen Spielen mit bestimmten Bildungs- und Erziehungsabsichten erfordert demzufolge zwingend ein gleichzeitiges, wechselwirkendes Design des Spiels und seiner Kontexte.

Literatur

Berger, F./Müller, W. (2009): Adaptivity in Game-Based Learning: A New Perspective on Story. In: Urgel, I. A./Zagalo, N./Petta, P. (Hg.): 2nd Intl. Conference on Interactive Digital Storytelling. Guimarães, Portugal, LNCS 5915. Berlin, Heidelberg, S. 316–319.

Brusilovsky, P./Specht, M./Weber, G. (1995): Towards Adaptive Learning Environments. In: Huber-Wäschle, F./Schauer, H./Widmayer, P. (Hg.): 25. GI-Jahrestagung und 13. Schweizer Informatikertag, GISI 95, Zürich, 18.-20. September 1995. Berlin, Heidelberg, S. 322–329.

Csikszentmihalyi, M. (1990): The Psychology of Optimal Experience. New York: Harper Collins.

Egenfeldt-Nielsen, S. (2007): Educational potential of Computer Games. Continuum Studies in Education, Continuum Intl. Publ. Group.

Florschuetz, K. H./Nill, A. (2009): Wissenstransfer durch simulierte Erfahrung in der Führungskräfteentwicklung. In: Hohenstein, A./Wilbers, K. (Hg.): Handbuch E-Learning, 29. Erg.-Lfg., Juli 2009, Köln, S. 6.10.1-1–6.10.1-7.

Fritz, J. (2004): Das Spiel verstehen: Ein Einführung in Theorie und Bedeutung. Weinheim und München.

Geißler, H./Helm, M./Theis, F. (2007): Blended Coaching. In: Hohenstein, A./Wilbers, K. (Hg.): Handbuch E-Learning, 21. Erg.-Lfg., Juli 2007, Köln, S. 6.9-1–6.9-21.

Helm, M./Theis, F. (2009): Serious Games als Instrument in der Führungskräfteentwicklung. In: Hohenstein, A./Wilbers, K. (Hg.): Handbuch E-Learning, 29. Erg.-Lfg., Juli 2009, Köln, S. 6.10-1–6.10-12.

Initiative D21 (2010): Digitale Gesellschaft: Die digitale Gesellschaft in Deutschland – Sechs Nutzertypen im Vergleich. München: TNS Infratest.

Irmer, M./Jantke, K. P. (2009): Edutainment: Lernen und Spaß – funktioniert das? In: Digitale Spiele – Herausforderung und Chance. Boizenburg, S. 53–63.

Jantke, K. P. (2010a): The Gorge Approach: Digital Game Control and Play for Playfully Developing Technology Competence. In: Cordeiro, J./Shishkov, B./Verbraeck, A. (eds.): 2nd Intl. Conf. on Computer Supported Education, CSEDU 2010, INSTICC, S. 411–414.

Jantke, K. P. (2010b): Toward a Taxonomy of Game Based Learning. In: Wang, Y./Luo, Y. (eds.): 2010 IEEE Intl. Conference on Progress in Informatics and Computing, PIC 2010, Shanghai, China, December 10-12, IEEE, S. 858–862.

Jantke, K. P./Gaudl, S. (2010): Taxonomic Contributions to Digital Games Science. In: Bradbeer, R./Ahmadi, S. (eds.): 2nd Intl. IEEE Consumer Electronic Society Games Innovation Conference, GIC 2010, Hong Kong, December 21–23, IEEE, S. 27–34.

Leutner, D. (1997): Adaptivität und Adaptierbarkeit multimedialer Lern- und Lernsysteme. In: Issing, L. J./Klimsa, P. (Hg.): Information und Lernen mit Multimedia. Weinheim, S. 139–150.

Niegemann, H. M./Domagk, S./Hessel, S./Hein, A./Hupfer, M./Zobel, A. (2008): Kompendium multimediales Lernen. Berlin, Heidelberg

Philips, B. (2006): Talking about Games Experience – A View from the Trenches. Interaction, Sept./Oct. 2006, S. 22–23.

Ritterfeld, U./Cody, M. J./Vorderer, P. (2009): Serious Games: Mechanisms and Effects. New York.

Sawyer, B./Smith, P. (2008): Serious Games Taxonomy. http://www.dmill.com [Stand: 05.01.2011].

Seelhammer, C./Niegemann, H. M. (2009): Playing Games to Learn – Does it Actually Work? In: 17th Intl. Conference on Computers in Education, Hong Kong, S. 675–681.

Reality Games als didaktische Szenarien für immersive Lernprozesse

HUBERTA KRITZENBERGER

Computerspiele werden aufgrund ihres hohen Motivationspotenzials und ihrer Möglichkeiten zum informellen Lernen als effektive Lernumgebungen (vgl. Kopfler/Osterweil/Salen 2009) mit hohem intrinsischen Motivationspotenzial (vgl. Malone/Lepper 1987; Ryan/Deci 2000) eingesetzt. Seit einigen Jahren kommen auch sogenannte Serious Games, also Spiele, die Bildungszwecke verfolgen und nicht in erster Linie für die Unterhaltung gedacht sind, für verschiedene Computerspielgenres auf den Markt.

Eine im Hinblick auf ihr Potenzial für immersive Lernprozesse interessante Entwicklung sind pervasive Spiele bzw. Pervasive Games. Sie nutzen Informations- und Kommunikationstechnologie, um die Grenzen herkömmlicher Computerspiele zu überwinden und neue, erweiterte Formen von Spielen zu kreieren, bei denen die reale Umgebung ein essenzieller Teil des gesamten Spieles wird. Pervasive Augmented Reality (AR)-Spiele stellen eine spezielle Untergruppe pervasiver Spiele dar. Sie setzen Augmented-Reality-Technologien dazu ein, die reale Umgebung der Spieler um virtuelle Objekte zu erweitern. Eine andere, relativ neue Untergruppe pervasiver Spiele sind Alternate Reality Games (ARG). Sie sind dadurch gekennzeichnet, dass die narrativen Elemente der Geschichte, die im Zentrum eines ARGs steht, transmedial über verschiedene Medienkanäle verteilt sind. Im Spielverlauf müssen die Mitspieler die auf verschiedene Medien verteilten Elemente der Handlung entdecken und deuten, um langsam Schritt für Schritt die vorgegebene kohärente Geschichte zu verstehen. Ereignisse reichen oft auch über die Mediennutzung aus der Spielwelt hinaus und in die reale Welt der Spieler hinein, wodurch auch das reale Leben zum Medium und zur Spielplattform wird (vgl. IGDA 2006).

Gemeinsam ist diesen Reality Games, dass sie die Bedeutungskonstruktion (meaning making) situieren, indem sie die Umgebung der Spieler durch virtuelle

Objekte verändern und damit seine soziale, räumliche und zeitliche Wahrnehmung erweitern. Im Folgenden wird sich allerdings auf ARGs beschränkt, die nicht mehr nur als Marketinggames, sondern auch als Serious Alternate Reality Games entstanden sind. Im Zusammenhang des Einsatzes für Bildungszwecke zeigen sie auch die besten Voraussetzungen, um die aus der Kognitionsforschung heraus motivierten Anforderungen an effektive Lernumgebungen zu erfüllen. Dazu gehören die aktive Beteiligung der Lerner (active engagement), Lernen in Gruppen (participation in groups), häufige Interaktion und Feedback (frequent interaction and feedback) sowie die Einbettung des Lerngegenstandes in situierte und authentische Kontexte (connections to real world contexts; vgl. Rochelle et al. 2000, S. 80).

Alternate Reality Games als transmediales Erzählen

Ein zentrales Kennzeichen von ARGs ist, dass sie im Spielverlauf intensiv verschiedene Medien, vor allem das Internet und seine Dienste, nutzen, um ein großes Spieluniversum als eine komplexe fiktionale Welt zu erschaffen. Dabei dient insbesondere eine Vielzahl von Webseiten als deren Erzählkern. Sie sind entweder speziell von den Spielmachern für das Spieluniversum entwickelt worden, oder es handelt sich um Webseiten, die unabhängig vom Spiel und per se im Internet existieren und nur zur Erweiterung des Spieluniversums eingebunden worden sind. Allerdings ist es für die Mitspieler schwierig zu unterscheiden, ob es sich bei einer Webseite um eine fiktive oder eine wirkliche Webseite handelt. Webseiten enthalten oft auch Rätsel und Puzzles, welche die Spieler lösen müssen, um den weiteren narrativen und über die Medien verteilten Elementen auf die Spur zu kommen. Der durch Webseiten repräsentierte Erzählkern wird in der Regel durch verschiedene weitere Internetdienste und auch Medien außerhalb des Internets ergänzt, beispielsweise Videos, E-Mails, Blogs, Chats, Zeitungsanzeigen und Zeitungsartikel, SMS, Telefonanrufe, Briefe etc. Szulborski (2005) definiert ARGs als „an interactive experience that combines gaming and storytelling, using the real world communication methods to create a realistic and immersive narrative. A typical ARG plays out in real times and encompasses multiple fictional websites, online and real world interactions with the main characters of the story, and cleverly disguises puzzles" (S. 2).

Die Spielmacher (Puppetmaster) verteilen – sozusagen als Storyautoren – die narrativen Elemente der Geschichte transmedial über diese verschiedenen Medienkanäle und treiben auf diese Weise die Handlung (Plot) mit dem roten Faden der Geschichte voran, bis sie in einem Finale (z. B. einem Live-Event) endet und aufgelöst wird. Im Spielverlauf müssen die Mitspieler die auf verschiedene

Medien verteilten Elemente der Handlung entdecken und deuten, um langsam Schritt für Schritt die vorgesehene kohärente Geschichte zu verstehen. Da die Spielmacher die jeweiligen Erzählelemente erst zu dem Zeitpunkt freigeben, wenn die Mitspieler bestimmte Schwellen bzw. Meilensteine erreicht haben, gibt es auch Freiheiten für den Spielmacher, auf den Input der Spieler zu reagieren und ggf. im Verlauf der Handlung der Geschichte darauf einzugehen. Das heißt, auf diese Weise kann der Verlauf der Geschichte auch von den Mitspielern beeinflusst und der Grad der Immersion der Mitspieler erhöht werden, wenn die Mitspieler durch ihr Handeln auch zu Miterzählern werden.

In ARGs ist es möglich, dass Ereignisse oft auch über die Mediennutzung aus der Spielwelt hinaus und in die reale Welt der Spieler hineinreichen. Das reale Leben wird zur Spielplattform, denn anders als in Rollenspielen müssen die Spieler nicht in die Rolle eines Spielcharakters schlüpfen und aus dessen Rolle heraus agieren. Sie bringen sich vielmehr selbst in die Geschichte ein, indem sie nach Hinweisen suchen, die in ihr Lebensumfeld eingebettet werden. Indem sie den Hinweisen nachgehen, enthüllt sich mit jedem Medienelement und Hinweis mehr und mehr die Geschichte. Diese Art des Spielaufbaus und Spielfortgangs in ARGs zeigt sie als eine interaktive Form der Erzählung, bei der Realität und Fiktion miteinander verschmelzen. Jenkins (MIT) hat für ARG den Begriff *transmediales Storytelling* (2006, 2010) geprägt.

Das Beispiel des Marketing-ARGs *The Beast* (2001) zu Steven Spielbergs Film *A.I.* soll dieses Prinzip verdeutlichen. Man sieht einen Trailer im Kino, und im Abspann erscheint nach Autoren und Schauspielern ein seltsamer Name und Beruf: Jeanine Salla Sentient Machine Therapist. Man findet außerdem ein Plakat mit dem Hinweis auf eine Telefonnummer. Wer die Nummer wählt und den Hinweisen folgt, erhält schließlich eine E-Mail mit dem Puzzleteil *Jeanine is the key* und hat damit den Schlüssel für die weitere Suche in der Hand. Der seltsame Name und Beruf war sozusagen der Einstiegspunkt in das ARG (Rabbit Hole, in Anlehnung an *Alice im Wunderland* von Lewis Carroll). Generell sind solche Einstiegspunkte strategisch platzierte und verschlüsselte Botschaften, die dechiffriert werden müssen. Didaktisch gesehen sind die Spieler durch das Erkunden der Hinweise in den Medien und auch dadurch, dass sie auf viele entdeckte narrative Hinweise reagieren und so die Bestandteile der Geschichte finden und aufdecken müssen, aktiv beteiligt (active engagement). Manchmal spielen dabei auch Artefakte eine Rolle, die den Spieler in seiner realen Welt in die Geschichte involvieren und ihn selbst zum Akteur in der Geschichte machen. Beispielsweise in dem ARG zu *The Dark Knight – Why so serious?* (Marketing-ARG zum Kinofilm *The Dark Knight*) wurden den Mitspielern Handys zugespielt, über die sie im Spielverlauf

Nachrichten erhielten und Zugang zu weiteren Rätseln erlangten, die die Spielhandlung vorantrieben. Durch die Medien, die in die Wirklichkeit des Spielers hineinreichen, stößt die Wirklichkeit des Spiels mit der Wirklichkeit der Welt außerhalb des Spiels und der Alltagsrealität des Spielers zusammen.

Alternative Reality Games als kollaborative Umgebungen

Ein wesentliches didaktisch nutzbares Element von ARGs liegt darin, dass sie auf Kollaboration hin ausgelegt sind. Dies gilt insbesondere dann, wenn es für einen Einzelspieler unmöglich ist, das aktuelle Rätsel, das zum Fortgang der Handlung beiträgt, alleine zu lösen. Es gibt sogar ARGs, wo Dutzende oder gar Hunderte von Spielern zusammenkommen müssen, um das gestellte Rätsel lösen zu können. Solche Kollaborationen finden meist über Online-Dienste wie E-Mail oder Social Networks (Blogs, Foren, Wikis, Facebook, Twitter, MySpace, Youtube, Media Sharing Services etc.) statt.

Neben Kollaboration im Sinne der Interaktion der Spieler untereinander sind in ARGs häufig auch Interaktionen mit den Spielcharakteren (Schauspielern) vorgesehen. Über die verschiedenen Medien, wie Webseiten, E-Mails, Chats, müssen die Spieler zum Beispiel mit auftauchenden Spielcharakteren kommunizieren und werden dadurch selbst zu Akteuren. Weiter können in ARGs auch Ereignisse oder Veranstaltungen in der realen Welt auftauchen (als Live-Events), bei denen teilnehmende Mitspieler mit andern Mitspielern und bzw. oder den Spielmachern bzw. Spielcharakteren an realen Orten interagieren oder Spielinformationen auffinden.

Kollaborationen können nicht nur zwischen Mitspielern untereinander oder zwischen Mitspielern und Spielmachern stattfinden, sondern es können auch Nichtspieler in das Spiel einbezogen werden, die dann ohne ihr Wissen mitspielen. Dies geschieht automatisch, wenn zum Beispiel solche Elemente, die für das Spiel entwickelt wurden und öffentlich im Internet verfügbar sind, auch von Nichtspielern genutzt werden und diese In-Game-Websites nicht als solche identifiziert werden. Dies geschieht ebenfalls, wenn die Webangebote von Außenstehenden (also Nichtspielern) ohne ihr Wissen als Spielelemente (z. B. Wissensquellen) in das Spiel einbezogen werden. Darüber hinaus ist auch in einer urbanen räumlichen Ausdehnung ein unwissentliches Mitspielen denkbar, wenn beispielsweise von Spielern vor Ort, z. B. von Passanten oder Anwohnern, irgendwelche Auskünfte im Spielverlauf eingeholt werden müssen, die mit dem Spielgeschehen im Zusammenhang stehen.

Pervasive Gaming als situierte Bedeutungskonstruktion

Gemäß ihrer Eigenschaft als Pervasive Games bleiben ARGs nicht in einem klar umgrenzten und durch das Spiel definierten Umfeld, sondern verbinden die reale Umgebung der Spieler mit virtuellen Elementen. Sie sprengen damit räumlich, zeitlich und sozial die Spielgrenzen (vgl. Montola/Stenros/Waern 2009). Eine Ausdehnung der Spielgrenzen von ARGs ist auch in den öffentlichen Raum hinein möglich, z. B. örtlich in den urbanen Raum, virtuell in den Raum des Internets oder sozial durch Einbeziehung von nicht beteiligten Personen. Beispielsweise können Spielelemente im virtuellen öffentlichen Raum platziert werden (z. B. auf Webseiten oder Blogs eines Spielcharakters), frei verfügbare Internetservices benutzt werden (z. B. Kommunikation mit einem Spielcharakter über ein Social Network) oder bereits vorhandene Elemente im öffentlichen Raum als Spielelemente eingebunden werden (z. B. ein Fachartikel, eine Webpräsenz etc.).

Gemäß ihrem Pervasive-Gaming-Charakter sind ARGs ständig bemüht, die fiktive Welt mit der realen Welt so gut wie möglich zu verschmelzen, um dem Spieler bewusst zu machen: *This is not a Game* (TINAG-Ästhetik, vgl. Szulborski 2005). Um die Grenze zwischen fiktiven und realen Erlebnissen und damit ihren eigenen fiktiven Charakter so gut wie möglich zu verwischen, setzen ARGs intensiv verschiedene Medien ein oder versuchen auch durch das Anknüpfen an aktuelle Ereignisse (wie z. B. eine momentane Ausstellung oder ein Filmposter über einen derzeit laufenden Kinofilm, der einen wichtigen Spielhinweis enthält) narrative Ereignisse möglichst nahtlos in die Umwelt einzufügen.

Während in der Frühzeit des ARG-Genres die Spieler beim Recherchieren und Puzzlelösen anfänglich nicht wussten, dass sie sich auf ein Spiel einlassen, müssen sich die Spieler aus rechtlichen Gründen heutzutage zur Teilnahme an ARGs anmelden. Außerdem entsteht in manchen Spielsituationen auch direkter Kontakt zu den Spielmachern, die in ihren in der Geschichte vorgesehenen Rollen agieren. Vor diesem Hintergrund mag es als Paradoxon erscheinen, wenn die Medienstrategien eines ARGs die Grenze zwischen realer und fiktiver Welt zu verwischen suchen. Aber gerade dies ist wichtige Voraussetzung dafür, dass der Spieler bewusst einwilligen kann, sich auf die Illusion durch willentliche Aussetzung der Ungläubigkeit (engl. willing suspension of disbelief, vgl. Bode 2005) einzulassen. Nach dieser literaturwissenschaftlichen Theorie kann ein Werk der Fiktion (z. B. Roman oder Spielfilm) nur dann funktionieren, wenn die Bereitschaft des jeweiligen Rezipienten besteht, die Vorgaben der Fiktion zu akzeptieren, sogar wenn diese unlogisch oder gar unmöglich erscheinen. Der Leser oder Zuschauer willigt ein, sich auf eine Illusion einzulassen, um dafür gut unterhalten zu werden. Weiter gibt es sowohl im Theater als auch in der epischen Literatur Situationen, in denen verschiedene fiktionale Ebenen in vergleichbarer Weise vermischt werden. Dies ist im Theater der Fall, wenn die *vierte Wand*, die Öffnung zum Zuschauerraum hin, die normalerweise von den Theaterfiguren als geschlossen behandelt wird, durchbrochen wird. Solche Situationen entstehen, wenn der Schauspieler aus der Rolle fällt (im Stück vorgesehen), Zuschauer mit einbezogen werden oder auf verschiedenen fiktionalen Ebenen (Rahmenhandlung, Binnenhandlungen) gespielt wird (vgl. Geiger/Haarmann 1996). Ähnliches gibt es in der epischen Literatur, wenn zwei getrennte Erzählebenen (z. B. die Ebene des Erzählers und die fiktive Ebene der Erzählung) logikwidrig miteinander vermischt werden (Metalepse). Dies findet beispielsweise statt, wenn der Erzähler (als Erzähler oder als Stimme des fiktionalen Textes, nicht zu verwechseln mit dem empirischen Autor) sich in die Handlung seiner Geschichte einmischt (vgl. Genette 2004).

Alternate Reality Games als konstruktivistische Lernumgebungen

ARGs eignen sich als Lernumgebungen im Sinne der konstruktivistischen Lerntheorie (vgl. Piaget 1968). Da ARGs in die reale Welt hineinreichen bzw. Elemente aus der realen Welt in das Spiel hineingenommen werden können, präsentieren sie den Lerngegenstand in einem erfahrbaren Kontext einer komplexen und authentischen Umgebung. Dies ist eine wichtige Voraussetzung für erfolgreiche Lernprozesse, denn Wissen ist nach konstruktivistischer Lerntheorie eng an einen bestimmten situativen Kontext (vgl. Lave/Wenger 1990) gebunden und kann nur in diesem Kontext durch Aktivität des konstruierenden Subjekts gelernt werden (vgl. Gerstenmaier/Mandl 1995). Diese Situierung ermöglicht problembasiertes Lernen in Situationen, die alle komplexen Problemmerkmale und Ressourcen zu ihrer Lösung enthalten und die Aneignung von Problemlösungsstrategien erlauben (vgl. Jonassen 1993).

Bei Bedarf können die Daten aus der realen Welt, z. B. durch den Einsatz mobiler Medien, auch mit anderen geteilt werden, wodurch spezielle Kooperationssituationen entstehen. Generell sind Kooperationsmöglichkeiten in ARGs vielfältig. Wie in den vorhergehenden Abschnitten dargelegt, können sie zwischen Mitspielern sein, die gemeinsam an der Lösung einer Aufgabe arbeiten, zwischen Mitspieler und Spielcharakter bzw. Spielmacher (Schauspieler) oder zwischen Mitspieler und unwissentlichem Mitspieler. Oft entstehen gerade dadurch Kooperationssituationen, dass Mitspieler eine Aufgabe nicht eigenständig lösen können und deshalb auf die Zusammenarbeit angewiesen sind, um im Spiel weiterzukommen. Aus konstruktivistischer Sicht werden die Lerner in solchen Situationen aktiviert und angeregt, den Lerngegenstand unter verschiedenen Perspektiven und Sichtweisen (multiple Perspektiven) zu betrachten (vgl. Spiro et. al. 1993). Dies fördert die kognitive Flexibilität des Lerners. Außerdem sind Kooperationssituationen auch nutzbar für Cognitive Apprenticeship, ein Instruktionsmodell, das in einer Art Meister-Lehrlings-Verhältnis ermöglicht, komplexe Aufgaben, Prozesse, metakognitive Fertigkeiten von Experten im Prozessverlauf zu externalisieren, zu modellieren und durch den Lerner aktiv nachzuvollziehen (vgl. Collins/ Brown/Newman 1989).

Serious Alternate Reality Games

Aufgrund ihres Potenzials als konstruktivistische Lernumgebung wurden ARGs zu Lernzwecken als Serious Alternate Reality Games entwickelt. Im Zentrum steht meist eine plausible und spannende Rahmenhandlung mit Missionen, die der Lerner übernimmt und ausführt. Diese Rahmenhandlung soll vor allem die Identifikation des Lerners mit seiner Rolle zulassen. In Bezug auf die Rahmengeschichte und die Übernahme von Missionen, in deren Kontext bestimmte Fähigkeiten und Fertigkeiten angewendet werden sollen, zeigen solche Serious ARGs eine große Nähe zum in der Tradition pädagogisch-konstruktivistischer Ansätze stehenden Goal-Based Scenario (GBS) (vgl. Schank/Berman/Macpherson 1999).

GBS stellen das zu vermittelnde Handlungswissen in einen bestimmten Kontext eines Handlungsszenarios, innerhalb dessen ein Ziel erreicht werden soll (vgl. Schank et al. 1994). Den thematischen Kontext gibt die Mission (oft in Einzelmissionen zerlegt) vor, die im motivierenden Sinnzusammenhang einer Rahmenhandlung (Cover Story) steht. Sie definiert eine Ausgangslage und Handlungsmöglichkeiten für den Lerner. Dabei entsteht im GBS durch den Wunsch, die Mission zu erfüllen, eine Zielmotivation des Lerners. Darüber hinaus erfordert das Erfüllen der Mission Wissen und Fertigkeiten, die als Lernziele definiert wurden. Die Forderung, dass dem Lernenden umfangreiches unterstützendes Material, welches zur Erreichung der Ziele benötigt wird, zur Verfügung gestellt wird, lässt sich in ARGs problemlos erfüllen. Dies umso mehr, als insbesondere auf der Basis des Internets auch authentisches Material mit eingebunden werden kann bzw. existierendes Material aus der realen Welt für Spielzwecke umfunktioniert wird.

Einige Serious-ARG-Beispiele sollen dies verdeutlichen. In dem 90-minütigen ARG *Pheon* (Smithsonian American Art Museum) müssen die Teilnehmer mithilfe eines Handys verschiedene Missionen erfüllen, die mit den Sammlungen, Ausstellungen und Programmen des Museums verbunden sind. In *Traces of Hope* (British Red Cross) hilft der Lerner als ARG-Mitspieler, unterstützt durch den Einsatz des Roten Kreuzes und mithilfe von Medien (z. B. Web und Handy), einem im ugandischen Bürgerkrieg von seiner Familie getrennten und in einem Camp lebenden Teenager, seine Mutter wiederzufinden. Im Serious ARG *Operation: Sleeper Cell* (Cancer Research UK) schreibt sich der Lerner in einer geheimen Organisation, namens The Agency, als Special Agent Trainee ein, um über Missionen die Feinde der Organisation zu bekämpfen. Die Erfüllung der Missionen führt zur Aufdeckung geheimer Intelligenz und zur Beförderung des Special Agent Trainee. In *Urgent Evoke* (World Bank Institute 2010) muss der Lerner in wöchentlichen Missionen Lösungsansätze für verschiedene, reale Entwicklungsprobleme in Afrika finden, z. B. Hungersnöte, Wasserknappheit, Gewalt oder Armut. Der Spieler stellt die gefundenen Lösungsansätze für das auf die Aufgabe folgende Handeln in der realen Welt anhand von Blogeinträgen, Fotos und Videos online. Das Serious ARG *Routes* (Britischer Sender Channel 4 Education, 2003) möchte bei Teenagern Interesse für Naturwissenschaften wecken. Es knüpft an das Genome-Projekt und seine Auswirkungen auf Naturwissenschaft, Medizin und Bioethik an. Den Rahmen bildet eine Kriminalgeschichte um den Mord an einem Professor, der bioethischen Fragen nachgegangen ist. Der Professor hat diese Probleme in eine Reihe von Flash-Games eingearbeitet, die er der Öffentlichkeit zur Verfügung stellt. Die Tochter des Professors versucht dem Mörder im Umfeld des Vaters (seine ehemalige bioethische Forschungsgesellschaft, Aktivistengruppe etc.) auf die Spur zu kommen. In den acht Wochen Spieldauer wurde jeweils ein neues Spiel, das einen zentralen Aspekt der Genforschung behandelt, im Rahmen von Routes veröffentlicht.

Eher einen Simulationsansatz verfolgt das Serious ARG *World Without Oil* (US-amerikanischer Independent Television Service, 2007). Über Webseiten, Videos etc. simuliert es eine Ölkrise. Die Mitspieler veröffentlichen ihre fiktiven Erlebnisse, die diese Situation ausgelöst hat, in Form von Blogs, Videos, Bildern und sonstigen Online-Medien (vgl. Ash 2008). Als Simulation versucht dieses ARG wesentliche Aspekte der Realität abzubilden und wie in einem Unternehmensspiel die Geschehnisse einer realen Krise nachzuahmen. So soll jeder der 32 Spieltage eine Woche der Krise simulieren.

Das Projekt *ARGuing for Multilingual Motivation* (Comenius Programme, EU Life Long Learning Programme 2010) zeigt mit verschiedenen Serious ARGs auf, wie Web 2.0 im Sprachunterricht eingesetzt werden kann (vgl. Connolly et al. 2009). Hier liegt beispielsweise dem ARG *Climate Challenge* ein Cognitive-Apprentice-

Ansatz als didaktisches Modell zugrunde. In dem Spiel werden die Mitspieler zu Präsidenten einer europäischen Nation und sollen deren nationale und internationale Regeln bestimmen, indem sie eine bestimmte Regierungspolitik auswählen. Jede Politik beinhaltet Erklärungen, wie diese die Umwelt beeinflussen wird, wie populär sie unter den Wählern ist und wie hoch die Kosten dafür sind. Die Mitspieler nehmen außerdem an der Konferenz der Globalführer teil, um zu verhandeln und über Beschränkungen bezüglich der Karbonemissionen zu entscheiden. Während dieser beiden Phasen sind eine Modellierung des Expertenwissens und ein Coaching der Lerner möglich. Die Teilnahme in einem europäischen Blog, wo die Spieler ihre Meinung über die europäische Einheit äußern, führt zu Kommunikation und tieferen Reflexion.

Fazit

Obwohl Serious ARGs einen direkten Weg eröffnen, den Lerngegenstand in der Praxis zu verankern, sind sie in der betrieblichen Praxis noch nicht verbreitet. Gerade ihre Praxisnähe ist aber ein wichtiger Ansatz für ihren Einsatz im Kontext betrieblichen Lernens. In der authentischen Situation der realen Welt können die Lerner im Spiel komplexe Probleme lösen und die dazu notwendigen Ressourcen finden, kritisches und analytisches Denken und ihre individuellen Fähigkeiten schulen. Außerdem ist während des Spielverlaufs ein Eingreifen seitens der Spielleiter möglich. Gleichzeitig kooperieren die Lerner mit anderen in einem sozialen Netzwerk, sehen den Lerngegenstand aus unterschiedlichen Perspektiven und arbeiten im Team an einem gemeinsamen Ziel.

Unabhängig von der genauen Ausprägung des ARGs liegt ein weiterer wesentlicher Vorteil in ihrem hohen intrinsischen Motivationspotenzial. Insbesondere der Bezug zur realen Welt und die extensiven Möglichkeiten zur Kooperation machen Serious ARGs geeignet für bestimmte Lerninhalte und Trainingssituationen mit einem zentralen Teamarbeitsaspekt, wie im Managementtraining. Selbst wenn mit dem jeweiligen Spiel zentrale, für Managementtätigkeiten notwendige Soft Skills vielleicht nicht direkt erworben werden können, so kann doch in einer unverbindlichen Situation Teamarbeit geübt werden und das Team über das gemeinsame Spielerlebnis zusammenwachsen. Grundsätzlich sind für die Einbindung in ein Serious ARG aber alle Lerninhalte gut geeignet, die problembasiertes Lernen erfordern.

In jedem Falle sind Voraussetzungen für ein funktionierendes ARG ein gutes Spieldesign (auch im Hinblick auf die Einbindung von Lernzielen), eine gute Story und ausreichend Zeit. Dies ist vor allem auch im Hinblick darauf zu bedenken, dass ARGs offen sind und von den Spielmachern bzw. dem Spielleiter laufend betreut werden müssen (beispielsweise für die Freigabe des nächsten Meilensteins in der Geschichte oder für Interaktionen mit den Mitspielern oder für Reaktionen auf den Input der Mitspieler). Es stellt sich die Frage, inwieweit diese Voraussetzungen für den jeweiligen Einsatz im betrieblichen Kontext geschaffen werden können.

Literatur

Ash, K. (2008): Alternate reality games: Bridging imaginary and real worlds. Digital Directions 2 (2), 18.

Bode, C. (2005): Der Roman. Eine Einführung. Tübingen, Basel.

Collins, A./Brown, J. S./Newman, S. E. (1989): Cognitive apprenticeship: Teaching the crafts of reading, writing, and mathematics. In: Resnick, L. B. (Hg.): Knowing, learning, and instruction: Essays in honor of Robert Glaser. Hillsdale, NJ, S. 453-494.

Connolly, T. M./Stansfield, M. H./Hainey, T./Cousins, I./Josephson, J./O'Donovan, A./Rodrigüz Ortiz, C./Tsvetkova, N./Stoimenova, B./Tsvetanova, S. (2009): Arguing For Multilingual Motivation in Web 2.0: An Evaluation of a Large-Scale European Project. 3rd European Conference on Game-Based Learning (ECGBL), Graz, Austria.

Geiger, H./Haarmann, H. (1996): Aspekte des Dramas. Eine Einführung in die Theatergeschichte und Dramenanalyse. Opladen, 4. Auflage.

Genette, G. (2004): Métalepse. De la Figure à la Fiction. Paris.

Gerstenmaier, J./Mandl, H. (1995): Wissenserwerb unter konstruktivistischer Perspektive. Zeitschrift für Pädagogik 41, S. 867-888.

IGDA (2006): Alternate Reality Games Special Interest Group Whitepaper. ARGs and Academia.

Jenkins, H. (2006): Convergence Culture: Where Old and New Media Collide. Revised: New York University Press.

Jenkins, H. (2010): ARG 2.0. http://henryjenkins.org/2010/07/arg_20_1.html [Stand: 30.10.2010].

Jonassen, D. H. (1993): Thinking Technology: The Trouble with learning environments. Educational Technology 33 (1), S. 35-37.

Kopfler, E./Osterweil, S./Salen, K. (2009): Moving Learning Games Forward: Obstacles Opportunities and Openness. Education Arcade.

Lave, J./Wenger, E. (1990): Situated Learning: Legitimate Periperal Participation. Cambridge, UK: Cambridge University Press.

Malone, T. W./Lepper, M. R. (1987): Making Learning Fun: A Taxonomy of Intrinsic Motivations for Learning. Aptitude, Learning and Instruction. Volume 3: Conative and Affective Process Analysis. Lawrence Erlbaum: Hillsdale, N.J., S. 223–253.

Montola, M./Stenros, J./Waern, A. (2009): Pervasive Games. Theory and Design. Elsevier.

Piaget, J. (1968): Six Psychological Studies. Vintage Books, New York.

Rochelle, J. M./Pea, R. D./Hoadley, C. M./Gordin, D. N./Means, B. M. (2000): Changing how and what children learn in school with computer-based technologies [Electronic version]. The Future of Children: Children and Computer Technology, 10 (2), 76–101.

Ryan, R. M./Deci, E. L. (2000): Self-determination Theory and the Facilitation of Intrinsic Motivation, Social Development and Well-Being. American Psychologist, 55 (1), S. 68–78.

Schank, R. C./Fano, A./Bell, B./Jona, M. (1994): The Design of Goal-Based Scenarios. The Journal of Learning Sciences, 3 (4), S. 305–345.

Schank, R. C./Berman, T. R./Macpherson, K. A. (1999): Learning by Doing. In: Reigeluth, C. M. (Ed.): Instructional Design Theories and Models. Mahwah, NJ: Lawrence Erlbaum, S. 160–181.

Spiro, R. J./Feltovich, P. J./Jacobsen, M. J./Coulson, R. L. (1993): Cognitive Flexibility, Constructivism, and Hypertext. In: Duffy, T. M./Jonassen, D. H. (Hg.): Constructivism and the Technology of Instruction. Hillsdale, N.J.: Erlbaum, S. 57–77.

Szulborski, D. (2005): This is not a Game. A Guide to Alternate Reality Gaming. New Fiction Publishing, New York.

Quellen der Alternate Reality Games

Operation: Sleeper Cell (Cancer Research UK, 2008): http://www.operationsleepercell.com [Stand: 30.10.2010].

Pheon (Smithsonian American Art Museum, 2010): http://pheon.org [Stand: 30.10.2010].

The Beast (2001): http://www.42entertainment.com/beast.html [Stand: 30.10.2010].

The Dark Knight – Why so Serious? http://theinspirationroom.com/daily/2009/the-dark-knight-why-so-serious [Stand: 30.10.2010].

Traces of Hope (British Red Cross): http://tracesofhope.com [Stand: 30.10.2010].

Urgent Evoke (World Bank Institute, 2010): http://www.urgentevoke.com [Stand: 30.10.2010].

World Without Oil (US-amerikanischer Independent Television Service, 2007): http://worldwithoutoil.org [Stand: 30.10.2010].

Kommunikation in Serious Games

CLAUDIA DE WITT UND SONJA GANGUIN

Einleitung

Der derzeitige Diskurs über Lernen und Computerspiele ist durch unterschiedliche Begrifflichkeiten geprägt. Die elementarste Kategorie im Bereich Lernen mit Neuen Medien, konkret dem computerbasierten Lernen, das sich auf interaktive Technologien bezieht, stellt heute sicherlich das E-Learning dar. Als Gegenpol zu denjenigen E-Learning-Angeboten, bei denen Lernen und Bildung im Vordergrund stehen, können kommerzielle Computerspiele gesehen werden. Bei ihnen ist die Unterhaltung, der Spaß beim Spielen zentral. Bei den sogenannten Serious Games oder beim Game-Based Learning geht es folglich um die Schnittstelle beider Bereiche, nämlich die Verbindung von Lernen und Spiel bzw. E-Learning und Computerspiel.

Vor dem Hintergrund dieser Kombination konzentriert sich der Beitrag auf die Kommunikationsmöglichkeiten dieser neuen didaktischen Ansätze. Betrachtet man einerseits Online-Spiele, wie etwa das Rollenspiel *World of Warcraft*, dann wäre dessen Erfolg ohne die implementierten Kommunikationsprozesse kaum denkbar. Fokussiert man andererseits auf heutige Lernszenarien, dann ist ebenfalls Kommunikation beim E-Learning ein wesentlicher Bestandteil jeder Lernplattform. Sucht man allerdings nach einer gelungenen didaktischen Konzeption von Kommunikation unter Spielenden bei Serious-Games-Titeln im deutschsprachigen Raum, dann bleibt diese Suche erfolglos. Zudem findet man zwar didaktische Überlegungen zum Design von Serious Games im Allgemeinen (vgl. z. B. Wagner 2009; Kerres/Bormann/Vervenne 2009), jedoch fehlen solche Ausführungen in Bezug auf den Bereich der Kommunikation. Dies liegt vornehmlich darin begründet, dass es sich bei den Serious Games um ein relativ junges Phänomen handelt und die Etablierung von digitalen Lernspielen im Allgemeinen sowie in der beruflichen Weiterbildung im Besonderen gerade erst am Anfang steht.

Um folglich Kommunikationsprozesse in spielerischen Lernwelten der beruflichen (Weiter-)Bildung zu eruieren, lässt sich also nicht auf etablierte Beispiele zurückgreifen. Aus diesem Grund werden hier erste relevante Erkenntnisse aus der medienvermittelten Wissenskommunikation für virtuelle Lernsituationen beleuchtet.

Zweitens stellt sich die Frage nach der Bedeutung von Interaktions- und Kommunikationsmöglichkeiten mit anderen Personen bei Computerspielen. Letztlich wird ein Ausblick anhand eines Szenarios gewagt. Doch vorab ist zu klären, was unter Serious Games in diesem Artikel verstanden wird und wie sie im Kontext der beruflichen Weiterbildung einzuordnen sind.

Serious Games in der beruflichen Weiterbildung

Weder im deutsch- noch im englischsprachigen Raum gibt es eine einheitliche Begrifflichkeit zur Bezeichnung von Konzepten oder Angeboten, bei denen eine Synthese von Computerspiel und Lernen stattfindet. Vielmehr existiert eine Vielzahl von Termini nebeneinander, die versuchen, das Bildungs- und Kompetenzpotenzial von Computerspielen in den Fokus zu setzen und pädagogisch zu bemühen (vgl. Lampert/Schwinge/Tolks 2009, S. 16). Allerdings zeichnet sich ein Trend ab: Untersucht man aktuelle Publikationen, Tagungen, Konferenzen, Auszeichnungen etc., dann scheinen sich die Begriffe Serious Games und Game-Based Learning durchzusetzen. Dabei ist laut Zyda (2005) ein Serious Game „a mental contest, played with a computer in accordance with specific rules that uses entertainment to further government or corporate training, education, health, public policy, and strategic communication objectives" (S. 26). Serious Games werden dadurch für unterschiedliche gesellschaftliche Bereiche als nutzbringend ausgewiesen. Im Vergleich beschreibt Prensky (2001) sein Digital-Game-Based-Learning-Konzept wie folgt: „When you think of computer games, there's lots of engagement but little content. Business has lots of content, but no engagement. Put the two together and you have a way to learn the business through computers that makes sense for this generation" (S. 1). Bezüglich der Unterscheidung der Begrifflichkeiten Serious Games und Game-Based Learning ist es auch gewinnbringend, die Spiele als solche als Serious Games zu bezeichnen und die zugehörigen Lernprozesse bei den Nutzern als Game-Based Learning zu charakterisieren (vgl. Ganguin 2010, S. 269). Serious Games zeichnen sich demnach neben den klassischen Konstruktionselementen von Spielen wie der Spielidee bzw. Geschichte, den Spielregeln, den spannungsinduzierenden Elementen und der Handlungssituation, „die ein hohes Maß an aktiver Beteiligung und Selbststeuerung erlaubt" (Seufert/Meier 2003, S. 3), zusätzlich durch das digitale Medium und ein didaktisches Konzept aus.

Die Idee, Spiele als Lernmittel einzusetzen, ist dabei nicht neu. Innovativ ist allerdings die derzeitige Diskussion in Medienpädagogik und Erwachsenenbildung, nun auch digitale Spiele für das formale Lernen Erwachsener fruchtbar zu machen. So konzentrierten sich die ersten Forschungen zu Computerspielen und Lernen einerseits vornehmlich auf Kinder und Jugendliche und andererseits auf *informelle* Lernprozesse, also jene, „die außerhalb formalisierter und institutionalisierter Lern- und Bildungskontexte stattfinden" (Fromme 2006, S. 183). Doch dann erweiterte sich die Perspektive: Seit Kurzem wird die Diskussion geführt, ob sich Computerspiele nicht auch für Erwachsene als Zielgruppe sowie für formale Bildungskontexte eignen (vgl. Gebel/Gurt/Wagner 2005, S. 243; Wolters 2008, S. 28; Fromme 2006, S. 183) und wie ermöglicht werden kann, den so erworbenen Kompetenzen eine formelle Anerkennung zuteilwerden zu lassen (vgl. Fromme 2006, S. 183; Kirchhöfer 2000). Somit lässt sich von einer paradigmatischen Wende sprechen: Computerspiele, die vormals der Freizeit und dem informellen Lernen zugeordnet wurden, sollen nun auch für die berufliche Praxis genutzt werden. In diesem Sinn rücken Computerspiele in den Fokus didaktischer Kalküle, mit der Fragestellung, wie durch sie Lernprozesse erleichtert werden können, die auch der Qualifikation dienen. Die These dahinter lautet: „Computerspiele trainieren die perfekten Arbeitnehmer der Zukunft" (Deterding 2007, S. 3). Diesen Wandel verdeutlicht die folgende Abbildung:

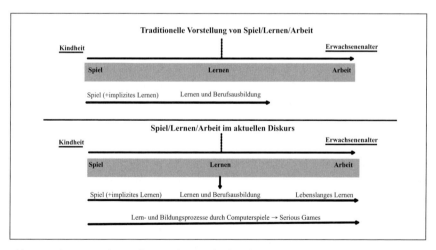

Abb. 1: Spiel/Lernen/Arbeit im historischen Vergleich (vgl. Ganguin 2010, S. 270)

Wie die Abbildung 1 zeigt, wurde das Spiel traditionell der Kindheit zugesprochen bzw. auf diese begrenzt. Im Vergleich steht für den Heranwachsenden das Lernen im Vordergrund sowie die Vorbereitung auf die berufliche Zukunft. Für den Erwachsenen gilt wiederum die Arbeit als primärer Lebensbereich. Dieser ehemals normale Lebenslauf hat sich mittlerweile verändert. Die neuen Anforderungen der Wissensgesellschaft machen lebenslanges Lernen und damit auch Weiterbildung erforderlich. Allerdings ist die Forderung nach ständiger Bereitschaft zum Lernen oftmals mit negativen Assoziationen wie Anstrengung und Mühsal verbunden. Aufgrund der mangelnden Bereitschaft zu ständiger Selbstdisziplin und Motivation haben Überlegungen in die erziehungs- und bildungspolitische Diskussion Einzug gehalten, wie Lernen mit erhöhtem positivem Empfinden einhergehen könnte. Hier setzt man bei den sich selbst motivierenden Freizeitinteressen von Kindern, Jugendlichen und Erwachsenen an, konkret dem Computerspiel. In diesem Sinne versucht man nun, die ehemals getrennten Sphären von Spiel, Lernen und Arbeit miteinander zu vermischen, um dadurch Lern- und Bildungsprozesse zu erleichtern. Somit haben die neuen medienpädagogisch-didaktischen Lernkonzepte wie die Serious Games die Diskussion eines neuen Spiel-, Lern- und Arbeitsverständnisses evoziert.

Kommunikation in virtuellen Lernwelten

Die Bedeutung des Lernens für Erwachsene sowie auch der damit zusammenhängende Druck zu lernen sind in den letzten Jahren zunehmend gestiegen. Lebenslanges Lernen – so die bildungspolitische Forderung der Europäischen Kommission (vgl. 2001, S. 10, S. 34) – sollte von jedem Einzelnen als Maxime verinnerlicht werden, explizit um arbeitsmarktorientierte Kompetenzen zu erwerben. Allerdings ist es oftmals noch schwierig, Lernen mit anderen relevanten Lebensbereichen zu verbinden. Hier bietet sich E-Learning mit der Möglichkeit an, zeit- und ortsunabhängig zu lernen, Vorteile, die einerseits aus Unternehmensperspektive hervorgehoben werden und die andererseits versprechen, Beruf, Familie, Freizeit und Lernen effektiv miteinander zu verbinden.

Eine einheitliche Definition von E-Learning existiert allerdings nicht, und die Variationsbreite einschlägiger Definitionen ist immens (vgl. de Witt 2005, S. 74). Da hier ein pädagogischer Fokus eingenommen wird, soll eine Definition herangezogen werden, die eine erziehungswissenschaftliche Sicht beinhaltet. So integrieren Seufert und Mayr (2002) in ihrer Definition von E-Learning die pädagogische Intention, nach der elektronische Lernumgebungen den absichtsvollen Einsatz medialer Elemente in E-Learning-Programmen betonen: „E-Learning findet statt, wenn Lernprozesse in Szenarien ablaufen, in denen gezielt multimediale und (tele-)kommunikative Technologien integriert sind" (Seufert/Mayr 2002,

S. 45 f.). Kommunikation ist dabei wesentlicher Bestandteil des E-Learning. In Anlehnung an Boos (2008, S. 16) wird unter Kommunikation ein medienvermitteltes, intentionales und soziales Handeln im digitalen Raum verstanden. Betrachtet man demzufolge die Kommunikationsmöglichkeiten in virtuellen Lernumgebungen, dann sind etwa folgende Komponenten denkbar: E-Mail, SMS, Forum, Blog, Chat, Wikis sowie virtuelles Klassenzimmer bzw. Webkonferenzsystem.

Und es hat sich herausgestellt, dass medienvermittelte Kommunikation ein wesentlicher Motivationsfaktor in digitalen Lernsituationen ist. Dies gelingt insbesondere dann, wenn die Eigenschaften der Kommunikationstools entsprechend berücksichtigt werden. Auch wenn die Media-Richness-Theorie für die Gestaltung von Kommunikationsprozessen insgesamt wenig überzeugt, so hat sie doch die „Passung von Aufgabe und Medium als notwendiger Voraussetzung für die Effektivität von Kommunikation" (Boos 2008, S. 35) ausgemacht. Die Media-Synchronicity-Theorie hat sich daraufhin ebenfalls dem Zusammenspiel von Medium und Aufgabe gewidmet. Dieses theoretische Konzept unterscheidet Medien hinsichtlich der Unmittelbarkeit des Feedbacks und der Parallelität von Beiträgen (weitere Unterscheidungsmerkmale sind Symbolvarietät, Überarbeitbarkeit, Wiederverwendbarkeit; vgl. ebd., S. 36).

So spielt es auch beim Game-Based Learning eine Rolle, ob die Spieler möglichst viele Informationen schnell an die anderen aus der Gruppe weitergeben wollen oder ob sie eher ein gemeinsames Verständnis von einem Sachverhalt aufbauen möchten. In dem Fall des divergenten Informationsprozesses reichen Kommunikationstools mit einem geringen Synchronizitätsgrad aus, also Foren, E-Mail, Wikis etc. Damit sind parallele Diskussionsstränge und Schwerpunktsetzungen möglich (vgl. Bremer 2007). Demgegenüber unterstützen Tools mit einer hohen Synchronizität konvergente Gruppenprozesse, in denen sich die Spieler über die Bedeutung der Informationen verständigen und gemeinsame Entscheidungen treffen. Synchrone Kommunikation durch Audio- und Videokonferenzen eignet sich für spontane Äußerungen und unterstützt soziale Präsenz, die Wahrnehmung von Gegenwart und Nähe. Kurze Formulierungsfragen können über Chat oder Videokonferenzen abgeklärt oder Texte bzw. Projekt- oder Strategiepläne gemeinsam über interaktive Whiteboards im virtuellen Klassenzimmer gemeinsam entwickelt werden.

Vor allem das virtuelle Klassenzimmer, mit dem synchrone Online-Meetings durchgeführt werden, eignet sich als webbasiertes Kommunikationssystem in virtuellen Lernräumen. Jeder Lerner kann von zu Hause aus oder aber auch von unterwegs über das Internet in den virtuellen Lernraum eintreten. Die Voraussetzungen sind ein Internetzugang, ein Webbrowser mit Flash-Plug-in, ein Headset (Kopfhörer und Mikrofon) und eine Webcam, um die Audio- und Videofunktionen zu nutzen. Teams und Projektgruppen, die sich an unterschiedlichen Orten aufhalten, können auf diese Weise zusammenarbeiten. Die Online-Veranstaltungen erhöhen durch die synchrone Kommunikation sowie die Bild- und Tonübertragung die soziale Präsenz, wie eine Untersuchung von berufstätigen Studierenden an der FernUniversität in Hagen belegt (vgl. de Witt et al. 2010, S. 36 f.). Der kommunikative Austausch untereinander und mit den Lehrenden stellt eine wichtige Lern- und Wissensressource dar. Für die Lernenden steht hierbei allerdings kein Kontaktbedürfnis im Vordergrund, sondern der inhaltliche Wissenserwerb. Neben einem besseren Wissenstransfer trägt dies auch positiv zur Lernmotivation bei.

Die hohe Akzeptanz und Motivation der Studierenden der FernUniversität in Hagen, mit Neuen Medien im Allgemeinen und mit dem virtuellen Klassenzimmer Adobe Connect im Besonderen zu lernen, lässt sich allerdings nicht verallgemeinern. Fragt man beispielsweise bundesweit Personen, die an formalisierter Weiterbildung teilgenommen haben, welche Lernformen sie favorisieren, dann steht das „Lernen durch Beobachten, Ausprobieren am Arbeitsplatz" mit 84 % an erster Stelle (vgl. BMBF 2006, S. 277). Dieses Item verweist auf einen von den Befragten bevorzugten explorativen Anteil im Lernprozess. Hier ist die Nähe zum Spiel als Form explorativen Verhaltens offensichtlich. So begründete beispielsweise bereits Berlyne (1960, 1969) in seinen motivationspsychologischen Grundgedanken zum Spiel den Anstoß zur und die Aufrechterhaltung der Spielhandlung mit Neugier und Exploration. Im Gegensatz zum Beobachten und Ausprobieren am Arbeitsplatz votieren die Befragten am wenigsten dafür, sich mithilfe von computerunterstützten Selbstlernprogrammen und dem Internet Wissen anzueignen. Diese Lernform rangiert mit 39 % Zustimmung auf dem letzten Platz (vgl. BMBF 2006, S. 278). Fragt man folglich nach Konzepten, wie multimediale Arbeits-, Lern- und Kommunikationsprozesse durch spielerische Komponenten gefördert und angereichert werden können, dann ist es sinnvoll, bei den Freizeitaktivitäten von Kindern, Jugendlichen und Erwachsenen anzusetzen.

Kommunikation in virtuellen Spielwelten

In den letzten Jahren hat die lebensweltliche Bedeutung und Nutzung von Computerspielen und insbesondere die von Online-Spielen stark zugenommen. Die Zunahme internetbasierter Computerspielnutzung bezieht sich dabei nicht nur auf Jugendliche, sondern ist auch bei Erwachsenen, die als Zielgruppe im Mittelpunkt dieses Beitrags stehen, zu beobachten (vgl. Quandt/Wimmer 2008). Das vermehrte Interesse an Online-Games verwundert dabei nicht, denn sie besitzen eine ganz besondere Faszination: Man interagiert und kommuniziert mit anderen echten Spielerinnen und Spielern. Diese Interaktion lässt sich als ein zentrales Element von vielen erfolgreichen Online-Spielen bestimmen und trägt erheblich zu deren Unterhaltungswert bei, da z. B. „Spiele gegen programmierte Computergegner für erfahrene Computerspieler mit zunehmender Spieldauer an Reiz verlieren" (Kraam 2004, S. 16). Thon (2007) geht davon aus, dass das Verständnis von Kommunikation in Computerspielen von dem Verständnis der jeweiligen Spielstruktur abhängig ist. Durch die „für Computerspiele charakteristische enge Verbindung zwischen Spielhandlungen, narrativer Struktur und kommunikativen Prozessen" (Thon 2007, S. 178) erfüllt Kommunikation in Computerspielen für ihn ludische, narrative und soziale Funktionen: Während die Kommunikation mit ludischer Funktion durch strategische und taktische Absprachen gekennzeichnet ist, zeigt sich die narrative Funktion darin, dass die Spieler, aber auch ihre digitalen Repräsentanten zur Ausgestaltung und Weiterentwicklung der fiktionalen Welt beitragen. Die soziale Funktion zeigt sich im Computerspiel beispielsweise in Form von „Prahlereien, das Ausdrücken von Freude über eigene oder auch das Anerkennen der Leistungen anderer Spieler" (Thon 2007, S. 175 ff.).

Vor allem der große Erfolg von *World of Warcraft* unterstreicht das Bedürfnis von Spielenden, sich nicht nur mit dem Computergegner, sondern auch mit anderen Personen zu messen oder gemeinsam gegen den Computergegner zu spielen. In beiden Varianten drückt sich ein Wille zur Vergemeinschaftung mit Gleichgesinnten aus. Durch das gemeinsame Spielen werden sozial-interaktive Bedürfnisse befriedigt, die auf dem Wunsch nach Wettbewerb, Geselligkeit oder auch Anerkennung beruhen (vgl. Bonfadelli 2004, S. 8). Somit erfüllen „moderne Online-Games dank der großen Bedeutung der Internetplayer-Kommunikation ähnliche Funktionen wie Social Network Sites (z. B. SchülerVZ)" (Klimmt 2009, S. 4). Demzufolge werden soziale Gratifikationen vermittelt, wobei das gemeinsame Spielen mit bzw. gegen andere im „Gegensatz zum gängigen Vorurteil vom sozial isolierten Computerspieler" (Kunczik/Zipfel 2004, S. 240) steht.

Die Frage, die sich weiter stellt, ist, wie die Kommunikation in virtuellen Spielwelten abläuft und welche Kommunikationsmöglichkeiten vorhanden sind. Betrachtet man populäre Online-Spielwelten, dann sind Textchat und Sprach- bzw. Audiochat über Mikrofon (Voice over IP) – analog zum virtuellen Klassenzimmer – beliebte Kommunikationswege. Oftmals sind diese Kommunikationstools bereits in der Spielsoftware integriert, sodass es sich hier um spielinterne Chats handelt. Häufig müssen Sprachchats aber auch extra installiert werden, wie dies etwa bei

Teamspeak der Fall ist, eine proprietäre Sprachsoftware, die extra für Online-Spiele optimiert wurde. *World of Warcraft* hat beispielsweise seit dem Patch 2.2 einen internen Sprachchat, wobei die aktive Nutzung auf 40 Spieler beschränkt ist. Das Mithören ist allerdings für mehr Spieler möglich. Die Kommunikation über Mikrofon am Rechner eröffnet dabei den Mitgliedern die Möglichkeit, sich bei den Aufgaben besser zu koordinieren. Erfolgswahrscheinlichkeiten werden dadurch gesteigert, und dies trägt auch zu einem höheren Spielvergnügen bei. Spieler organisieren sich zu Clans, Gilden, Teams etc., sodass ein abgestimmtes Zusammenspiel mehrerer Spieler stattfinden kann. Die Fähigkeit der einzelnen Spieler zur Zusammenarbeit ist bei vielen Computerspielen ausschlaggebend, um erfolgreich zu sein. Während man etwa am Anfang von *World of Warcraft* noch gut in der Lage ist, eigenständig die unterschiedlichen Aufgaben zu bewältigen, wird dies bei den höheren Levels ohne die Hilfe anderer Spieler zunehmend schwieriger bzw. ist kaum noch möglich. Somit ist dieses Spielprinzip – die Notwendigkeit zur sozialen Zusammenarbeit und Hilfe – bei einer Vielzahl von Online-Spielen (wie z. B. auch bei Ikariam oder Counter-Strike) bewusst intendiert. Hieran zeigt sich, dass vor allem Multiplayer-Spiele neben anderen Befähigungen auch Teamwork und Kooperation fördern (vgl. Aufenanger 2008, S. 20).

Ausblick: Kommunikation in Serious Games der beruflichen Weiterbildung

In diesem Sinn können Multiplayer-Online-Spiele soziale Kompetenzen fördern, die die erhöhten Ansprüche einer sich verändernden Arbeitswelt darstellen (vgl. Rohlfs/Harring/Palentien 2008, S. 12). Dies entspricht solchen beruflichen Kompetenzen, die erstens auf die Zusammenarbeit wie Teamfähigkeit oder Konfliktfähigkeit abzielen bzw. die Übernahme bestimmter spezieller Aufgaben erfordern. Zweitens gibt es bestimmte Führungsqualitäten, die sich als soziale Kompetenzen lesen lassen, wie etwa Durchsetzungsfähigkeit, Flexibilität oder die Übernahme von Verantwortung. Wer seiner Rolle nicht nachkommt, gefährdet den Spielerfolg der Mannschaft. Infolgedessen empfehlen beispielsweise Hagel und Brown (2009) das Online-Spiel *World of Warcraft* als Trainingsinstrument für Führungskräfte. Hintergrund dieser zunächst für den deutschen Raum wohl provokativen Empfehlung ist die These einer Gamer Disposition (vgl. Brown/Thomas 2008). Diese ermögliche es Computerspielern im Vergleich zu Nichtspielern, kompetenter mit den Arbeitsanforderungen des 21. Jahrhunderts umzugehen. Betrachtet man aber die derzeitigen Serious-Games-Titel genauer, dann sind webbasierte Kommunikationssysteme, die Audio- oder Videotelefonie unter den spielerisch Lernenden ermöglichen, nicht bekannt. Hier besteht sicherlich Entwicklungsbedarf und die Berücksichtigung neuer Technologien.

Im Rahmen unseres Forschungsprojekts *Mobile Learning – prozessorientiertes Informieren und Lernen in wechselnden Arbeitsumgebungen* (mlearning 2010) konzipieren wir u. a. ein Szenario für die Zielgruppe der Berufskraftfahrer, die sich durch mobile Lernanwendungen weiterbilden. Zur mobilen Kommunikation stehen den Teilnehmern E-Mail, Forum, Wiki und Chat zur Verfügung, aber auch spielerische Elemente der Wissensaneignung sind in die mobile Lernumgebung eingebettet. In Anlehnung an die Komponenten erfolgreicher Online-Rollenspiele stellen wir uns vor, dass hierbei die Aspekte des Wettbewerbs und des Leistungsvergleichs mit berücksichtigt werden, indem beispielsweise zwei Gruppen (Team A und Team B) den logistischen Auftrag in Anlehnung an die Lasswell-Formel aus den Kommunikationswissenschaften – die „richtige Menge der richtigen Objekte als Gegenstände der Logistik (Güter, Personen, Energie, Informationen) am richtigen Ort (Quelle, Senke) im System zum richtigen Zeitpunkt in der richtigen Qualität zu den richtigen Kosten zur Verfügung zu stellen" (Jünemann 1989, S. 18) – erhalten. Dies wären dann die unterschiedlichen Siegbedingungen bzw. Kriterien der Punktevergabe. An diesem logistischen Prozess sind folglich sehr viele unterschiedliche Personen mit jeweiligen spezifischen Aufgaben für den reibungslosen Ablauf beteiligt, der bestimmte Kompetenzen der Kommunikation und Kollaboration erfordert. Über mobilen Audiochat müssten sich die Spielteilnehmer abstimmen und ihren Güterverkehr koordinieren. Inwieweit eine mobile Webkonferenz mit integriertem Whiteboard hier die Entscheidungsfindung fördern kann, ist zu evaluieren. Die Rollen könnten auch wechseln, sodass man sich in die Aufgabe der anderen Beteiligten hineinversetzt und somit Wissen, Erfahrung und Handlungskompetenz für weitere Bereiche dazugewinnt. Angereichert wird das Szenario durch unterschiedliche Schwierigkeiten, die beim Prozess auftreten, z. B. Güter, die eine besondere Ladungssicherung benötigen. Gemeinsam muss hier die optimale Passung gefunden werden. Analog zu Multiplayer-Online-Spielen hätte jeder Spieler seine besondere Aufgabe bzw. Funktion, das Team, das am besten zusammenarbeitet bzw. kommuniziert und sich dadurch koordiniert, gewinnt. Die Kommunikationswelten ändern sich parallel mit den technologischen Entwicklungen. So wird es sicherlich nicht lange dauern, bis auch Mobile Learning und Game-Based Learning zusammenwachsen und Eingang in die berufliche Weiterbildung finden.

Literatur

Aufenanger, S. (2008): Homo Ludens – Zum Verhältnis von Spiel und Computerspiel. In: Picot, A./Zahedani, S./Ziemer, A. (Hg.): Spielend die Zukunft gewinnen. Wachstumsmarkt Elektronische Spiele. Berlin/Heidelberg, S. 13–23.

Berlyne, D. E. (1960): Conflict, arousal and curiosity. New York/Toronto/London.

Berlyne, D. E. (1969): Laughter, Humor and Play. In: Lindzey, G./Aranson, E. (Hg.): The Handbook of Social Psychology. Second Edition, Vol. III, Reading (Mass.), S. 795–852.

BMBF (2006): Berichtssystem Weiterbildung IX. Integrierter Gesamtbericht zur Weiterbildungssituation in Deutschland. Berlin. http://www.bmbf.bund.de/pub/berichtssystem_weiterbildung_neun.pdf [Stand: 21.07.2010].

Bonfadelli, H. (2004): Neue Perspektiven: Medienzuwendung als soziales Handeln. http://www.mediaculture-online.de/fileadmin/bibliothek/bonfadelli_medienzuwendung/bonfadelli_medienzuwendung.pdf [Stand: 21.07.2010].

Boos, M. (2008): Wissenskommunikation in virtuellen (Lern-)Gemeinschaften. Hagen. Studienbrief der FernUniversität in Hagen.

Bremer, C. (2007): Kommunikation im E-Learning. Hagen. Studienbrief der FernUniversität in Hagen.

Brown, J. S./Thomas, D. (2008): The Gamer Disposition. In: Harvard Business Review: Blog. February 14. http://blogs.hbr.org/cs/2008/02/the_gamer_disposition.html [Stand: 15.3.2010].

Deterding, S. (2007): Die Spielsaison ist eröffnet. Bundeszentrale für politische Bildung. Dossier Computerspiele. http://www.bpb.de/themen/SGJ2ZO,2,0,Die_Spielsaison_ist_er%F6ffnet.html#art2 [Stand: 21.07.2010].

de Witt, C. (2005): E-Learning. In: Hüther, J./Schorb, B. (Hg.): Grundbegriffe Medienpädagogik. München, S. 74–81.

de Witt, C./Junge, Th./Klebl, M./Mengel, S. (2010): Pilotprojekt. Adobe Acrobat Connect Professional. Zwei Jahre Einsatz an der FernUniversität in Hagen. 2. Evaluationsbericht. Hagen.

Europäische Kommission (2001): Einen europäischen Raum des lebenslangen Lernens schaffen. Brüssel. http://eur-lex.europa.eu/LexUriServ/LexUriServ.do?uri=COM:2001:0678:FIN:DE:PDF [Stand: 21.07.2010].

Fromme, J. (2006): Zwischen Immersion und Distanz. Lern- und Bildungspotenziale von Computerspielen. In: Kaminski, W./Lorber, M. (Hg.): Computerspiele und soziale Wirklichkeit. München, S. 177–209.

Ganguin, S. (2010): Computerspiele und lebenslanges Lernen. Eine Synthese von Gegensätzen. Wiesbaden.

Gebel, C./Gurt, M./Wagner, U. (2005): Kompetenzförderliche Potenziale populärer Computerspiele. In: Arbeitsgemeinschaft Berufliche Weiterbildungsforschung (ABWF) (Hg.): QUEM-report 92 „E-Lernen: Hybride Lernformen, Online-Communities, Spiele". Berlin: ABWF, S. 141–376. http://www.abwf.de/content/main/publik/report/2005/report-92b.pdf [Stand: 21.07.2010]

Hagel, H./Brown, J. S. (2009): How World of Warcraft Promotes Innovation. In: Business Week. Innovation on the Edge. January 14. http://www.businessweek.com/innovate/content/jan2009/id20090114_362962.htm [Stand: 21.07.2010].

Jünemann, R. (1989): Materialfluß und Logistik – Systemtechnische Grundlagen mit Praxisbeispielen. Berlin, Heidelberg, New York.

Kerres, M./Bormann, M./Vervenne, M. (2009): Didaktische Konzeption von Serious Games: Zur Verknüpfung von Spiel- und Lernangeboten. In: MedienPädagogik. Zeitschrift für Theorie und Praxis der Medienbildung. http://www.medienpaed.com/2009/kerres0908.pdf [Stand: 14.07.2010].

Kirchhöfer, D. (2000): Informelles Lernen in alltäglichen Lebensführungen. Chance für die berufliche Kompetenzentwicklung. QHEM-report 66, Berlin.

Klimmt, C. (2009): Virtuelle Welten, Online-Spiele und ihre Communities. Dokumentation zum Workshop V der Fachtagung „Das können doch nur meine Freunde sehen ..." – Digitale Netzwerke und Web 2.0 im Alltag von Jugendlichen am 29. September 2009. Stuttgart. AJS Baden-Württemberg. http://www.ajs-bw.de/media/files/medien/2009/Dokumentation-Workshop-5.pdf [Stand: 20.07.2010].

Kraam, N. (2004): Kompetenzfördernde Aspekte von Computerspielen. In: medien + erziehung (merz). Zeitschrift für Medienpädagogik, Jg. 48, Nr. 3, S. 12–17.

Kunczik, M./Zipfel, A. (2004): Medien und Gewalt. Befunde der Forschung seit 1998. Projektbericht für das Bundesministerium für Familie, Senioren, Frauen und Jugend. Mainz. http://www.bundespruefstelle.de/bpjm/redaktion/PDF-Anlagen/medien-gewalt-befunde-derforschung-sachbericht-langfassung,property=pdf,bereich=bpjm,rwb=true.pdf [Stand: 11.11.2008].

Lampert, C./Schwinge, C./Tolks, D. (2009): Der gespielte Ernst des Lebens: Bestandsaufnahme und Potenziale von Serious Games (for Health). In: MedienPädagogik. Zeitschrift für Theorie und Praxis der Medienbildung. Themenheft Nr. 15/16. Computerspiele und Videogames in formellen und informellen Bildungskontexten. http://www.medienpaed.com/15/lampert0903.pdf [Stand: 21.07.2010].

Mlearning (2010): Forschungsprojekt Mobile Learning: http://mlearning.fernuni-hagen.de [Stand: 30.09.2010].

Prensky, M. (2001): Digital Game-Based Learning. New York.

Quandt, T./Wimmer, J. (2008): Online-Spieler in Deutschland 2007. Befunde einer repräsentativen Befragungsstudie. In: Quandt, T./Wimmer, J./Wolling, J. (Hg.): Die Computerspieler. Studien zur Nutzung von Computergames. Wiesbaden, S. 169–192.

Rohlfs, C./Harring, M./Palentien, C. (2008): Bildung, Kompetenz, Kompetenz-Bildung – eine Einführung in die Thematik. In: Dies. (Hg.): Kompetenz-Bildung. Soziale, emotionale und kommunikative Kompetenzen von Kindern und Jugendlichen. Wiesbaden, S. 9–17.

Seufert, S./Mayr, P. (2002): Fachlexikon E-Learning. Bonn.

Seufert, S./Meier, Ch. (2003): Game Based Learning: Erfahrungen mit und Perspektiven für digitale Lernspiele in der betrieblichen Bildung. In: Hohenstein, A./Wilbers, K. (Hg.): Handbuch E-Learning. Köln, S. 1–17.

Thon, J. N. (2007): Kommunikation in Computerspielen. In: Kimpeler, S./Mangold, M./Schweiger, W. (Hg.): Die digitale Herausforderung. Wiesbaden, S. 171–180.

Wagner, M. (2009): Spielerische Lernumgebungen und deren Design. In: Issing, L. J./Klimsa, P. (Hg.): Online-Lernen. Handbuch für Wissenschaft und Praxis. München, S. 297–305.

Wolters, O. (2008): Elektronische Spiele: Wachstumsmarkt mit großer Wertschöpfung. In: Picot, A./Zahedani, S./Ziemer, A. (Hg.): Spielend die Zukunft gewinnen. Wachstumsmarkt Elektronische Spiele. Berlin/Heidelberg, S. 25–36.

Zyda, M. (2005): „From visual simulation to virtual reality to games". IEEE Computer, September 2005, S. 25–32.

Trainieren für den Einsatz: Serious Games als Trainings-, Ausbildungs- und Lernmedium im Umfeld Verteidigung und Sicherheit

HARALD SCHAUB UND LUKAS BUCHER

Einleitung

Die Bundeswehr und viele verbündete Streitkräfte haben das Thema Serious Games, im Sinne von computerbasierten Spielen mit einer ernsthaften Anwendungsintention, aus mehreren Gründen aufgegriffen. Dazu zählt, sowohl die motivationalen positiven Aspekte des Spielens für das Thema Ausbildung zu nutzen als auch die neuen Perspektiven und Sichtweisen zu erschließen, die durch Spiele möglich werden und die das kognitive und handlungsbasierte Lernen unterstützen. Verschiedentlich wurde der Nutzen von Computerspielen untersucht (vgl. Schaub 2007b) hinsichtlich der Frage, wie die computergestützten Lernwelten für die Streitkräfte durch die Methoden und Ansätze von – häufig kommerziellen – Spielen effektiver und effizienter gestaltet werden können (vgl. Dörner/Schaub 1992; Strohschneider/Schaub 1994; Nieborg 2004; de Freitas/Jarvis 2007). Darüber hinaus gibt es auch Ansätze, die Computerspiele nicht nur für Ausbildung, sondern auch für objektive Persönlichkeitsdiagnostik für die Personalauswahl von Soldaten einzusetzen (vgl. Schaub 2007a).

Die Nutzung von computerbasierten Spielen bzw. spielähnlichen Lernwelten ermöglicht ein Lernen auf verschiedenen Ebenen. Es werden sowohl fachbezogene Lerninhalte vermittelt (die sogenannte epistemische Kompetenz) als auch Problemlösefähigkeiten bzw. Fähigkeiten zum vernetzten und systemischen Denken (die sogenannte heuristische Kompetenz; vgl. Schaub 2008). Dabei wird der Lernende auf der kognitiven, emotionalen, motivationalen und handlungsbezogenen Ebene gleichzeitig angesprochen und so ein sehr effektives und nachhaltiges

Lernen realisiert. In diesem Sinne formulierte.Wander bereits 1876: „Am Spiel erkennt man, was in einem steckt" (S. 207 f.).

Computersimulierte Szenarios stellen eine Weiterentwicklung von im militärischen Bereich schon immer genutzten Planspielen mit den Möglichkeiten der modernen Technik dar. Planspiele gibt es seit alters her. Wir kennen das Schachspiel seit mehreren Tausend Jahren, und das Schachspiel war ursprünglich nichts anderes als ein in festen Regeln geronnenes, militärisches Planspiel. Tatsächlich hat man das Schachspiel für Ausbildung in Strategie und Taktik empfohlen, man hat es mitunter z. B. in der Offiziersausbildung eingesetzt.

Eine wirklich große Verbreitung konnte aber das Planspiel erst finden, seit es preiswerte Computer und insbesondere leistungsfähige Programmier- und Entwicklungsumgebungen zur Herstellung von allen möglichen Arten von komplexen, dynamischen, häufig dreidimensionalen Realitäten gibt. Man kann u. a. taktisch-militärische Szenarien, politisch-strategische Situationen, marktwirtschaftliche Geschehen, psychologische und soziologische Prozesse und Strukturen mithilfe der in der Spieleindustrie entwickelten Technologien zunehmend realitätsgetreu simulieren und gegebenenfalls in 3D visualisieren. Und dies bedeutet, dass man Personen oder Personengruppen mit Replikaten oder Modellen konfrontieren kann, in denen der Auszubildende in der Situation weitgehend frei agieren kann. Man braucht nicht darauf zu warten, dass eine bestimmte Sachlage in der Realität auftritt, man kann diese Situation schaffen. Man kann Einsatzleiter der Polizei und der Feuerwehr oder Soldaten auf allen militärischen Ebenen (taktisch, operativ, strategisch) mit Modellen der Realität konfrontieren und kann dabei ihre Findigkeit, ihre Entschlusskraft, ihre Fähigkeit zur strategischen Flexibilität, ihre Planungsfähigkeit in verschiedenartigen Situationen in viel breiterem Ausmaß als bislang erfassen und trainieren. Im Umfeld Verteidigung und Sicherheit haben wir heutzutage in immer weniger Bereichen feste und klare Regeln. In vielen wandeln sich die Regeln ständig; Einsatzkräfte, insbesondere in aktuellen militärischen Einsätzen, haben es immer wieder mit ungewohnen Situationen zu tun. Die Konfrontation mit neuartigen, dynamischen und intransparenten Realitäten sehr komplexer Art war schon immer eine Domäne militärischer Führer. Heutzutage sind diese Personen in einem ungleich höheren Ausmaß mit Unbestimmtheit und Komplexität konfrontiert und darauf angewiesen, sich ihren Weg immer neu zu suchen, ihre Missions- und Einsatzplanung nach neuen Umständen auszurichten (vgl. Schaub 2006).

In Zeiten, in denen auf feste Regeln kein Verlass ist, kommt es auf die Fähigkeit zum strategischen Denken an, auf die Fähigkeit, seinen Standort und seine Handlungs- und Planungsstrategien immer wieder neu zu überdenken.

Ausbildung und Training

Bei der Verwendung von Computerspielen zum Zwecke der Ausbildung und des Trainings kann man verschiedene Bereiche unterscheiden. Der eine Bereich ist der Bereich der Vermittlung von fachlichen *(epistemischen)* Fähigkeiten. Dabei kommt es darauf an, dass man mit einem Modell der Realität das richtige Handeln in genau den Bereichen trainiert, in dem die Person später handeln soll. Hier gilt die militärische Maxime *Train as You Fight*.

Der zweite Bereich der Verwendung von Computerspielen für die Ausbildung und für das Training ist der Bereich der Vermittlung von Wissen, Verständnis und Problemlösefähigkeiten *(heuristisches Wissen)*. Von dem ersten Bereich unterscheidet er sich darin, dass es hier nicht darauf ankommt, konkretes Handlungswissen zu vermitteln. Es soll ein vertieftes Verständnis vermittelt werden für bestimmte Vorgänge, damit problemlösendes, situationsangepasstes Verhalten auf allen Führungsebenen in neuartigen Situationen möglich wird. Dies kann als Grundlage für die Philosophie des *Führens mit Auftrag* bzw. des *Powers to the Edge* in aktuellen und zukünftigen, komplexen und unbestimmten Einsatzszenarien gelten.

Computerspiele bieten die Möglichkeit, dass nicht nur über abstrakte Konzepte, z. B. *netzwerkbasierte Operationsführung* oder *Nation Building*, geredet wird, sondern dass z. B. der Auszubildende Nation Building an einem simulierten Land tatsächlich ausprobieren und sehen kann, welche Folgen diese oder jene Entscheidung haben kann. Oder dass der Auszubildende in unterschiedlichen Settings verschiedene Varianten einer netzwerkbasierten Operationsführung und deren jeweilige Vor- und Nachteile kennenlernt. Im Bereich der Forschung zum komplexen Problemlösen, vor allem an der Universität Bamberg, sind diese Art von Szenarien bereits vor Jahrzehnten untersucht und eingesetzt worden (vgl. Dörner 2003).

An der Universität Uppsala in Schweden untersuchte man, wie sich Teams in verschiedenen Arten von Führungsstrukturen verhalten und bewähren. Man nutzte dazu die Computersimulation einer Waldbrandbekämpfung. Es handelte sich dabei zum einen um autokratisch geführte Teams, bei denen eine Person *das Sagen* hatte und die anderen folgen mussten. Zum anderen handelte es sich dabei um demokratisch organisierte Teams, die gleichberechtigt miteinander agierten. Es zeigte sich, dass die demokratischen Teams in dieser Aufgabe bei Weitem besser abschnitten als die autokratisch geführten Teams. Es ist damit allerdings nicht belegt, dass demokratische Teams immer besser sind als autokratisch geführte Teams, aber es zeigt, dass auch in Situationen mit Zeitdruck, hoher

Unbestimmtheit und Bedrohung, wie sie für militärische Situationen typisch sind, auch nicht militärische Führungsprozesse zu effektiver Missionsbearbeitung in der Lage sein können (vgl. Dörner 2003).

Handlungsbasiertes, spielerisches Lernen, wie es durch Computerspiele ermöglicht wird, ist in der Regel dem rezeptiven Lernen überlegen. Die Einbeziehung des Tuns bedeutet, dass neben intellektuellen und kognitiven Prozessen auch verstärkt Motivation und Emotion angesprochen werden. Moltke sagt, dass es in der Strategie keine Regeln gibt. Er meint damit, dass es in der Strategie keine einfachen Rezepte gibt, die immer und überall anwendbar sind. Zwar ist das eigentliche Handeln in strategischen Situationen letztlich oft relativ einfach. Die Schwierigkeit liegt darin, das richtige Handeln auszuwählen. Soll man in einer bestimmten Situation nach der Maxime verfahren *Wer wagt, gewinnt* oder vielleicht doch besser nach der Maxime *Erst wägen, dann wagen?* Solche Handlungsvorschriften und Heurismen gibt es in großen Mengen. Und für jede Maxime gibt es die Gegenmaxime. Daraus kann man nicht schließen, dass solche Maximen falsch wären. Es kommt jeweils auf die Rahmenbedingungen an, was angemessen ist.

Computerbasierte Planspiele sind ein gutes Mittel, um die in solchen strategischen Situationen wichtige Fähigkeit der richtigen Auswahl von Handlungen zu trainieren. Denn Planspiele bieten die Möglichkeit, militärische Führer oder Einsatzleiter von Polizei, Feuerwehr oder THW oder vielleicht auch Politiker z. B. beim Krisenmanagement mit sehr vielen unterschiedlichen Situationen zu konfrontieren, die sie in der Realität vermutlich alle gar nicht erleben werden und die in klassischen Stabsrahmenübungen oder in Vollübungen mit Truppe viel zu aufwendig, gefährlich oder unpraktikabel darzustellen wären.

Aber gerade weil bestimmte Krisensituationen selten sind, ist das Trainieren solcher Situationen, die nur selten auftreten, wichtig. Man denke beispielsweise im militärischen Bereich an eskalierende Gefechtssituationen oder im polizeilichen Bereich an Amokläufe. Computerbasierte Simulationsspiele können einen Teil des notwendigen Erfahrungsaufwuchses ersetzen, eben durch die Möglichkeit, seltene, gefährliche und außergewöhnliche Situationen im Trainingskontext darzustellen.

Pädagogischer Nutzen

Der tatsächliche pädagogische Nutzen und das pädagogische Potenzial von Serious Games für die Ausbildung von Streitkräften, insbesondere für die Einsatzausbildung, ist dann gegeben, wenn ein Serious Game

- Lernziele erreichen lässt, die in einer anerkannten (z. B. militärisch erlassenen) Ausbildungsplanung (Curriculum, Lehrgangskatalog, Ausbildungsweisung u. dergl.) festgelegt sind,
- auf diese Lernziele ausgerichtet ist, z. B. weil das Computerspiel *dediziert* hierfür entwickelt wurde oder der Lernzielbezug durch nachvollziehbare Analysen nachträglich festgestellt wurde,
- in einem Ausbildungskontext (z. B. Lehrgang, Fernausbildung) mit nachweisbarem Nutzen verwendet wird bzw. verwendet werden kann oder einen Ausbildungsnutzen verspricht, der grundsätzlich durch experimentelle Überprüfung nachgewiesen werden kann.

Potenzial und möglichen Bedarf für die militärische Ausbildung gibt es aktuell vor allem in vier Bereichen:
- Führungskompetenzen,
- Zusammenarbeit im Team,
- Umgang mit gefährlichen Situationen (inkl. gefährlicher Stoffe),
- interkulturelle Kompetenzen.

Aufgrund ihres in der Regel aktionsbezogenen Aufbaus sind Serious Games für die handlungsorientierte Ausbildung ein gut geeignetes Medium, allerdings werden diese Potenziale der Serious Games für die militärische Ausbildung sehr unterschiedlich genutzt.

Junge Soldaten (vor allem junge Männer) machen den Großteil der Adressaten in der Ausbildung bei der Bundeswehr aus. Der überwiegende Teil dieser Gruppe steht Computerspielen positiv bis sehr positiv gegenüber – aber trotzdem muss mit einem nicht zu vernachlässigenden Anteil an Teilnehmern gerechnet werden, bei denen Computerspiele nicht auf Begeisterung stoßen. Die Gründe, Serious Games in der militärischen Ausbildung einzusetzen, sind neben der (erhofften) gesteigerten Motivation der zu erreichende Grad an Handlungsorientierung und Lerneraktivierung. Denn vor allem die Einsatz- und Handlungsorientierung führt zu höherem Lernerfolg und einer Verbesserung der militärischen Fertigkeiten. Eine gegebenenfalls gesteigerte Motivation der Auszubildenden ist mindestens ein wünschenswerter Nebeneffekt des Einsatzes von Serious Games.

Die Kosten für Herstellung oder Beschaffung und Einsatz von Serious Games variieren, je nachdem ob ein passendes Spiel auf dem Markt erhältlich ist und in ausreichendem Maß für die speziellen militärischen Bedürfnisse angepasst werden kann oder neu entwickelt werden muss. Die Kosten allein für die Beschaffung der Software bei verschiedenen Streitkräften reichen international bei bisher eingesetzter Serious-Games-Software von einigen Tausend Euro bis zu mehrstelligen Millionenbeträgen. In vielen Fällen kann die Ausbildung durch den Einsatz von Serious Games zwar einsatznäher und effektiver, aber nicht unbedingt kostengünstiger werden im Vergleich zu traditioneller militärischer Ausbildung.

Kosten können gespart werden, wenn beispielsweise beim Bau und Unterhalt von Übungsgelände für einsatznahe Ausbildung durch den Einsatz von geeigneter Software reales Ausbildungsgelände teilweise durch virtuelles ersetzt werden kann oder wenn der aufwendige Einsatz von Übungstruppen vermieden oder reduziert werden kann. Kostenmäßig schwer zu bewerten ist die Möglichkeit, mit Serious Games kritische oder gefährliche Szenarien zu trainieren, die mit klassischen Methoden bislang unzugänglich waren, da dies sehr davon abhängt, ob auf vorhandener Software aufgebaut oder diese von Grund auf neu entwickelt werden muss.

Viele Serious Games mit Potenzial für die militärische Ausbildung sind Simulationsspiele, und von diesen wiederum sind viele 3D-Simulationen. Dies stellt ein gewisses Hindernis bzgl. der Verwendung in der Ausbildung der Bundeswehr dar. Zum einen sind die Anforderungen an die Hardware relativ hoch, zum anderen ist 3D-Software bislang im Normalfall nicht im Webbrowser lauffähig und kann daher nicht innerhalb einer browserbasierten (Fern-)Lernumgebung genutzt werden. Dieses Hindernis führt aber nicht dazu, die enormen Potenziale der Serious Games ungenutzt zu lassen, wenn entsprechende Hardware beschafft oder vorhandene aufgerüstet und die Software außerhalb des technologischen Rahmens der Fernausbildung betrieben wird.

Fazit und Ausblick

Serious Games sind ebenso wenig ein Allheilmittel für militärische Ausbildung wie andere Ausbildungsverfahren. Es gilt immer die Maxime militärischer Ausbildung *Train as You Fight*, die bei taktischen, aber auch strategischen Anforderungen mittels Serious Games oft differenziert bedient werden kann, insbesondere wenn es um die Ausbildung von kognitiven und sozialen Kompetenzen (z. B. Entscheidungsfähigkeit und Kommunikation) und nicht um handwerkliche Fertigkeiten (z. B. Bedienung der Ausrüstung) geht.

Computerszenarios erlauben es, eine Reihe von Aspekten der Realität unter kontrollierten Bedingungen so zu gestalten, dass zu trainierende Soldaten in lernwirksamen Situationen agieren können. Die Beobachtung und Erfassung ihres

Handelns und Entscheidens dienen dazu, das Verhalten zu analysieren, das Handeln zu trainieren oder auch Fähigkeit und Fertigkeiten zu diagnostizieren.

Die Begeisterung für und der Einsatz von Serious Games schreitet in den Streitkräften stetig voran. Insbesondere 3D First-Person Games (Spiele, in der aus der Ichperspektive des Spielers agiert wird) werden mit großem Interesse und Nachdruck gerade von den jüngeren Soldaten aufgenommen.

Zurzeit ist dabei noch eine weitgehende Entkopplung von Computerspiel und pädagogischer Einbettung zu sehen: Es ist der Fehler zu beobachten, dass aus der oberflächlichen Ähnlichkeit zwischen realen militärischen Situationen und z. B. einem militärischen 3D-Spiel, in dem Soldaten bestimmte Missionen erfüllen müssen, geschlossen wird, dass das Spielen mit ebendieser Software quasi automatisch militärische Fertigkeiten und Fähigkeiten trainiert. Das ist natürlich nicht notwendigerweise so. Die pädagogisch-didaktische Nutzung eines Computerspiels ist genauso zu konzipieren und in ein entsprechendes Konzept einzubetten wie die Nutzung jedes anderen Lernmediums auch, einschließlich des empirischen Nachweises des Nutzens, und zwar für jedes Spiel und für jedes in dem Spiel verwendete Szenar. Ansonsten besteht die große Gefahr des Etikettenschwindels, wo zwar der Soldat in dem Spiel etwas lernt, der Transfer dieser Spielfertigkeiten und dieses Spielwissens auf reale militärische Situationen aber nicht stattfindet und damit eine Kompetenzillusion über tatsächlich nicht vorhandene Skills aufgebaut wird. Und das ist gerade in risikoreichen Situationen fatal. Deshalb ist, vor allem zum Schutze der Soldaten, zu fordern, dass der pädagogisch-didaktische Nutzen des Trainierens für den militärischen Einsatz mit Serious Games sowohl mit grundlegenden Studien als auch für jedes genutzte Spielsetting nachzuweisen ist.

Literatur

de Freitas, S./Jarvis, S. (2007): Serious games – engaging training solutions: A research and development project for supporting training needs. British Journal of Educational Technology, Vol. 38, No 3, S. 523–525.

Dörner, D. (2003): Die Logik des Mißlingens. Strategisches Denken in komplexen Situationen. Reinbek bei Hamburg.

Dörner, D./Schaub, H. (1992): Spiel und Wirklichkeit: Über die Verwendung und den Nutzen computersimulierter Planspiele. Kölner Zeitschrift für Wirtschaft und Pädagogik, 12, S. 55–78.

Nieborg, D. B. (2004): America's Army: more than a game? In: ISAGA (International Simulation & Gaming Association).

Schaub, H. (2006): Die Rolle des Menschen in soziotechnischen Systemen: Anforderungen und Implikationen für das „Informationsverarbeitungssystem Mensch". In: Borchert, H. (Hg.): Führungsausbildung im Zeichen der Transformation. Wien: Schriftenreihe der Landesverteidigungsakademie, S. 30–59.

Schaub, H. (2007a): Objektive Persönlichkeitsdiagnostik mit HBR-Tools für spezielle militärische Aufgaben. Untersuchungen des psychologischen Dienstes der Bundeswehr 2007,42, S. 51–68.

Schaub, H. (2007b): Der Mensch im Mittelpunkt. Wehrtechnischer Report. Sonderheft: Simulation für die Streitkräfte, 6, S. 61–62.

Schaub, H. (2008): Komplexer Handlungsraum Umwelt. In: Lantermann, E. D./Linneweber, V. (Hg.): Enzyklopädie der Psychologie. „Grundlagen, Paradigmen und Methoden der Umweltpsychologie".

Strohschneider, S./Schaub, H. (1994): Problemlösen. In: Geilhardt, T./Mühlbradt, T. (Hg.): Planspiele im Personal- und Organisationsmanagement. Göttingen, S. 187–203.

Wander. K. F. W. (1876): Deutsches Sprichwörter-Lexikon. Leipzig.

Serious Games, Simulationen und Planspiele: same but different?

Nils Högsdal

Planspiele und Simulationen sind in unterschiedlichsten Ausprägungen seit vielen Jahren in der Aus- und Weiterbildung etabliert. Gerade von Personalentwicklern kommen in letzter Zeit regelmäßig Fragen nach Serious Games: worin der Unterschied zu Simulationen besteht und für welche Arten von Lernzielen welche Methoden sinnvoll sind. Ziel der Ausführungen ist es, einen Überblick der Gemeinsamkeiten und Unterschiede von den Ansätzen der Serious Games, Simulationen und Planspiele zu bieten. Das Hauptaugenmerk liegt dabei auf Simulationen, welche im betriebswirtschaftlichen Kontext zum Einsatz kommen, viele Aspekte lassen sich aber auch auf andere Bereiche übertragen.

Begriffsklärung Serious Games

Zwei wichtige Komponenten der typischen Definitionen sind zum einen „digitale Spiele, die nicht primär der Unterhaltung dienen" und „das Anliegen haben, Information und Wissen zu vermitteln" (Marr 2010, S. 18). Ziel sei ein authentisches und unterhaltendes Lernerlebnis. Genre, Technologie, Plattform und Zielgruppe können dabei variieren. Bereits hier zeigt sich eine erste Schwierigkeit, da eine Abgrenzung zu reinen Unterhaltungsspielen nur schwerlich möglich ist. So wie mittlerweile verschiedene Flugsimulatoren für den PC für bestimmte Aspekte der Pilotenausbildung nutzbar sind, lassen sich auch Unterhaltungsspiele prinzipiell für wirtschaftliche Themenstellungen nutzen.

Zudem muss festgestellt werden, dass ein *Serious Game* zwar digital sein kann, aber nicht muss. Kriz (2010) verweist deutlich darauf, dass der Begriff der Serious Games deutlich älter ist und lange bevor es Computer-, Online- und sonstige elektronische Spiele gab, geprägt wurde. Abt schuf mit seinem Buch ab 1970 den Begriff und meinte damit primär Brett- und Kartenspiele. Rasch erweiterte sich die Betrachtung um Simulationen, welche aber nicht zwangsläufig digital sein müssen. Mit dem vermehrten Aufkommen von Computerspielen veränderte sich die Bedeutung des Begriffs, und in vielen Fällen werden Serious Games mit Computerspielen gleichgesetzt. Dazu kommt, dass sich oft auch die Gestaltung in den letzten Jahren hinsichtlich Optik und Interaktion immer mehr an klassische Computer- und Videospiele anlehnt.

Die klassische Definition für ein Spiel ist eine Aktivität, in welcher ein oder mehrere Entscheider ihre Ziele verfolgen und dabei unter Rahmenbedingungen (Regeln) handeln müssen. Ein *Serious Game* ist dabei ein Spiel, welches explizit mit dem Ziel des Lernens – statt reiner Unterhaltung – gestaltet und eingesetzt wird. Die digitale Gestaltung, d. h. die Nutzung per Computer bzw. Internet, ist inzwischen die Regel und soll deshalb Grundlage der weiteren Betrachtungen sein.

Simulationen

Simulationen bilden die Realität (z. B. ein Unternehmen im Markt) bzw. Ausschnitte dieser (z. B. die Marketingabteilung) ab. Die Lernenden treffen Entscheidungen, beeinflussen dadurch Parameter und erkennen erwünschte und unerwünschte Auswirkungen. Lernende entwickeln dadurch eigene mentale Modelle. Die Teilnehmer sollen in der Praxis rasch ähnliche Situationen und Muster erkennen und Handlungsketten abrufen können. Simulationen bieten die Chance, durch Fehler zu lernen. Das Lernen in Simulationen wird lerntheoretisch häufig konstruktivistisch erklärt, lässt sich jedoch ebenso kognitivistisch begründen. Simulationen eignen sich für höhere kognitive sowie affektive Lernziele. Euler (2001) unterscheidet dabei zwischen *Entscheidungssimulationen, Verhaltenssimulationen* und *Anwendungssimulationen*. Als weitere Varianten finden sich Mikrowelten und Lernspiele. Gerade die letzte Aussage zeigt, dass hier in gewisser Weise ein Zirkelschluss vorliegt, da eine Simulation auch ein Spiel ist und Lernspiele als Form der Simulation aufgezählt werden. Die folgenden Unterkategorien von Simulationen werden typischerweise genannt.

Entscheidungssimulationen: Hier geht es primär um die systematische Verarbeitung von Informationen durch den Lernenden, um in einer komplexen Situation zu einer Entscheidung zu kommen. Die Auswirkungen dieser Entscheidungen können anschließend beobachtet werden. Die häufigsten Vertreter dieser Kategorie sind Unternehmensplanspiele. Auch Flugsimulationen werden teilweise dazu gezählt, können allerdings auch den Anwendungssimulationen zugerechnet werden.

Verhaltenssimulationen bilden sozial-kommunikative Verhaltensweisen nach. Dies kann z. B. die computergestützte Simulation eines Verkaufsgespräches mit virtuellen Gesprächspartnern sein. Als zweite Variante sind auch *social-process simulations* denkbar, in welchen Teilnehmer eine bestimmte Rolle innerhalb einer Gruppe übernehmen. Die erste Variante ist zu den instruktionsorientierten Ansätzen zu zählen, die zweite Variante ist jedoch kommunikationsorientiert, da es sich um Rollenspiele handelt, in welchen die Interaktion der Lernenden im Vordergrund steht.

Anwendungssimulationen trainieren meist die Handhabung technischer Systeme. Dies kann die Simulation von Prozessen (z. B. als virtuelles Labor für die Chemie oder Physik) sein. Oft werden auch Softwarethemen, z. B. die Bedienung eines CRM-Systems, geschult. Mikrowelten gehen einen Schritt weiter. Den Lernenden wird nicht, wie z. B. in einer Entscheidungssimulation, eine Situation präsentiert, sie müssen diese Situation vielmehr selbst konstruieren bzw. sich in dieser zurechtfinden. Dies geht teilweise in die Richtung der *Free-Form-Games* bzw. *offenen Planspiele*, bei welchen eigene Modelle zu entwickeln oder vorhandene zu untersuchen sind. Viele Adventuregames gehen in diese Richtung, und es gab auch Ansätze, Second Life für Lernzwecke zu nutzen.

Simulationen sind nicht mit Animationen zu verwechseln (z. B. animierte Verkaufszahlen über einen Produktlebenszyklus hinweg). Diese Animationen dienen primär der Visualisierung dynamischer Aspekte und bieten keine Interaktionsmöglichkeiten für den Lernenden.

Planspiele

Planspiele gibt es für viele Bereiche, Unternehmensplanspiele haben dabei die größte Verbreitung und Professionalisierung erreicht. Sie haben deshalb lange Zeit die Diskussion um die Planspielmethode geprägt. Seit einigen Jahren setzt sich auch im deutschsprachigen Raum ein umfassender Planspielbegriff durch. Dieser korrespondiert mit dem englischsprachigen Verständnis der *Gaming Simulation*. Kennzeichnend für Planspiele ist gegenüber der (technischen) Simulation die Erweiterung der reinen Regelspielkomponente um eine interaktive Rollenspielkomponente. Darin unterscheiden sich Planspiele von einfachen Simulationen. Auch Serious Games besitzen oft alle drei dieser Komponenten. Die Teilnehmer übernehmen eine Rolle, müssen unter den Restriktionen des Spiels (Zeit, Budget etc.) Entscheidungen treffen und beeinflussen damit ein System. Planspiele können, müssen aber nicht computergestützt sein. Computergestützt kann bedeuten, dass Teilnehmer alle Interaktionen direkt vor dem Bildschirm bzw. einem anderen internetfähigen Gerät durchführen, es kann sein, dass der Computer einzelne Aspekte unterstützt und es kann genauso sein, dass die Lernenden gar keinen Kontakt mit der Technik haben und diese lediglich im Hintergrund vom Spielleiter zur Berechnung der Auswirkungen der Entscheidungen zum Einsatz kommt. Brettplanspiele ganz ohne Computerunterstützung sind seit vielen Jahren eine stabile Größe im Planspielmarkt, sollen im Weiteren aber nicht betrachtet werden, zumal sie oft auch kein wirkliches Spiel sind, da der Lernende Aktionen ausführt, aber meist keine eigenen Entscheidungen treffen kann.

Alle aufgeführten Punkte zu echten Planspielen lassen sich nahezu deckungsgleich für Serious Games übernehmen. Somit ist festzuhalten, dass Planspiele auch als Serious Games bezeichnet werden und dass andersrum viele Serious Games Eigenschaften von Planspielen haben. Im Folgenden soll deshalb eine andere Art der Charakterisierung vorgestellt werden.

Kategorisierung nach Komplexität und Lernzielen

Innerhalb von TATA Interactive Systems sah man sich in den letzten Jahren gerade bei Beratungen von Kunden genau der im vorigen Kapitel angesprochenen Begriffsverwirrung ausgesetzt. TATA Interactive Systems ist ein international tätiger E-Learning-Anbieter. Innerhalb des Simulationsteams wurde ein Ansatz unternommen, die vorherrschenden lernaktiven Methoden zu kategorisieren. Dahinter verbergen sich Formate, welche auch begriffsprägend mit jeweils eigenen Markennamen genutzt werden. Im Folgenden sollen bewusst diese Markennamen genutzt werden. Nur so lassen sich die klassischen Unschärfen der oft synonymen und homonymen Begriffe vermeiden. Unterschieden werden dabei zwei Dimen-

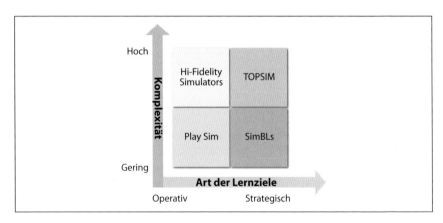

Abb. 1: Vorschlag einer Taxonomie von Serious Games

sionen, die der Komplexität der Trainingsinhalte und die der Frage, ob es sich eher um operative oder strategische Themen handelt.

Bei einer geringen Komplexität redet man von wenigen Interaktionen bzw. Interaktionstypen. Eine hohe Komplexität kann im Verlauf eines Spiels, d. h. eines Durchlaufs, mehrere Hunderte und teilweise Tausende auch sehr unterschiedliche Interaktionen mit dem System erfordern. Anzumerken ist, dass alle der genannten Ansätze computerge- bzw. -unterstützt sind.

Play Sim

Bei dieser Kategorie handelt es sich um Serious Games nach dem überwiegend vorherrschenden Verständnis. Die Benutzeroberfläche kann einem einfachen browserbasierten Flashspiel, einer interaktiven 2,5D-bzw 3D-Oberfläche oder einer Mikrowelt wie Second Life entsprechen. Typische Anwendungsfelder sind operative Tätigkeiten, dazu zählen in erster Linie das Lernen von Fakten, Regeln und Ausnahmen. Eine typische Ausprägung ist das Zuordnen (Matching) und Finden von Fehlern. Ein Beispiel für eine Umsetzung ist das House-Keeping Game, bei dem Reinigungskräfte einer Hotelkette erkennen sollen, was in dem Zimmer nicht in Ordnung ist *(Eye for Details)*:

Abb. 2: Eye for Details – ein typisches Serious Game zur Fehlersuche

Ein solches Spiel kann mehrfach durchgeführt werden und dauert eine Minute. Hier ist von reinem Micro-Learning zu sprechen. Niedrige kognitive Lernziele, das Wissen von Fakten (in diesem Fall z. B.: Worauf muss man beim Aufräumen eines Hotelzimmers achten?) sind dabei der Schwerpunkt. Ein anderes Beispiel ist ein Spiel, bei welchem Bankmitarbeiter in Indien in möglichst kurzer Zeit Schecks zu prüfen haben. Hier kommt dann auch noch eine Konkurrenzsituation hinzu, da sich die Teilnehmer auch gegenseitig herausfordern können.

Spürbar komplexer sind Adventure und Activity-Based Games, diese können mehrere Stunden dauern. Ein Beispiel ist das Induction Game, welches für DHL UK gestaltet wurde. Es ersetzt ein mehrtägiges Präsenztraining zur Einführung neuer Mitarbeiter.

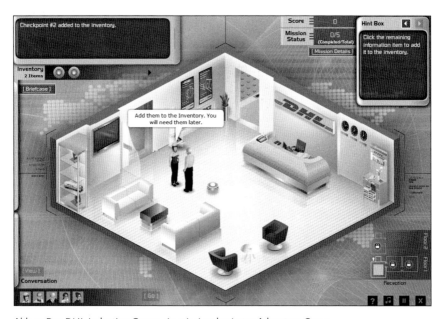

Abb. 3: Das DHL-Induction Game: ein missionsbasiertes Adventure Game

In der Form eines Adventure-Spiels in einer ansprechenden 2,5D-Oberfläche müssen Teilnehmer in mehreren Missionen Gegenstände sammeln, Informationen finden und vielfältige Aufgaben lösen. Diese decken in abwechslungsreicher Weise die Prozesse, Strukturen, Systeme und auch Regeln innerhalb von DHL ab und stellen das notwendige Wissen für neu eingestellte Mitarbeiter dar.

SimBLs

SimBLs steht für Simulation-Based Learning Objects und deutet dabei auf zwei Aspekte hin, eine eher überschaubare Länge und gleichzeitig ein starkes Maß an Interaktion. Abgedeckt werden strategische Inhalte in einer überschaubaren Komplexität. Dazu zählt das Vermitteln einzelner Aspekte wie z. B. die Steuerung des Working Capitals eines Unternehmens, das Eingehen auf ein Gegenüber in interkulturell herausfordernden Situationen oder auch das Führen von anspruchsvollen Gesprächen. Beispiele sind Verkaufsgespräche, Mitarbeitergespräche oder auch das Nachbilden von Beratungssituationen.

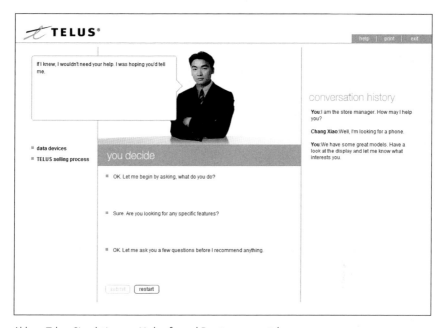

Abb. 4: Telus: Simulation von Verkaufs- und Beratungsgesprächen

Das vorliegende Beispiel entstand für einen kanadischen Mobilfunkanbieter und simuliert Verkaufs- und Beratungssituationen. Teilnehmer lernen darin, eine persönliche Ebene des Vertrauens mit dem Kunden aufzubauen, Informationen zu dessen Bedürfnissen zu erhalten und anschließend das richtige Produkt zu empfehlen. Die Bewertung erfolgt auf mehreren Ebenen und berücksichtigt sowohl die Gesprächsführung wie auch die Qualität der Empfehlung. Eine Lerneinheit entspricht einem typischen Kundengespräch. Ein deutlich komplexeres Beispiel ist die für die Boston Consulting Group simulierte Beratungssituation, welche den Business Case beim Bewerbungsgespräch entspricht. Ein Durchlauf kann durchaus ein bis zwei Stunden dauern und erfolgt praktisch in Echtzeit.

Hi-Fidelity Simulators

Hi-Fidelity Simulators bilden komplexe Prozesse und Systeme realitätsnah ab. Die Interaktionen können in Echtzeit oder mit einem Zeitraffer ablaufen. Die Inhalte bzw. Aufgaben sind eher operativ, typische Anwendungsfelder sind das Anwendungstraining bei der Einführung einer neuen Software, die Optimierung von Prozessen bzw. die Einführung neuer Prozesse oder auch das Trainieren operativer Entscheidungen. Für Royal Mail entstand die Simulation eines Briefverteilungszentrums. Diese bildet die echten Maschinen ab, welche entsprechend zu steuern und mit Mitarbeitern zu besetzen sind. Im Zeitraffer läuft anschließend eine Schicht. Die Geschwindigkeit kann eingestellt werden, es ist sehr operativ ausgerichtet, Teilnehmer sehen, wo sich z. B. Sendungen stauen bzw. wo Leerlauf entsteht, und können dann entsprechend umdisponieren.

Weitere Beispiele sind Credit Suisse, welche echte Prozesse mit dem Ziel der Optimierung abbildet, und CitiBank in den USA. Bei diesem Beispiel ist ein Kreditportfolio zu managen mit allen dahinterliegenden Aspekten und den notwendigen Aktionen.

Abb. 5: Ausschnitte aus dem Credit-Suisse-Process-Simulator

Ein Spezialfall sind die sogenannten *Day in the life*-Simulationen, welche primär im Assessment z. B. als virtuelle Postkorbübung zum Einsatz kommen. In Kalifornien wird eine Simulation genutzt, welche in einer knappen Stunde einen Tag eines Schulleiters simuliert mit entsprechenden Herausforderungen, welche schnelle Entscheidungen mit den richtigen Prioritäten erfordern. Solche Simulationen dauern oft einige Stunden bis hin zu einem Tag, sie können in Echtzeit oder auch im Zeitraffer ablaufen.

TOPSIM-Unternehmensplanspiele

Bei TOPSIM-Planspielen handelt es sich um die komplexe Abbildung ganzer Systeme (meistens Unternehmen) mit einem klaren Fokus auf die strategischen Herausforderungen. Sie kommen klassischerweise für Management- und Führungstrainings zum Einsatz.

Abb. 6: Das webbasierte Planspiel Mobile Award mit dem Ziel des Employer Brandings

In den letzten Jahren hat sich der Einsatz stark auf andere Bereiche erweitert, welche Einblicke und ein Verstehen vielschichtiger komplexer Themenstellungen erfordern. Dazu zählt unter anderem die Kommunikation in Change-Management-Situationen oder auch Employer Branding. Solche (Unternehmens-)Planspiele zeichnen sich neben der hohen Komplexität durch reale bzw. realistische Daten und Informationen aus. Neben dem klaren Rollenkonzept für die Teilnehmer sind die Herausforderungen meistens auch gemeinsam im Team und oft auch in Konkurrenz zu anderen Gruppen spielerisch zu bewältigen. In zwei bis drei Tagen werden vier bis acht Geschäftsjahre in einem realistischen konjunkturellen Umfeld simuliert mit vielfältigen Schocks, aber auch Chancen. Die

Entscheidungsspielräume betreffen das gesamte Unternehmen, gemessen wird der Erfolg an realen Kennzahlen, und nebenbei kann das Planspiel auch geöffnet und um z. B. Verhandlungssituationen erweitert werden. Solche Ansätze bedingen aber zwingend einen Spielleiter und kommen primär im Präsenzmodus zum Einsatz.

Zusammenfassung und Fazit

Der Begriff Serious Games kann viel umfassen, und kleinster gemeinsamer Nenner ist die Entscheidungsfindung in einem System unter Nebenbedingungen, d. h. Regeln zum Ziel des Lernens. Simulationen und Planspiele, wie auch andere Einsatzkonzepte, welche den Lernenden Interaktionen in Form eigener Entscheidungen erlauben können, fallen darunter. Gleichzeitig soll aber auch anerkannt werden, dass Serious Games vermehrt mit computergestützten (Simulations-)Spielen gleichgesetzt werden. Die folgende Tabelle soll die Aspekte der vorgestellten Ansätze zusammenfassen:

	Play Sim	SimBLs	Hi-Fidelity Sim	TOPSIM
Einsatzbeispiele	Lernen von Regeln und Inhalten	Simulation von Gesprächen, einfache Entscheidungssituationen	(Kennen-)Lernen von (komplexen) Aufgaben und Abläufen	(Er-)Lernen von Management- und Führungssituationen
Typische Lernziele	Niedrige kognitive, psychomotorische	Mittlere kognitive und affektive	Mittlere kognitive und psychomotorische	Höhere kognitive und affektive
Anzahl von Interaktionen	Wenige	Wenige	Viele	Viele
Typischer Zeitbedarf	Wenige Minuten bis einige Stunden	Einige Stunden	Einige Stunden	Einige Stunden bis mehrere Tage
Rolle von Mitspielern	Keine oder indirekte Konkurrenz (Highscore)	Keine oder indirekte Konkurrenz (Highscore)	Keine oder aber Spielen in einer Gruppe (Rollen)	Oft Spielen in einer Gruppe in direkter Konkurrenz

Tab. 1: Vergleichende Betrachtung

Schaut man sich die Beliebtheit des Social Gamings an Beispielen wie Farmville (welches letztendlich auch eine Art von Unternehmensplanspiel ist) an, dann kann man lernen, dass neben Interaktion mit einem System vor allem die Interaktion zwischen den Teilnehmern ein wichtiger Aspekt ist. Der vielleicht überstrapazierte Begriff des Web 2.0 zeigt die Richtung auf: Lernende wurden zu einer virtuellen Gemeinschaft und wollten dabei sein. So erfuhr eine Hochschule, welche das internetgestützte Planspiel von einem klassischen Wochenrhythmus auf einen hohen Grad an Interaktivität mit Funktionen wie Challenge-a-friend, Echtzeitrankings etc. umstellen ließ, eine Vervielfachung des Zeiteinsatzes der Lernenden. Die angeblich im Vorjahr vorhandenen technischen Probleme bei vielen Teilnehmern waren nicht mehr zu beobachten, 98 % der Lernenden absolvierten das Planspiel – in vielen Fällen übrigens nicht nur einmal, sondern teilweise über 30 Durchläufe mit dem Ziel, doch noch die Kommilitonen zu schlagen. Als Fazit lässt sich feststellen, dass Serious Games richtig eingesetzt einen hohen Grad an Handlungs- und Erlebnisorientierung einbringen, dieser durch eine geeignete Konzeption der Inhalte und Einsatzkonzepte sogar noch gesteigert werden kann.

Literatur

Abt, C. (1970): Serious Games. New York (NY).

Euler, D. (2001): High Teach durch High Tech? In: Zeitschrift für Berufs- und Wirtschaftspädagogik, 97, 1/2001, S. 25–43.

Kriz, W.-C. (2010): Mit Planspielen den Wandel in Organisationen professionell gestalten. In: Trautwein F./Hitzler S./Zürn B. (Hg.): 26. Europäisches Planspielforum „Trends und Effizienz beim Planspieleinsatz" – Tagungsunterlagen. Stuttgart.

Marr, A. (2010): Serious Games für die Informations- und Wissensvermittlung: Bibliotheken auf neuen Wegen. Wiesbaden.

II.
Serious Games in der Praxis
Ausbildung

Digitale Lernspiele im Kontext der Berufsvorbereitung und Ausbildungsförderung am Beispiel des Kassenspiels

Frank Neises und Katrin Napp

Potenziale digitaler Lernspiele in der beruflichen Integrationsförderung

Medien machen dick, dumm und traurig – so wurden häufig die Ergebnisse einiger Studien und Fachpublikationen zusammengefasst, die schlechte Schulleistungen als Folge von intensivem Medienkonsum betrachten. Diese pauschale Bewertung führt nicht selten zu einer unreflektiert ablehnenden Haltung gegenüber Computer und Internet allgemein sowie insbesondere gegenüber Computerspielen. Dies geht jedoch an der Realität der heutigen Lebens- und Arbeitswelt vorbei. Medien spielen in der Lebenswelt von Jugendlichen und jungen Erwachsenen eine bedeutende Rolle. So leben beispielsweise nach der aktuellen JIM-Studie Jugendliche von 12 bis 19 Jahren nahezu zu 100 Prozent in Haushalten, die mit Computer und Internetzugang ausgestattet sind (vgl. mpfs 2009, S. 6). Zudem prägen Informations- und Kommunikationstechnologien immer stärker auch die Berufs- und Arbeitswelt, und das längst nicht mehr nur in ausgewählten Berufsgruppen.

Jugendliche und junge Erwachsene, die aufgrund besonderen Förderbedarfs an einer Maßnahme der beruflichen Integrationsförderung im Übergang von der Schule in den Beruf teilnehmen, also beispielsweise ein berufsvorbereitendes Jahr absolvieren oder im Rahmen einer Ausbildung Unterstützung in ausbildungsbegleitenden Hilfen erhalten, haben oft negative Lernerfahrungen in der Schule gemacht und werden entsprechend oft als lern- und schulmüde charakterisiert. Die Ausrichtung von Lernprozessen in der Schule auf sprachlich-abstraktes Lernen und die Tatsache, dass Lernende sich in der eigenen Wahrnehmung oder aus dem Urteil anderer heraus in diesen Lernprozessen häufig als defizitär erfahren, verstärken diese Aspekte und stigmatisieren. Berufspädagogen, die im Bereich der beruflichen Integrationsförderung mit diesen jungen Erwachsenen arbeiten, bekommen entsprechend schnell negative Rückmeldungen, wenn sie traditionelle Methoden wie den Frontalunterricht und die textbasierte Auseinandersetzung mit Lerninhalten anwenden. Der Aufbau von intrinsischer Lernmotivation steht aber bei dieser Zielgruppe in besonderer Weise im Vordergrund. Entsprechend naheliegend ist die Frage, ob sich der aus Sicht der Jugendlichen positiv besetzte Umgang mit digitalen Medien gewinnbringend gerade für Lern- und Förderprozesse mit bildungsbenachteiligten Jugendlichen nutzen lässt.

Dieser Frage geht der Verein Schulen ans Netz mit seinem Projekt *qualiboXX* nach. Schulen ans Netz e. V., ursprünglich als *Ausstattungsinitiative* gegründet, hat sich im Laufe seines 15-jährigen Bestehens zu einem inhaltlich getriebenen Kompetenzzentrum für Themen der Medienbildung entwickelt. Die Fragen nach den Potenzialen digitaler Medien für Bildungskontexte, der Mehrwert neuer Lernmethoden und die Faktoren für das Gelingen von Bildungsprozessen in einer sich rasch verändernden, modernen Informations- und Wissensgesellschaft stehen im Fokus des Vereins und werden im Rahmen seiner praxisbezogenen Projekte untersucht.

Das Projekt *qualiboXX* bietet dabei für die pädagogische Arbeit in der beruflichen Integrationsförderung eine internetbasierte Lern- und Arbeitsplattform, die eine Vielzahl von digitalen Lernangeboten zu berufsspezifischen Themen, schulischen Basiskenntnissen und zur Lebens- und Arbeitswelt zur Verfügung stellt. Auch in Bezug auf didaktisches Design, Konzeption und Gestaltung unterscheiden sich die Lernangebote: Neben klassischen E-Learning-Angeboten, die multimedial Inhalte vermitteln und Wissen abfragen, finden sich dort auch verschiedene Quizarten, interaktive, spielerische Übungen und Lernspiele. Insbesondere diese Lernangebote sind Gegenstand der projektbegleitend durchgeführten Evaluation. Im Mittelpunkt der Betrachtung steht dabei die Frage, ob gerade visuell-bildhafte und dynamisch-interaktiv ausgerichtete Lernmodule sowie die spielerische Herangehensweise an ein Thema für Jugendliche und junge Erwaschene mit Förderbedarf noch nicht hinreichend erkannte Potenziale für Lernprozesse dieser speziellen Zielgruppe bergen.

Die Grundannahme im Projekt war, dass durch den Einsatz digitaler Lernmedien andere Lern- und Wahrnehmungskanäle bei den Lernenden eröffnet werden und diese Medien eine motivationsfördernde Wirkung auf das Lernen haben. Dadurch, so zunächst die Vermutung, könne die Ausrichtung in Lernprozessen stärker auf die Kompetenzen der Lernenden gerichtet und offenere Lernsituationen geschaffen werden. Anhand beispielhafter Erfahrungen und Evaluationsergebnisse wird im Folgenden dargestellt, wie die Potenziale digitaler Lernspiele für die Berufsvorbereitung und im Rahmen der Ausbildung genutzt werden können und unter welchen Bedingungen spielerisches Lernen gelingen kann.

Beispiel Kassenspiel

Im Kontext der beruflichen Integrationsförderung stark verbreitet ist das Berufsfeld Lager/Handel, zu dem unter anderem auch der Ausbildungsberuf *Kauffrau/Kaufmann im Einzelhandel – Verkäufer/in* gehört. Als im Rahmen des Projektes die Entscheidung für ein Lernspiel anstand, das vom Umfang her über kleine spielerische Übungen hinausging, fiel daher die Entscheidung für das Szenario Kasse.

Abb. 1: Kassenspiel – Spielerperspektive hinter der Kasse

Perspektive des Spielers ist die Sicht der Kassierer auf die Kasse und die wartende Kundschaft. Die Lernenden nehmen in dieser Rolle gleichzeitig einen Perspektivenwechsel vor: Statt in einer Unterrichtssituation Wissen über Vorgänge an der

Kasse zu erwerben, nehmen sie eine verantwortliche Position ein und müssen unterschiedliche Situationen meistern. Das Spiel besteht aus insgesamt zehn Levels mit zunehmender Länge und steigendem Schwierigkeitsgrad. Jedes Level besteht aus verschiedenen Situationen, wie sie an jeder Supermarktkasse erlebt werden können: Die einen bezahlen mit Geldscheinen – das entsprechende Wechselgeld muss der Kasse entnommen und dem Kunden ausgezahlt werden. Andere bezahlen mit Karte, sodass ein Abgleich der Unterschriften vorgenommen werden muss. Manche Kunden legen Alkohol oder Zigaretten auf das Band, sodass anhand des Personalausweises das Alter des Kunden errechnet und entschieden werden muss, ob er bzw. sie die Ware kaufen darf. Wie an der echten Kasse kommt es auch im Kassenspiel darauf an, möglichst zügig zu arbeiten. Benötigt man für eine Aufgabe zu lange, sinkt die Kundenzufriedenheit und damit auch der erreichte Punktestand. Neben insgesamt acht solcher einzelnen Aufgaben kommen in den verschiedenen Szenarien immer wieder zufällige Ereignisse in Form von Kundendialogen dazwischen. Hier muss der Spieler im Gespräch die richtige Antwort auf eine Kundenfrage geben oder eine sowohl aus Unternehmenssicht wie auch unter Gesichtspunkten der Kundenorientierung passende Entscheidung treffen.

Abb. 2: Beispiel für eine Aufgabe – Ist die Kundin alt genug?

Neben einer ansprechenden Grafik im Comicstil wurden das Spielen unter einem gewissen Zeitdruck sowie das Sammeln von Punkten als Spielanreize integriert. Im ersten Durchlauf wird außerdem ein Level erst nach erfolgreichem Abschluss des vorherigen Levels freigeschaltet. Wichtig war andererseits jedoch in Bezug auf die Zeit wie auch auf die Schwere der Aufgaben, die Messlatte nicht zu hoch zu hängen, um auch schwachen Lernern ein Erfolgserlebnis zu ermöglichen. Außerdem wurden in allen Spielaufgaben Hilfestellungen integriert, die es ermöglichen, diese auch dann abzuschließen, wenn der Spieler einmal einen *Hänger* hat und beispielsweise eine Rechenaufgabe partout nicht richtig gelöst bekommt. Hilfe leistet hier ein fiktiver Kollege, den man um Rat fragen kann.

Lernspiele in der Förderpädagogik – Erfahrungen und Bewertung

Im Rahmen der projektbegleitenden Evaluation des Projekts *qualiboXX* wurden die Lernangebote mit Jugendlichen und jungen Erwachsenen, die an berufsvorbereitenden und ausbildungsfördernden Bildungsmaßnahmen teilnehmen, getestet und evaluiert. Das Kassenspiel kam bei den Lernenden gut an und hat in vielerlei Hinsicht sehr gute Bewertungen erhalten. Besonders positiv bewertet wurden:
- der Aufbau in Levels mit steigendem Schwierigkeitsgrad,
- der Erwerb von Punkten, der von den Jugendlichen als motivationsfördernd beschrieben wurde,
- die beschränkte Zeit pro Aufgabe, die als spielerische Herausforderung gewertet wurde,
- die einfache, zielgruppengerechte Usability (Navigation, Aufgabenstellungen, Hilfefunktion) sowie
- das Designkonzept, konkret die bunte Farbgestaltung und die Umsetzung im Comicstil (Protagonisten, Arbeitsplatz, Details etc.).

Als gerade noch akzeptabel wurde zum einen die Textlänge der erklärenden Intros bewertet, die jeweils beim ersten Auftreten einer Aufgabe erscheinen. Zum anderen wurde mangelnde Abwechslung im Spiel kritisiert, da alle Aufgaben mehrfach vorkommen.

Diese Ergebnisse lassen erste Rückschlüsse auf den Einsatz von Lernspielen bei der Zielgruppe in genereller Hinsicht zu. Prinzipiell besteht bei Lernspielen die Ambivalenz zwischen Spielen und Lernen. Lernen wird von Berufspädagogen häufig als *ernste Angelegenheit* betrachtet, während das Spielen am PC nicht unbedingt als lernförderlich angesehen wird, wenn nicht sogar als Lernhindernis. Spielen wird eher kindlichem Verhalten zugeschrieben. Dabei steht Spielen in engem Zusammenhang nicht nur mit kognitiven Fähigkeiten, sondern bedeutet eine „Ausweitung der Handlungsmöglichkeiten. Es stellt vor allem einen großen Variationsreichtum möglichen Verhaltens und möglicher Reaktionen zur Verfügung" (Flitner 1998, S. 58). Genau in dieser Erprobung von Verhalten und Reaktion liegt ein nicht unerhebliches Potenzial von Lernspielen bei der Förderung bildungsbenachteiligter Jugendlicher. Hier können sie beispielsweise unterschiedliche Umgangsweisen mit Kunden erproben oder auch Fehler beim Berechnen des Wechselgeldes machen, ohne dass ihnen dies von einer Lehrperson als fehlerhaftes Verhalten angekreidet wird. Spielen ermöglicht also auch bei digitalen Lernangeboten exploratives Lernen. Das Agieren der Jugendlichen hat beim *Kassenspiel* eine Auswirkung auf Kundenzufriedenheit und den eigenen Punktestand, denn auch Lernspiele verfügen über ein entscheidendes Merkmal von Spielen: die Regelhaftigkeit. So wird Spannung als Spielanreiz aufgebaut. Wesentliches Element der Story eines Lernspiels kann außerdem der Bezug zur Lebenswelt sein, denn Bildung findet in Kontexten gelebten Lebens statt, wie u. a. Schäfers (1989) beschreibt: „Ästhetische Produkte sind es also, die eine Verbindung zwischen sinnlich präsenten, lebensgeschichtlich verankerten und durch Lebensformen sozial gedeuteten Erfahrungen herstellen. Im Spiel sind diese Erfahrungsdimensionen besonders gegenwärtig. Spielphantasien verbinden Muster der inneren Welt mit Mustern der äußeren Welt" (S. 37).

Neben dem Kassenspiel wurden im Projekt *qualiboXX* viele weitere digitale Lernangebote erstellt. Während ein Lernspiel konzeptionell wie auch technisch eher aufwendig zu erstellen ist, können klassische E-Learning-Angebote einfacher und zum Teil sogar von Berufspädagogen mit entsprechenden Kenntnissen der Mediendidaktik und Medienerstellung entwickelt werden. Ausgewählte Lernangebote wurden ebenfalls evaluiert, die in Hinblick auf Gestaltung, didaktisches Konzept, Multimedialität, narrative Elemente etc. sehr unterschiedlich aufgebaut sind. Als von den Jugendlichen positiv wahrgenommene, den Lernprozess fördernde Faktoren wurden bei der Bewertung der Lernangebote genannt:
- narrative Strukturen, die an die Lebenswelt der Zielgruppe angelehnt sind,
- direktes und möglichst aussagekräftiges Feedback zu einzelnen Aufgaben sowie Feedback zum (Spiel-)Erfolg in Form von Punkten,
- interaktive Elemente, welche die Lernenden zum Handeln auffordern,
- Audio- oder Videoformate, über die andere Wahrnehmungskanäle und somit Lernkanäle angesprochen werden als über die rein textliche Vermittlung,
- aufeinander aufbauende, steigende Schwierigkeitsstufen (Level),
- Realitätsnähe,
- farbenfrohe und positive statt triste Gestaltung und Design sowie
- Abwechslung in Aufgabenstellungen, beispielsweise die Integration von quizähnlichen Elementen.

Als negative, hemmende Faktoren zeigte die Evaluation auf:
- zu viele Textpassagen, zu lange Texte sowie zu kleine Schriftgrößen,
- komplexe Auswertungen oder schwer verständliche Formen von Rückmeldungen,
- zu ernste Gestaltung von Lernangeboten (die Auflockerung der Inhalte durch Humor und Witz wurde begrüßt) und
- Mangel an Belohnungselementen im Spiel.

Eine große Herausforderung für die Förderpädagogik wird es daher sein, digitale Lernangebote unter Einbeziehung vertrauter Spielelemente zu konzipieren und gleichzeitig die notwendigen Lernziele zu integrieren und inhaltlich passend zu platzieren. Die Akzeptanz bei der Zielgruppe ist nach den bisherigen Erfahrungen aus der *qualiboXX*-Evaluation dann besonders hoch, wenn das Lernen in eine realistische Story eingebettet ist, wenn beispielsweise die Lernenden gleichaltrige Protagonisten bei ihren Erlebnissen begleiten oder wenn die Lernenden selbst aktiv eine Rolle übernehmen, wie etwa im Kassenspiel. Dann erfolgt das Lernen quasi parallel zum Spielen, die Jugendlichen vergessen die Zeit dabei, und Lerninhalte werden gewissermaßen unbemerkt transportiert. Dabei geht es nicht darum, digitale Lernspiele im pädagogischen Prozess überzubewerten, also nicht darum, dass Lernen jederzeit spielerisch erfolgen kann und soll. Bei der von *qualiboXX* adressierten Zielgruppe der Jugendlichen mit besonderem Förderbedarf stehen jedoch zunächst die motivationalen Aspekte im Vordergrund. Es geht insbesondere auch darum, den Jugendlichen einen Zugang zum Lernen an sich zu verschaffen und die jahrelang gemachten negativen Lernerfahrungen durch positive zu ersetzen. Gerade hier zeigen die bisherigen Evaluationsergebnisse einen positiven Effekt digitaler Medien und spielerischer Herangehensweisen auf. Die Rückmeldungen der Jugendlichen lassen darauf schließen, dass die Lernenden am Computer stärker das eigene Lerntempo bestimmen und sich unabhängiger von äußeren Faktoren (Leistungsdruck, Erwartungen des Lehrpersonals u. a. m.) auf das Lernen konzentrieren können.

Pädagogische Einsatzszenarien

Digitale Lernangebote können nicht losgelöst von pädagogischen Szenarien betrachtet werden. Sie stellen eine didaktisch-methodische Ergänzung in Bildungsprozessen dar, d. h., sie müssen in den pädagogischen Kontext eingebunden werden und sind im optimalen Fall auf diesen hin konzipiert oder, wie es Röll (2009, S. 59) zusammenfasst, es kommt darauf an, „dass die digitalen Medien in ein pädagogisches Setting integriert werden müssen". Es hat sich in der Praxis gezeigt, dass die Einbettung der digitalen Lernangebote in methodisch möglichst abwechslungsreich gestaltete Lehr- und Lernphasen am erfolgversprechendsten ist, in denen sich E-Learning- und Präsenzphasen, Einzel- und Gruppenarbeit, geführte Unterrichtsphasen und Selbstlernphasen abwechseln. Die Begleitung des pädagogischen Personals beim Einsatz der digitalen Lernspiele ist dabei ein Schlüssel für die erfolgreiche Integration in Bildungsprozessen. Daher werden auf *qualiboXX* zunehmend begleitende Arbeitsblätter zu den verschiedenen Themen angeboten, die es als Ergänzungen zu Lernspielen wie dem Kassenspiel einfach ermöglichen, bestimmte Aspekte, die im Spiel inhaltlich nur angerissen werden, zu vertiefen.

Die Rückmeldungen der Lernenden waren in der Erprobung sehr eindeutig. Ihrer Meinung nach wirken digitale Lernspiele motivationsfödernd. Lernspiele machen ihnen Spaß und stellen eine gelungene Abwechslung zu anderen Lernprozessen dar. Gleichzeitig kommen sie der durch Medien geprägten Lebenswelt der Jugendlichen entgegen. Beim pädagogischen Personal gibt es hingegen häufig ein „Staunen" darüber, „wie konzentriert die jungen Erwachsenen auch nach einer Stunde noch zu Werke gingen" oder „wie lange sie am PC arbeiten können". Auch der Lernerfolg bei den Jugendlichen, die Reflexion von Lernprozessen und die Offenheit zur Auseinandersetzung mit Themen waren für viele Pädagogen eher überraschend. Hier scheinen einige unerkannte Potenziale zu schlummern.

Der nächste Schritt im Rahmen des Projektes *qualiboXX* wird daher eine genauere Befragung des pädagogischen Personals zu den Effekten von Lernspielen sein. Hier ist mit vielseitigen Beobachtungen und breit gefächerten Rückmeldungen zu rechnen, da nicht nur die bildungsbenachteiligte Zielgruppe sehr heterogen ist, sondern ebenso das pädagogische Personal von Bildungseinrichtungen.

Insgesamt kann nach den Erfahrungen aus dem Projekt *qualiboXX* das Potenzial von digitalen Lernspielen, die handlungsorientiert und fachlich fundiert berufsbezogene Themen aufgreifen, als sehr groß gerade für die besondere Zielgruppe der beruflichen Integrationsförderung bewertet werden. Die spielerische Erprobung von Aufgabenstellungen aus dem Berufsalltag z. B. einer Kassiererin oder eines Kassierers im Kassenspiel, welches sich inhaltlich an den Ausbildungsrahmenlehrplänen für Verkäufer bzw. Kaufleute im Einzelhandel orientiert, nimmt die eigentlichen Ausbildungsinhalte nicht vorweg. Sie bietet aber die Möglichkeit, den förderbedürftigen Jugendlichen Unsicherheiten zu nehmen und so die Einstiegshürden in die Ausbildung zu senken, und stellt gleichzeitig eine didaktisch-methodische Erweiterung zur Vermittlung und Festigung von Ausbildungsinhalten dar. Zukünftig dürften gerade Lernspiele, die einerseits direkt und schnell eingesetzt werden können und deren Inhalte und Lernziele andererseits im Bildungskontext zugeordnet werden können, an Bedeutung gewinnen. Das Projekt *qualiboXX* wird basierend auf diesen Erfahrungen sein Angebot an digitalen Lernspielen ausbauen.

Literatur

Flitner, A. (1998): Spielen – Lernen: Praxis und Deutung des Kinderspiels. München

mpfs – Medienpädagogischer Forschungsverband Südwest (2009): JIM-Studie 2009. Stuttgart: mpfs.

Röll, F.-J. (2009): Selbstgesteuertes Lernen mit Medien. In: Demmler, K./Lutz, K./Menzke, D./Prölß-Kammerer, A. (Hg.): Medien bilden – aber wie?! München, S. 59.

Schäfers, G. E. (1989): Spielphantasie und Spielumwelt. Weinheim.

Ein computergestütztes Lernspiel zur Stärkung der interkulturellen Handlungskompetenzen von Auszubildenden in der dualen handwerklichen Berufsausbildung

ANNETTE KLOTZ UND OLIVER STEINKE

The Skillz wurde entwickelt, um Auszubildende für interkulturelle Kompetenzen zu sensibilisieren. Das Spiel bearbeitet diese Themen motivierend verpackt auf spielerische Art in einem jugendgerechten Medium. Es ist ein digitales Lernspiel, das als Abenteuerspiel selbsterklärend durch einfache Mausklicks gespielt wird.

Das Spiel wurde innerhalb des Projektes *Team-Player* – Computergestütztes Lernspiel zur Stärkung der interkulturellen Handlungskompetenzen von Jugendlichen in der dualen, handwerklichen Berufsausbildung im Rahmen des XENOS-Programms *Integration und Vielfalt* durch das Bundesministerium für Arbeit und Soziales und den Europäischen Sozialfonds gefördert. In Zusammenarbeit mit dem Schulministerium in Nordrhein-Westfalen und dem erfolgreichen Hamburger Spieleentwickler DAEDALIC Entertainment (*Edna bricht aus, The Whispered World*) wurde es von der Landes-Gewerbeförderungsstelle des nordrhein-westfälischen Handwerks entwickelt.

Angesprochene Zielgruppen sind Auszubildende im Handwerk, andere interessierte Jugendliche, Ausbilder im Handwerk als Multiplikatoren und Lehrer/innen der Berufskollegs und der überbetrieblichen Unterweisung (ÜLU) als Multiplikator/innen.

Ein für junge Leute und Unternehmer immer wichtiger werdendes Thema adäquat *anzupacken* und trotzdem spielerisch zu vermitteln – das ist mit dem Lernspiel

The Skillz optimal gelungen. Es wurde mit dem Serious Games Award in Bronze 2010 ausgezeichnet und für die LARA-Education – deutscher Games Award 2010 nominiert.

Anlass und Ziele des Spiels

Der Anteil von Personen mit Migrationsgeschichte in der Gesamtbevölkerung steigt stetig an. In Nordrhein-Westfalen haben 4,1 Millionen Menschen eine Zuwanderungsgeschichte, und diese Gruppe wird immer internationaler. An den öffentlichen Schulen beträgt ihr Anteil 25,1 %, unter den Erwerbstätigen sind es fast 22 % (vgl. Integrationsbericht der Landesregierung NRW 2008). In deutschen Großstädten liegt ihr Anteil bei den unter Sechsjährigen schon bei über 50 %. In Duisburg z. B. sind es 51 %, in Düsseldorf und in Köln sogar 62 % (vgl. Stellungnahme des Bundesjugendkuratoriums, April 2008).

Diese Zahlen belegen, dass interkulturelle Kompetenzen in Zukunft mit über die Chancen von Auszubildenden und den Erfolg von Betrieben entscheiden werden. Ziel des Spiels ist es somit, für interkulturelle Kompetenzen – Toleranz, Vielfalt und Demokratie einbezogen – zu sensibilisieren und sie zu stärken. Interkulturelle Kompetenzen hängen dabei sehr eng mit sozialen und kommunikativen Handlungskompetenzen und einem sensiblen Umgang mit Konflikten zusammen. Diese Kompetenzen wurden in einem digitalen Lernspiel, einem noch sehr neuen Medium in der Berufsbildung, umgesetzt.

Digitale Lernspiele (Serious Games) wie *The Skillz* nutzen Motivationsmethoden aus digitalen Unterhaltungsspielen, um ihre Lernziele zu verfolgen. Zur Anregung der Lernaktivitäten simulieren die Spiele die Realität, oder die Lerninhalte werden in eine Story (Geschichte) eingebunden. Vor allem in virtuellen Lernwelten stellen die Spielenden Beziehungen zu angenommenen Partnern oder virtuellen Avataren (künstlichen Personen) her (vgl. Eckert 2009). Hinzu kommt, dass Erkenntnisse der Hirnforschung genutzt werden. Diese belegen eindeutig, dass eine positive, emotionale Situation das Behalten von Wissen fördert. Die Effizienz von spielerischem Lernen ist nichts Neues und schon seit Langem wissenschaftlich erwiesen. Menschen lernen bereitwilliger und schneller mit Spaß, außerdem wird das Gelernte nachhaltiger verarbeitet (vgl. Eckert 2009).

Auch an die Medienkompetenz von Jugendlichen wird angeknüpft. 100 % der Haushalte, in denen Jugendliche zwischen 12 und 19 Jahren leben, haben einen Computer. 45 % aller 12- bis 19-Jährigen spielen mindestens mehrmals pro Woche alleine oder mit anderen. Der Anteil der Nichtspieler, die also weder alleine noch mit anderen irgendeine Form von Computer-, Konsolen- und Internetspielen nutzen, liegt insgesamt bei lediglich 19 % (vgl. mpfs 2009).

Aufbau und Ablauf des Spiels

The Skillz ist ein *Point-and-click-Adventure* (engl. für Zeigen und Klicken) im Bereich Serious Games (digitales Lernspiel). Ein Computerspiel spricht mehrere Sinne gleichzeitig an. Damit ist es für alle Lerntypen gleichermaßen geeignet. Die multimediale Welt weckt, u. a. durch Text, Grafik, Audio und Animationen, die Neugier und vereinnahmt die Aufmerksamkeit des Spielers bzw. der Spielerin. Diese freiwillige *Vereinnahmung* führt zu einem hochkonzentrierten Zustand, der für die Lernziele des Spiels genutzt wird. Ein weiterer Vorteil ist, dass der Lernende ausprobieren und Fehler begehen kann, ohne dass dies Konsequenzen für die reale Welt hat.

Adventures oder Abenteuerspiele bezeichnen ein bestimmtes Genre von Computerspielen. In einem Adventure löst der Spieler typischerweise verschiedene Rätsel, findet Gegenstände und/oder Informationen, redet mit anderen Figuren und treibt so die im Vordergrund stehende Handlung voran. Das Spielerlebnis kann dabei auf ganz unterschiedlichen Spielelementen beruhen: Manche Adventures wollen eine komplexe Geschichte erzählen, manche wollen mit schrägen Charakteren und witzigen Dialogen die Spieler zum Lachen bringen. Andere wiederum sind reine Rätselspiele. Auf jeden Fall ist ein Adventure sehr gut geeignet, mit Charaktertiefe der Spielfiguren und anspruchsvolleren Themen zu punkten und trotzdem Spielspaß zu bringen. In dem Spiel *The Skillz* wurden diese verschiedenen Elemente verbunden.

Die Spielhandlung

In *The Skillz* erhält der Spieler Einblick in die Alltagswelt einer jungen Gruppe von Auszubildenden. Sie erlernen unterschiedliche Handwerksberufe und bringen verschiedene kulturelle Hintergründe mit. Alle haben jedoch eines gemeinsam: die Liebe zur Musik.

Die vier jungen Handwerksauszubildenden spielen zusammen in der Band *The Skillz* und sehen ungeduldig ihrem ersten großen Auftritt entgegen. Bis es aber so weit ist, haben sie einiges zu erledigen. So muss der Spieler, um an sein Ziel zu gelangen, Aufgaben aus unterschiedlichen Bereichen lösen. Dazu gehören Aufgaben, die die Berufswelt mit sich bringen, Aufgaben, die das soziale Miteinander betreffen, oder auch einfach nur Aufgaben bzw. Minispiele, die zum Thema passen und durch Geschicklichkeit, Kombinationsgabe und Kreativität gelöst werden können.

Jeder der vier Charaktere (Spielfiguren) bringt Kompetenzen mit, hat seine speziellen beruflichen und privaten Aufgaben zu erledigen und gerät immer wieder in alltägliche Konfliktsituationen, in denen er die Hilfe und das Know-how seiner Kumpel gut gebrauchen kann. Nur wenn die vier als *Teamspieler* das Miteinander bewältigen, gelingt der große Auftritt. Aufgabe des Spielers ist es, den Charakteren bei der Lösung ihrer Probleme und Situationen zu helfen. Nur wenn der Spieler dies erfolgreich schafft, wird auch der Auftritt der Band ein Erfolg.

Der Spielablauf

Das Spiel ist in vier Episoden aufgebaut. Jede Episode ist einzeln zu spielen und hat einen eigenen Ablauf, eigene Aufgaben und eine eigene Spielfigur. Angepasst an die vier Bandmitglieder sind es Theo (Schlagzeug), Claas (Bass), Derya (Gesang) und Antonio (Gesang und Gitarre). Das Ziel ist allen gemein: der erste Auftritt.

Das Spiel beginnt immer mit folgender Anfangsszene: Alle vier Protagonisten (Bandmitglieder) treffen sich zur gemeinsamen Generalprobe kurz vor dem großen Auftritt. Zuerst läuft alles wie geplant, doch auf einmal gerät alles ins Stocken: Saiten reißen, Drumsticks fliegen durch die Luft, Wasser tritt in den Verstärker, und die Technik versagt. Und schon ist der Spieler in der interaktiven Umgebung und steht vor seiner ersten Wahl: Mit welchem der vier Protagonisten möchte er/sie die Handlung (zuerst) erleben: mit Claas, Derya, Theo oder Antonio? Dabei decken alle vier Story-Stränge den Zeitraum von der missglückten Probe bis zum eigentlichen Auftritt ab. Je nachdem, welchen Charakter der Spieler bzw. die Spielerin gewählt hat, erlebt er/sie diese Zeitspanne anders.

In jeder Episode werden zuerst vom Protagonisten ausgehend eigene Probleme und Probleme der anderen Bandmitglieder thematisiert. Hierbei wechselt der Spieler in jeder Rolle vom Betroffenen zum *Mentor*. Jedes Konfliktthema wird zweimal – jedoch aus unterschiedlichen Blickwinkeln – behandelt. So wird deutlich, wie sehr die eigene subjektive Perspektive die Sicht auf die Geschehnisse verändern oder gar verzerren kann.

Die Band

Die Band besteht aus vier Mitgliedern. Es sind die Spielfiguren, mit denen der Spieler jeweils durch das Abenteuer steuert. Der Spieler bzw. die Spielerin wählt zu Beginn, welche Spielfigur (Charakter) er/sie zuerst spielen möchte.

Abb. 1: Die Band The Skillz im Proberaum

Theo: Der Schlagzeuger ist mit 17 Jahren der Jüngste in der Band und aufgrund seines noch jugendlichen Enthusiasmus sehr aufgedreht und teils chaotisch. Der Halbafrikaner macht eine Ausbildung zum Informationselektroniker und unternimmt oft waghalsige oder unüberlegte Aktionen, um den richtigen Kick zu bekommen. Dadurch bringt er sich und andere oft in brenzlige oder peinliche Situationen. Im Rahmen seiner Ausbildung lernt er jedoch, dass sobald es um Stromkreise und Schaltungen geht, ein gewisses Maß an Ruhe und Geduld notwendig ist (spätestens seitdem er aus Unachtsamkeit eine gewischt bekommen hat). Er ist ein liebenswerter und humorvoller Kerl, der sein Umfeld mit Witzen zum Lachen bringt. Theo hat sich schon daran gewöhnt, immer wieder einmal dumme Sprüche in Anspielung auf seine Hautfarbe zu hören. Für ihn macht es aber einen großen Unterschied, von wem diese Sprüche ausgehen (z. B. Freunde, Bandmitglieder, Kollegen oder Fremde). Deshalb reagiert er auch jeweils anders.

Claas: Der Bassist der Band ist mit 23 Jahren der Älteste. Er hat sein Studium abgebrochen und sich für eine Ausbildung zum Kfz-Mechatroniker entschieden. Claas hat seit seiner Kindheit ein Faible für Oldtimer und kann so ziemlich jeden Wagen in den korrekten historischen Hintergrund setzen. Die Werkstatt, in der er seine Ausbildung macht, betreibt nebenher auch Oldtimerrestauration. Das kommt ihm sehr gelegen, denn später möchte er seine eigene Werkstatt mit diesem Schwerpunkt aufbauen. Claas gehört der Bandbus. Die anderen finden es natürlich toll, einen Bus zu haben, allerdings ist das Gefährt nicht mehr das jüngste und streikt von Zeit zu Zeit. Deshalb verbringt Claas auch viel Zeit damit, an der Karre zu basteln. Claas ist Deutscher mit deutschen Eltern. Er ist interessiert an kulturellen Zusammenhängen und will auch im Umgang mit Menschen anderer Kulturzugehörigkeit immer alles richtig machen. Das gelingt ihm jedoch oftmals nicht (gerade weil er sich so anstrengt?) – wie gut, dass er da seine Bandkollegen um Rat fragen kann.

Derya: Derya ist die weibliche Stimme der Band. Die 19-jährige Türkin macht eine Malerlehre und möchte im Anschluss gerne den Meister und zusätzlich eine Fortbildung zur Gestalterin im Handwerk (und vielleicht ein Design-Studium) anschließen. Später möchte sie sich auf jeden Fall selbstständig machen. Sie ist sehr zielstrebig, und ihre Selbstverwirklichung, sowohl beruflich als auch privat, steht für sie an erster Stelle. Sie hat ein besonderes Talent und auch eine Leidenschaft für die Komposition von Farben und Formen. Dies zeigt sich auch in dem Bandlogo für den Bandbus, das Derya designt und mit Airbrush gesprayt hat.

Antonio: Antonio ist mit Derya zusammen. Ihre Beziehung sorgt für so manche Spannungen. Auch er ist Sänger und Gitarrist in der Band. Antonio macht eine Ausbildung zum Dachdecker und ist gerne an der frischen Luft. Er mag das Gefühl, bei der Arbeit über allen anderen zu sein. Der Nervenkitzel, in luftiger Höhe zu arbeiten, gibt ihm dabei noch einen besonderen Kick. Er gerät immer mal wieder mit anderen aneinander oder zieht andere auf, sodass seine Freundin Derya des Öfteren schlichten muss. Zu einer Eskalation ist es aber noch nie wirklich gekommen.

Die Minigames (Minispiele)

In jeder der vier Episoden gibt es ein Minispiel, das unabhängig gespielt werden kann. In der Episode des Bassisten und Kfz-Mechatronikers Claas ist eine Busrallye zu bestreiten, bei der Sängerin, Malerin und Lackiererin Derya ein Airbrush (Farbspiel), beim Schlagzeuger und Elektroniker Theo eine Variante von Mastermind und bei dem Gitarristen, Sänger und Dachdecker Antonio Dachpfannen-Sweeper. Die Minigames lockern das Spiel auf, und jeder Spieler hat die Möglichkeit, Punkte zu sammeln und sich zu verbessern. Durch die Punktevergabe sind die Spielergebnisse zu vergleichen und andere Spieler zu übertrumpfen.

Bedienung und Einsatz

Um das Spiel für den Einsatz zu optimieren und technische Barrieren möglichst gering zu halten, wurde auf die Notwendigkeit einer Installation komplett verzichtet. Das Spiel funktioniert *out of the box*, d. h., es kann vom Datenträger (z. B. USB-Stick, DVD) direkt per Doppelklick gestartet werden. Die verwendeten 2D-Hintergründe sind trotz ihres hohen optischen Anspruchs nicht besonders rechenintensiv, was ein flüssiges Spielerlebnis auch auf nicht aktuellen Computersystemen befördert.

Das Spiel legt an verschiedenen Stellen automatisch Speicherpunkte an, sodass auch bei plötzlichem Spielabbruch (z. B. durch Stromausfall) gewährleistet ist, dass keine Spielsequenzen komplett wiederholt werden müssen.

Damit mehrere Spieler (Klassen) das Spiel zeitversetzt am selben Rechner spielen können, wurden sogenannte Profile integriert. Jeder Spieler kann somit ein passwortgeschütztes, individuelles Profil erstellen, in dem sämtliche Einstellungen und Spielfortschritte gespeichert werden.

Für die Lehrkräfte wurde auf Ebene des Hauptmenüs ein Administratorenbereich eingerichtet, welcher – ebenfalls passwortgeschützt – einen direkten Zugriff auf den Lernerfolg zentraler Spielszenen ermöglicht. So besteht z. B. die Möglichkeit, im Anschluss an individuelle Spielerfahrungen der Schüler einzelne Szenen nochmals über Beamer anzuwählen und in der Gruppe zu diskutieren.

Lernmethoden und didaktisches Konzept

Die Kompetenzen und Themenfelder: Im Vordergrund des Spiels The Skillz steht eindeutig der Spielspaß. So lernen die Spieler fast nebenbei. Es werden interkulturelle Vorurteile aufgedeckt und kulturelle Zuschreibungen gelöst, und die Spieler erkennen, dass jeder Mensch anders (und nicht besser oder schlechter) ist. Fast schon wie nebenbei wird durch den Aufbau des Spiels die Reflexionsfähigkeit gestärkt. Manche Fallen werden aufgedeckt (z. B. „Ich weiß genau, wie ich dich auf die Palme bringe ...") und Missverständnisse angesprochen. Als dialogbasiertes Spiel wird in vielen Szenen deutlich, dass Reden tatsächlich hilft und dass viele Konflikte auf kommunikativer Ebene gelöst werden können.

Unterschwellig transportiert das Spiel, welche Vorteile es bringt, ein solches multikulturelles Arbeitsteam im Betrieb und/oder im Privaten aufzubauen, und wie es gelingen kann, *ein Team zu bilden*.

Durch den Aufbau des Spiels als dialogbasiertes Adventure trainieren die Spieler neben den Kommunikations-, Konfliktlösungs- und interkulturellen Kompetenzen weitere Kompetenzen wie
- Lese-, Sprachkompetenz und Textverständnis, da das Spiel auf Dialogen basiert, die ausgeschrieben, aber auch vertont sind;
- Konzentrationsfähigkeit und Ausdauer, da das Spiel abwechslungsreich, ansprechend, teilweise witzig und hochinteraktiv gestaltet ist;
- Handlungskompetenz, Problemverständnis und Problemlösen, da der Spieler immer wieder entscheiden muss, wie er vorgeht, und die Entscheidungen klare Rückmeldungen bringen;
- kreative Lösungskompetenz, da das Spiel Rätsel beinhaltet, die eine ausgefallene Kombinationsgabe erfordern.

Didaktische Elemente: Grundvoraussetzung für interkulturelle Kompetenzen sind u. a. Kommunikations- und Konfliktlösungskompetenzen. Als didaktisches Element wurde dazu das Auftrittsbarometer eingeführt. Es erscheint jeweils bei relevanten Dialogfeldern unten auf dem Bildschirm. Dort können die Spieler ablesen, wie es gerade um ihren Auftritt steht. Je nach Reaktion der Charaktere kann der Auftritt der Band zum Ende des Spiels sehr gelungen, mittelmäßig oder misslungen sein. Dementsprechend gibt es auch drei Varianten des Auftritts. Hierbei tritt der Spieler bzw. die Spielerin in Aktion durch Auswahl der Dialogoptionen. Die Spieler haben durch ihre innere Haltung und ihre Sensibilität für Konflikte Einfluss auf das Spielgeschehen. Klicken sie eine Dialogoption an, die in den Konflikt hineinführt, schlägt das Auftrittsbarometer entsprechend aus und geht in Richtung auf den roten Bereich. Wählen sie in einer Szene eine Dialogoption, die aus einem Konflikt herausführt oder diesen neutralisiert, wandert der Zeiger in den grünen Bereich.

Die einzelnen Dialogoptionen sind so bewertet, dass das offene Nachfragen, was denn passiert ist, immer in die Kommunikation (und Deeskalation) geht. Wird ignoriert oder übersehen bzw. überhört, dass sich der Dialogpartner mit einer Situation unwohl fühlt, führt dies eher in den Konflikt bzw. bleiben innere Spannungen bestehen. Provozieren bzw. verbal angreifen führt in einen Konflikt hinein, oder ein bestehender Konflikt löst sich nicht. Immer haben die Spieler zu einem späteren Zeitpunkt die Chance das *Ruder herumzureißen*. Viele Dialogoptionen sind als Frage formuliert, wobei diese unterschiedliche Qualitäten im Sinne von hilfreich oder nicht hilfreich haben können.

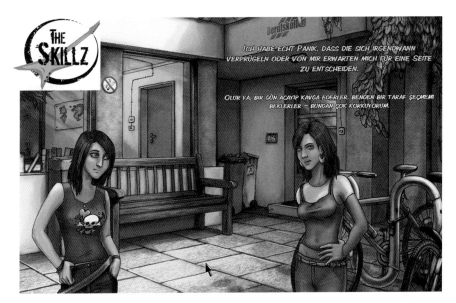

Abb. 2: Bandmitglied Derya im Gespräch mit Feraye auf dem Schulhof

Die hilfreichste Haltung des Spielers ist die *mediative Einstellung*. Dabei lassen die Spieler den Konflikt bei der betroffenen Person, zeigen Interesse und erkennen, dass Zuhören (ohne die Gesprächsführung an sich zu reißen) am hilfreichsten ist. Sie geben auch nur dann einen Rat, wenn es ausdrücklich gewünscht ist. Dieser Rat geht dann auch mit zusätzlicher Information bzw. einer Begründung einher.

Zu beachten ist, dass jede Person aus ihrem Charakter heraus unterschiedlich auf Situationen reagieren kann. Im Spiel heißt das z. B., dass Claas anders als Derya ist, Derya wiederum anders als Antonio usw. Aus diesem Grund sind auch manche *Barometerausschläge* diskussionswürdig. Die Bewertungshintergründe des Auftrittsbarometers bauen auf Erkenntnissen der Kommunikations- und Konfliktlösungsforschung und der interkulturellen Mediation, d. h. der Vermittlung in Konflikten, auf.

Evaluation und Lernerfolg – Erfahrungen und Ergebnisse

Bereits im Vorfeld der Entwicklung wurde von der Landes-Gewerbeförderungsstelle ein Beirat bestehend aus Praktikerinnen und Praktikern der Jugendarbeit ins Leben gerufen. Primäre Aufgabe dieses Expertenteams war die Identifizierung von Themenbereichen aus der täglichen Praxis, die in das Spiel einfließen sollten. Des

Weiteren wurde eine Projektgruppe bestehend aus Lehrkräften an Berufsschulen in NRW gegründet, die der Projektleitung während der gesamten Entwicklungsphase mit Rat und Tat zur Seite standen. Mithilfe dieser Projektgruppe konnten insgesamt ca. 250 Auszubildende als sog. *Beta-Tester* (Spieler, die das unfertige Spiel in den verschiedenen Entwicklungsstadien bezüglich Grafik, Inhalt und Bedienfreundlichkeit prüfen) gewonnen werden. Die Rückmeldungen dieser Testgruppe sind dabei kontinuierlich in die Weiterentwicklung von *The Skillz* eingeflossen.

Besonders positiv wurden von den Azubis in diesem Zusammenhang die atmosphärischen, handgezeichneten 2D-Grafikhintergründe sowie der hohe Identifikationsfaktor mit den Spielcharakteren bewertet. Auch die genretypische Entschleunigung des Spielflusses wurde wider Erwarten sehr gut aufgenommen (dies trotz der nachweislich hohen Affinität der Testgruppe zu rasanten, schnell geschnittenen 3D-Spielen im Sinne aktueller *Hollywood-Blockbuster*). Ebenso wurde dem Spiel durch die Testgruppe ein hohes Maß an Spielspaß attestiert.

Dieser Bewertung folgte im Rahmen der Verleihung des Serious Games Award auch die Jury in ihrer Vergabebegründung:

„Bei dem Spiel geht es vor allem um die Stärkung der fachlichen und interkulturellen Kompetenzen junger Auszubildender. Die Jury lobte gerade die gelungene spielerische Verbindung dieser beiden Schlüsselkompetenzen in einem Spiel. Weiterhin betonte die Jury, dass bei diesem Serious Game der Spielspaß besonders im Vordergrund stünde, weshalb eine gerade bei der Zielgruppe Erfolg versprechende unterschwellige Aufnahme der vermittelten Lerninhalte erfolgen könne."

Literatur

Eckert, A. (2009): Serious Games. In: MarktCHECK Update 2009: INFObases GmbH, Dezember 2009.

Integrationsbericht der Landesregierung NRW (2008). http://www.soziales.nrw.de/08_PDF/003_Integration/001_aktuelles/aktuelles_1_Integrationsbericht_25_09_2008.pdf [Stand: 10.12.2010].

mpfs (2009): JIM-Studie 2009: Jugend, Information, (Multi-)Media. Basisuntersuchung zum Medienumgang 12- bis 19-Jähriger. Medienpädagogischer Forschungsverbund Südwest. http:// www.mpfs.de [Stand: 05.05.2010].

Stellungnahme des Bundesjugendkuratoriums (April 2008): Pluralität ist Normalität für Kinder und Jugendliche. Vernachlässigte Aspekte und problematische Verkürzungen im Integrationsdiskurs http://www.bundesjugendkuratorium.de/positionen.html [Stand: 05.02.2010].

TechForce – Das Adventure-Spiel der Metall- und Elektroindustrie

Jirka Dell'Oro Friedl

Das Serious Game *TechForce* wurde von Gesamtmetall, dem Arbeitgeberverband der Metall- und Elektro-Industrie e.V., in Auftrag gegeben. Die primäre Zielsetzung ist es dabei, Jugendliche bei der Entscheidungsfindung für einen Ausbildungsberuf zu unterstützen und auf die Möglichkeiten der Ausbildung in der Metall- und Elektroindustrie aufmerksam zu machen und zu begeistern. Die Zielgruppe ist somit bereits vordefiniert: Schüler der Mittelstufe aller Schularten als potenzielle Nachwuchskräfte.

Die Zielgruppe deckt sich damit in weiten Teilen mit der klassischen Zielgruppe der Computerspiele-Industrie. Dies hat gravierende Auswirkungen für die Konzeption des Spieles. Die *Gamer* oder nach Mark Prensky (1998) die *Nintendo-Kids* haben bestimmte Erwartungshaltungen an ein Computerspiel. Ein Spiel für diese Zielgruppe muss mit den aktuellen am Markt befindlichen Spielen, nicht nur mit anderen Serious Games, zumindest bezüglich bestimmter Kriterien wie Grafik und Sound konkurrieren können. Die Ansprüche sind hierbei recht hoch und bedingen die Anforderungen an Technik, Gestaltung, Gamedesign und damit Budget. Auf der anderen Seite birgt die Zielgruppe auch große Chancen für die Gestaltung des Spiels. Es kann davon ausgegangen werden, dass sie über eine technische Ausstattung verfügt, die es auch erlaubt, aktuelle Titel zu spielen, in diesem Fall einen schnellen PC mit einer für Echtzeit-3D ausgelegten Grafikkarte. Außerdem verfügt die Zielgruppe über Erfahrung im Umgang mit Computerspielen. Das bedeutet, dass klassische Steuerungs- und Spielsysteme zum Einsatz kommen können, ohne dass die Nutzer behutsam herangeführt werden müssen. Es ist auch nicht erforderlich, das Spiel besonders einfach zu halten, wie dies häufig für wenig spielaffine Zielgruppen gemacht wird.

Es gibt noch eine Reihe weiterer Zielsetzungen, welche die Konzeption und Realisation von TechForce bestimmten. So sollten, auf Wunsch von Gesamtmetall, die weiblichen Vertreter der Zielgruppe besondere Berücksichtigung finden, da sie leider traditionell weniger in die Richtung der technischen Berufe streben. Außerdem lag bereits eine Fülle von Material vor, welches der Auftraggeber über verschiedene Medien der Zielgruppe anbietet. Dabei handelt es sich um Broschüren, Informationen auf Webseiten, Videos und sogar Assistenzsysteme für die richtige Bewerbung und die Formulierung eines Lebenslaufes. All dies galt es zusätzlich in TechForce zu bündeln und damit leichter und im Rahmen einer unterhaltsamen Anwendung zugänglich zu machen.

Da der typische TechForce-Spieler sich noch in der Schulausbildung befindet und seine dringlichste Aufgabe ein guter Schulabschluss ist bzw. sein sollte, vermittelt das Spiel auch Wissen aus dem Bereich der MINT-Fächer.

Abb. 1: Im Mittelpunkt steht die Montage des Gleiters

Im Mittelpunkt von TechForce steht ein Echtzeit-3D-Adventure, welches die Story vorantreibt. Ein Team von Auszubildenden, das TechForce-Team, liegt in einer nahen Zukunft als Teil der Abschlussarbeit im Wettstreit mit anderen Teams. Die Aufgabe jedes Teams ist es, einen futuristischen Gleiter, ein Gefährt, das knapp über dem Erdboden schweben kann, fertig zu konstruieren und zu montieren. Den Auszubildenden steht ein Gebäudekomplex mit verschiedenen Werkstätten, einem Hangar und weiteren Räumen zur Verfügung: die TechForce-Zentrale. Hier haben sie verschiedene Aufgaben aus den Bereichen Konstruktion, Fertigungstechnik, Informatik, Elektrik und Hydraulik zu lösen. Aus unerfindlichen Gründen verschwinden hierfür erforderliche Hilfsmittel wie Werkzeuge und Pläne, wodurch das Team im Zeitplan zurückgeworfen wird. Pünktlich jedoch erscheint der Spieler, oder besser sein Avatar, den er zuvor aus zwei männlichen und zwei weiblichen ausgewählt hat, in der Zentrale. Er ist aufgrund seiner hervorragenden Eigenschaften als Computerspieler zum Testpilot auserkoren worden und soll den Gleiter schließlich fliegen. Er wird am Eingang vom Werkstattleiter abgefangen, der dringend die Zentrale verlassen muss. Nach einem kurzen Gespräch überreicht dieser dem Spieler einen Personal Digital Assistant (PDA) mit verschiedenen Informationen und fordert ihn auf, sich in der Zentrale umzuschauen. Der PDA, ein kleiner, handlicher Computer (siehe Abbildung 1 unten rechts) dient in der Folge als Schnittstelle zwischen dem Adventure-Teil und verschiedenen Informationsteilen. In der Zentrale lernt der Spieler nun nach und nach die Protagonisten des Spiels kennen: die Azubis Eric (Bereich: Zerspanungsmechanik), Tobias (Bereich: technisches Zeichen), Kemal (Bereich: Flugzeugelektronik), Julia (Bereich: Mechatronik), Ulli (Ulrike, Bereich: Industriemechanik), Kati (Werkzeugmechanik) und Liz (Informatik), dazu Herbert, den Vertreter des Werkstattleiters und den schlecht gelaunten Hausmeister Klaus, welcher dem Spieler nicht gerade wohlwollend gegenüber tritt. In klassischer Dialog-Adventure-Manier führt der Spieler seinen Avatar per Mausklick durch die Räume und tritt mit den anderen Figuren in Kontakt. Dabei stehen ihm verschiedene Fragen und Aussagen zur Auswahl, die sich im Verlauf eines Gespräches verändern. Beim ersten Kontakt steht dem Spieler meistens nur eine Begrüßung zur Verfügung. Wenn sich die Azubis daraufhin vorstellen, erwähnen sie in der Regel gleich ihren Ausbildungsberuf. Daraufhin erweitern sich die Dialogmöglichkeiten des Spielers zum Beispiel um Fragen zur Ausbildung. Ziemlich bald verweisen die Azubis den Spieler in diesem Zusammenhang auf seinen PDA. Und tatsächlich, dort findet er detaillierte Informationen. Videos aus dem Umfeld der realen Ausbildung sind aber auch direkt in das Spiel integriert. Bei den virtuellen Azubis melden sich per Videokonferenz entsprechende Pendants aus existierenden Unternehmen und geben wichtige Hinweise für den Spielfortschritt. Diese Videos wurden speziell für die Verwendung in TechForce produziert.

Herbert, der Vertreter des Werkstattleiters, ist ein relativ lockerer Typ und erlaubt es dem Spieler sogar, den Azubis bei ihren Aufgaben zu helfen. Also führen diese ihn nach und nach an die Minigames in TechForce heran. An Erics computer-

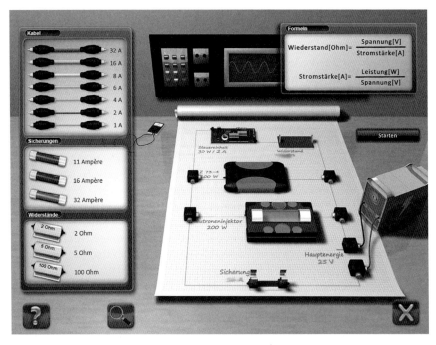

Abb. 2: Für den Fortschritt im Spiel sind auch Minigames zu knacken

gesteuerte Drehbank ist die Werkzeugreihenfolge in Ordnung zu bringen, damit ein vorgegebenes Werkstück mit dem existierenden Programm gefertigt werden kann. Die Leitungen, Sicherungen und Vorwiderstände einer elektronischen Schaltung sind für Kemal zu dimensionieren und einzusetzen. Man kann Liz helfen, eine Regelung für die Flughöhe des Gleiters mithilfe eines speziellen Editors zu programmieren, der es erlaubt, ein Programm mit wabenförmigen Symbolen zu erstellen. Das Programm wird dabei parallel auch als standardisierte Scriptsprache ausgegeben. Aus einer Konstruktionszeichnung möchte Kati die fehlenden Maße ableiten und mithilfe eines Messschiebers an einem Werkstück anzeichnen. Und für Julias Leitwerksteuerung müssen Pumpe und Hydraulikzylinder so dimensioniert werden, dass das Seitenruder schnell und mit der richtigen Kraft bewegt wird.

Wer nicht bereits über fundierte Kenntnisse in den entsprechenden Gebieten verfügt, muss hier nicht verzagen. Der PDA verfügt über eine Bibliothek mit Lernteilen, welche das notwendige Wissen zielgerecht vermitteln. Dabei beschränkt sich auch hier das Lernen nicht auf ein Nachlesen. Interaktiv und mit Unterstützung eines Offsprechers werden Grundlagen wie zum Beispiel das ohmsche Gesetz, die Definition von Druck oder die prinzipielle Funktionsweise eines Computers erfahrbar gemacht. Somit bleiben die Lernteile nicht nur durch die Verknüpfung über den PDA dicht am Spiel.

Während der Spieler beginnt, die ersten integrierten Minispiele zu lösen, wird er auch die Story voranbringen. Klaus, der Hausmeister, hat ebenfalls Aufgaben für ihn, fragt ihn nach einigen für das Gleiterrennen zunächst nicht allzu wichtig erscheinenden Informationen. Sofern der Spieler diese Aufgaben erfüllt, lockert Klaus sein Misstrauen und teilt ihm merkwürdige Beobachtungen mit, die er gemacht hat. Auch gibt er ihm hin und wieder Gegenstände, die er an ungewöhnlichen Stellen in der Zentrale gefunden hat und deren Bedeutung er nicht kennt. Es sind die Werkzeuge, die zuvor an den Arbeitsplätzen der Azubis verschwunden waren. Dies erhärtet den Verdacht, dass sich ein Saboteur im Team befindet. Spieltechnisch schalten die mitgeführten Gegenstände wiederum neue Dialogsequenzen frei. Ein umfangreiches Inventar zur Verwaltung dieser Gegenstände durch den Spieler ist bei TechForce nicht erforderlich.

Hat der Spieler die ersten beiden Minigames durchgespielt, ist der Gleiter bereit für den ersten Testflug. Er wird aus dem Hangar auf die Rennstrecke geführt, und das Spiel wechselt von einem Adventure zu einem effektvollen Rennspiel. Dementsprechend findet die Steuerung nun nicht mehr per Point & Click, sondern wie für dieses Spielgenre üblich per Pfeiltasten statt. Jetzt kann der Spieler seine vordergründige Aufgabe erfüllen: den Gleiter zu steuern. Unweigerlich werden sich nach einer ausreichenden Übungs- und Flugzeit Mängel am Gleiter bemerkbar machen. Unter anderem auch dadurch, dass die Minigames im Adventureteil noch nicht korrekt gelöst wurden. Der Gleiter kommt zurück in den Hangar, und das gesamte TechForce-Team inklusive Spieler und Werkstattleiter trifft sich zur Krisensitzung im Besprechungsraum. So gleitet der Spieler im wahrsten Sinne wieder zurück in das Adventure und kann weiter an der Lösung der Minispiele und der Überführung des Saboteurs arbeiten. Der PDA leistet dabei noch in mehrfacher Hinsicht gute Dienste. Eine Karte der Zentrale zeigt den gegenwärtigen eigenen Standort und die Positionen der Protagonisten. Ein automatisch geführter Notizblock erinnert an noch zu erfüllende Aufgaben, und ein Taschenrechner hilft bei der Lösung von Rechenaufgaben, die bei den Minigames anfallen können.

Am Ende wird, mithilfe des Spielers, der Saboteur überführt und der Gleiter noch gerade rechtzeitig fertiggestellt. Es beginnt die Zeit der Rennen, und der Spieler kann den Gleiter über mehrere Strecken steuern und sich mit anderen Spielern messen. Nun tritt er auch weiter aus dem Rahmen des Spiels heraus und kann sich in unterschiedliche Perspektiven begeben. Im Internet kann er seine Highscores der Rennen veröffentlichen und so mit anderen TechForce-Spielern vergleichen. Auf der TechForce-DVD kann er andererseits außerhalb des Adventurespiels in einer *Personalityshow* interaktiv weiter gehende Informationen erhalten, zum Beispiel sich noch mehr Videos zu Ausbildungsberufen anschauen und zusätzliche Fakten abrufen. Auch kann er in einem Quiz seine eigenen Talente und Interessen erkunden und daraus Empfehlungen für die Berufswahl ableiten lassen. Es ist zudem ein Editor verfügbar, mit dessen Hilfe er eine personalisierte Vorlage für Lebenslauf und Bewerbungsanschreiben erstellen kann. Im Bereich *Gehirnjogging* kann er sich für Tests fit machen und im Rahmen von Quiz das richtige Verhalten bei Bewerbungsgesprächen trainieren. So bleibt TechForce für den Nutzer noch weit über das eigentliche Spiel hinaus nützlich und sinnvoll.

Abb. 3: TechForce ist ein Netzwerk unterschiedlicher Module

Fazit

TechForce ist ein geschickt verwobenes Netz verschiedener Module, unterschiedlicher Medientypen und Spielgenres. Diese eröffnen sich ausgehend von dem zentralen Adventure und erreichen im Zusammenspiel alle schon genannten Ziele. Durch die Vielfalt und die technische wie gestalterische Umsetzung wird die anvisierte Zielgruppe gut angesprochen.

TechForce ist mehr als *nur* ein Serious Game. Ausgezeichnet mit dem Preis des *Best Serious Games* trainiert es wichtige Fähigkeiten und Kompetenzen, um in den Berufsalltag einsteigen zu können, und schult zudem den Nutzer auf wichtige Aspekte im Lebenslauf und im Bewerbungsgespräch. Unternehmen könnten es z. B. für eine Einstellungsvorauswahl oder ein Training für Young Professionals im Rahmen von Nachwuchssicherung nutzen. Da TechForce kostenlos im Internet vertrieben wird (www.techforce.de), ist auch keine Hürde bei der Anschaffung zu überwinden.

TechForce wird bewusst nicht über die Lehrkräfte an die Zielgruppe verteilt. Dennoch konnte schnell festgestellt werden, dass der zunächst als Zusatznutzen definierte Spiel- und Lernteil – die animierten Visualisierungen von naturwissenschaftlichen Aufgabenstellungen und die Minigames – von den Lehrern sehr intensiv wahrgenommen werden. So wurde ein Bedarf für den Einsatz von technischen Simulationen und Minigames im Schulunterricht und für die Qualifizierung in den Beruf identifiziert. In der ein Jahr später erschienenen Anwendung *ExperiMINTe* wurde dem Rechnung getragen.

Literatur

Prensky, M. (2001): Digital game-based learning. St. Paul.

Weiterbildung

Die Leistung von Serious Games wird oft (noch) unterschätzt

HERBERT FRICK UND DIRK HITZ

Serious Games aus Sicht der Praxis

Serious Games stellen eine bedeutende Innovation in der Weiterbildung dar. Viele Personalverantwortliche jedoch haben den großen Nutzen, den Serious Games für ihre Organisation liefern können, noch nicht erkannt. Serious Game sind „Spiele, die nicht Unterhaltung, Vergnügen oder Spaß als ihr primäres Ziel haben" (Michael/Chen 2006, S. 21). Zyda (2005) fügt dem hinzu: Ein Serious Game ist „ein geistiger Wettkampf, gespielt mit einem Computer nach vorgegebenen Regeln, der die Mittel der Unterhaltung nutzt, um staatliches oder unternehmerisches Training, Erziehung, Gesundheit, öffentliche Verhaltensweisen und strategische Kommunikationsziele zu fördern" (S. 26).

Wenn man den Aspekt des *geistigen Wettkampfs* mit dem *Nichtunterhaltungszweck* eines Serious Games kombiniert, könnte man schließen, dass der Kern eines Serious Games aus einem mentalen Wettbewerb besteht, der bestimmte kognitive Kenntnisse trainiert, die der Spieler in der Welt außerhalb des Spiels benötigt. Serious-Games-Entwickler sprechen von Spielregeln, welche spezielles kognitives Wissen trainieren, um bestimmte didaktische Ziele zu erreichen. Diesen Spielregeln eines Serious Games gerecht zu werden erfordert exakt das gleiche kognitive Wissen des Spielers, das benötigt wird, um die (ernsten) Anforderungen aus dem Spiel im wirklichen Leben zu meistern.

Es ist wichtig, zwischen Serious Games und Simulationen zu unterscheiden. Das Letztere ist eine möglichst realistische Abbildung einer echten Begebenheit. In einer Simulation ist Realismus das Wichtigste – z. B. werden Feuerwehrleute mit Simulationen von Gefahrensituationen trainiert. In diesem Fall ist es von kritischer Bedeutung, dass die Beschreibung der Situation, des Einsatzgebietes und die sonstigen Umstände des Szenarios sich exakt mit dem decken, was die

Feuerwehrleute im Echteinsatz erleben würden. Serious Games dagegen müssen nicht komplett realistisch sein. Spiele nutzen absichtlich Übertreibungen, Metaphern, ansprechende Videosequenzen, 3D-Grafiken, Audio etc., um die Aufmerksamkeit des Spielers zu erlangen, den Spielspaß und den Spannungsbogen zu erhöhen und spezielle (Lern-)Botschaften zu transportieren.

Warum und wie lernt man aus Serious Games?

Sozialer Konstruktivismus

Der Soziale Konstruktivismus bildet im Großen und Ganzen die Basis für die moderne Erziehung. Die Theorie nimmt an, dass Lernen hauptsächlich das Resultat aus den Bemühungen des Individuums ist, sich sein eigenes Wissen zusammenzubauen. Eine Person lernt durch Interpretation und Restrukturierung neuer Informationen und dem Kombinieren dieser mit seinen bestehenden Sichten und geistigen Modellen in der Realität. Konstruktivismus legt den Schwerpunkt auf die Interaktion der Individuen mit ihrer Umgebung. Die Welt um uns herum bietet Objekte und Ereignisse, die neue Informationen enthalten, um unsere existierenden Sichten und Modelle zu verfeinern. Zwischen Serious Games und sozialem Konstruktivismus bestehen daher starke Zusammenhänge. „Für manch denkende Konstruktivisten bedeuten Videospiele das verlorene Paradies" (Egenfeld-Nielsen 2006, S. 198).

Learning by Doing

„Die Dinge, die wir lernen müssen, bevor wir sie machen können, lernen wir, indem wir sie machen" (Aristoteles, S. 21). Oder wie der Serious-Games-Wissenschaftler aus frühen Tagen, Clark Abt (1970), sagt: „Spiele liefern tief greifende Darstellungen von einem zu lernenden Fachgebiet oder Problem und erlauben dem Spieler, realistische Rollen anzunehmen, sich Problemen zu stellen, Strategien zu entwickeln, Entscheidungen zu treffen und schnelles Feedback zu den Konsequenzen seines Handelns zu bekommen – alles, ohne den Preis von wirklichen Konsequenzen oder Fehlern zu zahlen" (zit. nach Michel/Chen 2006, S. 25–26). Mit anderen Worten, Serious Games bieten eine sichere Umgebung, um mit Dingen herumzuexperimentieren, die zu schwer, zu riskant oder zu teuer sind, um sie in der Wirklichkeit auszuprobieren. Dies führt zum Feld des experimentellen Lernens. Entsprechend der Theorie vom experimentellen Lernen lernen Menschen aus der Reflexion aus konkreten Erfahrungen (vgl. Kolb 1984, S. 33).

Serious Games können den Spielern glaubhaften und relevanten Kontext liefern, um konkrete Erfahrungen daraus zu gewinnen und diese zu bewerten.

Prozedurale Rhetorik und die Insight-out-Perspektive

Die Überzeugungskraft von Spielen wurde ausführlich erklärt von Bogost (2007, S. 28 f.). Nach ihm sind Spiele eine Art von *prozeduraler Rhetorik* – die rhetorische Macht eines Individuums, durch das Erleben ein Teil eines Prozesses zu sein. Ein Serious Game gibt dem Spieler die Möglichkeit, einen (komplexen) Prozess zu kontrollieren. Durch Bewerten der Auswirkungen seiner Handlungen auf den Verlauf des Prozesses lernt der Spieler die Struktur des Prozesses kennen. Trainees in Management-Development-Programmen haben oftmals komplexe Prozesse als Teil ihrer täglichen Arbeit zu managen, und die Idee der prozeduralen Rhetorik kann von zusätzlichem Nutzen in solchen Programmen sein.

Motivation und Spaß

Spielen ist offensichtlich verbunden mit Spaß und Spaß mit Motivation. Michael und Chen (2006) erklären die Bedeutung von Spaß in Serious Gaming: „Spaß ist ein Resultat des positiven Feedbacks, das jemand von einem Spiel erhält" (S. 25 f.). Deen und Schouten (2009) zeigen, dass Widerstände von Studenten, eine neue Sprache zu lernen, mit einem Sprachlernspiel reduziert werden können. Um diesen Effekt zu erreichen, muss das Spiel den Ehrgeiz der Studenten, es schaffen zu wollen, im Hinblick auf das Lernziel stimulieren. Weiterhin muss das Spiel dem Studenten aufzeigen, dass er Fortschritte macht in Hinblick auf das zu Lernende. Es scheint angemessen anzunehmen, dass vergleichbare Effekte im Kontext von MD-Programmen eintreten.

Immersion, Spielfluss und Adaptierbarkeit

Ein letztes wesentliches Element, den pädagogischen Wert von Serious Games zu verstehen, ist das Konzept der Immersion, des Eintauchens. Ein gutes Spiel ist so aufgebaut, dass es den Spieler so sehr fasziniert, dass seine ganze Aufmerksamkeit auf das Spiel gerichtet ist. Ein ins Spiel versunkener Spieler wird von Außeneinflüssen nicht abgelenkt. Mit anderen Worten, ein Serious Game erreicht, dass die Aufmerksamkeit und die Aktionen der Spieler auf die didaktischen Ziele des Spieles gerichtet bleiben. Spielentwicklungstheorien beziehen sich auf die *flow theory* des Psychologen Csikszentmihalyi (2002). Er beschreibt *flow* als ultimatives Stadium des Eintauchens. Nach dieser Theorie wird ein Spieler im Spiel versunken bleiben, wenn er konstant die Balance zwischen den Herausforderungen des Spieles und seinem eigenen Können hält (Juul 2009). Aus diesem Grunde ist es wichtig, dass das Serious Game fortlaufend auf des Spielers Können aufsetzt und ihn mit neuen Herausforderungen konfrontiert.

Diese hier beschriebenen pädagogischen und didaktischen Prinzipien stellen die Basis für jedes unserer Serious Games dar, egal um welche Aufgabenstellung es sich handelt. Zusammen stellen diese Prinzipien sicher, dass die Spieler motiviert und fokussiert sind und mehr über sich und die Welt um sich herum lernen. Sie können Kenntnisse und Wissen, die sie im Spiel erlangen, im richtigen Leben anwenden und nachhaltig im Zugriff haben.

Anwendungsbeispiel: Projektmanagement als Serious Game

Sharkworld (www.sharkworld.de) ist ein Spiel, in dem der Spieler in die Rolle eines internationalen Projektmanagers schlüpft und neben den klassischen Faktoren Zeit, Kosten und Qualität vor allem die sozialen Kompetenzen Mitarbeitermotivation, Chef- und Kundenzufriedenheit trainiert. Dieses Spiel hat diverse internationale Preise erhalten, u. a. für das beste Spielkonzept, das beste Serious Game und den Japan-Preis für die beste Weiterbildung. Sharkworld ist ein Cross Media Game, indem diverse Medien wie Spieloberfläche, Videos, Internet, E-Mail und SMS gleichzeitig genutzt werden, damit der Übergang zwischen Spiel und Realität verschwimmt. In Sharkworld werden nicht nur ökonomische Grundlagen, sondern auch Soft Skills wie Kommunikation, die Beachtung kultureller Unterschiede und Verhandlungsgeschick geübt.

Sharkworld lässt den Spieler die täglich spannende Arbeit eines internationalen Projektleiters erfahren. Das Spiel gibt ehrgeizigen Projektleitern die Möglichkeit, mit dem Fach Projektmanagement in einer Umgebung zu experimentieren, in der die Spiel- und reale Welt ineinander übergehen. Das Game wird sowohl online als auch mobil gespielt. Projekte entwickeln sich in (beschleunigter) Realzeit (24/7), sodass Spieler mit einem zügigen Tempo mithalten und wenn nötig unverzüglich handeln müssen. Zudem ist eine spannende Geschichte die antreibende Basis des Sharkworld Games.

Die Geschichte spielt in Shanghai, wo ein gigantisches Hightech-Haifischaquarium gebaut wird. Der Projektmanager des beauftragten Montageunternehmens ist auf mysteriöse Weise verschwunden, und der Spieler nimmt dessen Platz ein. Um das Projekt erfolgreich zu beenden, muss er mit dem chinesischen Auftraggeber, den Behörden und den lokalen Arbeitskräften zusammenarbeiten.

Abb. 1: Screenshot aus Sharkworld

Dieses Multimediaspiel erzeugt realistische Erfahrungen, indem die Grenze zwischen Spiel und Realität zerfließt. Der Spieler ist Projektleiter eines laufenden Projekts. Er leitet den Bau eines Haifischaquariums in Shanghai. Dadurch experimentiert und sammelt er Erfahrung im Projektmanagement in einem unterhaltsamen virtuellen Umfeld. Das Spiel kommuniziert auf viele Arten mit den Spielern: durch verschiedene Websites (fiktive und reale), Videoeinspielungen, E-Mails, Zeitungsartikel, Chat, Voice-Mails und SMS (letztere zwei am Handy des Spielers).

Sharkworld umfasst nicht nur die wirtschaftlichen Aspekte des Projektmanagements, wie die Zeit- und Budgetplanung, sondern auch soziale Aspekte, Konfliktmanagement, kulturelles Fingerspitzengefühl, diplomatische Fähigkeiten und nicht zuletzt die englische Sprache und begründet so seinen pädagogischen Wert. Die Lernziele sind das Entwickeln und Trainieren von Projektmanagementfähigkeiten sowie die Verbesserung der Soft und Hard Skills. Das Serious Game richtet sich an Projektleiter aller Leistungsstufen und Mitarbeiter mit Projektleitungsambitionen.

Die Hauptmerkmale des Konzepts sind:
- Spezielle Aufgabenstellungen trainieren explizit das Projektmanagementwissen: z. B. das Erstellen von Planungen oder die Durchführung von Risikoanalysen.
- Interaktive Konversationen mit den Spielcharakteren trainieren die Kommunikationsfähigkeit und soziale Kompetenz.
- Um das Spiel so realistisch wie möglich wirken zu lassen, kommen Videofragmente zum Einsatz.
- Ein Mix aus realen und fiktiven Webseiten liefern einen realistischen Hintergrund für die Story.
- Das Spiel läuft per E-Mail und Handy weiter, sogar wenn der Spieler offline ist.

Folgende Lerneffekte können erzeugt werden:
- *Lerneffekt 1:* Harte Projektparameter Zeit, Budget, Qualität. Der Spieler muss bei seinen Entscheidungen die richtige Ausgewogenheit im *magischen Dreieck* zwischen Zeit, Qualität und Budget finden.
- *Lerneffekt 2:* Weiche Projektparameter Kundenzufriedenheit, Chefzufriedenheit und Teamzufriedenheit. Der Spieler muss eine filigrane Balance zwischen den verschiedenen Einzelinteressen der Akteure finden und somit das Gesamtprojekt zum Erfolg führen.

Das Alleinstellungsmerkmal dieses Spiels ist, dass eine realistische Welt erzeugt wird. Es fühlt sich an wie echtes Projektmanagement, vermittelt Hard und Soft Skills, internationale Erfahrung, konstruktives Lernen und Spaß, nutzt verschiedenste Medien wie Videos, Webseiten, Mails, Telefon und SMS, um den Spieler tief in das Szenario eintauchen zu lassen, sodass die Grenze zwischen Spiel und Wirklichkeit verwischt. Der Spieler mischt so Emotionen und eigene Erfahrung, wodurch das Gelernte wesentlich länger präsent bleibt als beim traditionellen E-Learning.

Anwendungsbeispiel: Führungsnachwuchstraining

Die renommierte Unternehmensberatung Capgemini NL führt regelmäßig Blended Trainings für den Führungsnachwuchs durch, in denen die Teilnehmer in Gruppen, die auf drei Kontinente verteilt sind, Aufgaben lösen müssen, die von einem sehr realen Serious Game unterstützt werden. Alle Aktionen der Spielgruppen werden sowohl von den Trainern als auch von den Spieleentwicklern überwacht, sodass aktiv in den Spielprozess eingegriffen werden kann, um den Trainingseffekt zu erhöhen, indem z. B. die Konkurrenzsituation verändert wird. Eine Möglichkeit, die ohne das Serious Game nur schwer umgesetzt werden kann.

Capgemini Slowessa Storyline

Dieses Spiel ist Teil des Management Development Program von Capgemini. Das Spiel und traditionelle Schulungsformate werden hier kombiniert, um die Lernerfahrung so real wie möglich erscheinen zu lassen und die Teilnehmer zu motivieren.

Abb. 2: Das Management Development Program: *Slowessa Storyline*

Vier virtuelle Teams verteilt in Europa, USA und Indien treten gegeneinander an, um folgende Aufgabe bestmöglich zu lösen: Abgabe eines Angebotes für die (fiktive) Slowessa Line Group für eine Gaspipeline zwischen Odessa und der slowakischen Grenze. Die Teams müssen eng zusammenarbeiten, um eingestreute Herausforderungen und Aufgaben zu meistern und um verdeckte Agenden oder Intrigen zu umschiffen.

Das Training geht über eine Woche, und der Spielentwickler übernimmt hierbei die Rolle des Moderators, spielt z. B. den fordernden Kunden in Konferenzen oder verändert als *Marionettenspieler* die Rahmenbedingung des Spiels, um es noch interessanter und herausfordernder zu machen.

Das Management Training Program wurde einmal entwickelt und wird nun immer wieder für das Nachwuchstraining benutzt. Durch die Mitwirkung immer neuer Teilnehmer und uns als Moderatoren entstehen immer wieder neue Ergebnisse, kein Training ist wie das andere.

Anwendungsbeispiel: Recruitment und Imagewerbung

Die internationale Anwaltskanzlei Houthoff Buruma hat ein Spiel erstellen lassen, welches die *Besten der besten* Hochschulabsolventen für ihr Unternehmen begeistern soll. Das Unternehmen stellt sich durch das Serious Game höchst innovativ dar und zeigt, welche interessanten Fälle das Unternehmen abwickelt. Während des Spieles lernen sich Absolvent und Unternehmen bereits kennen. Dieses Serious Game wurde als neue Ära des Recruitments auf der EXPO 2010 erstmals der Weltöffentlichkeit vorgestellt. Es hat den *European Innovative Games Award 2010* gewonnen.

Abb. 3: Gewinner des European Innovative Games Award 2010: Houthoff Buruma – The Game

Ziel der Serious Games in diesem Bereich sind, potenzielle neue Mitarbeiter für das Unternehmen zu gewinnen, z. B. die besten Hochschulabsolventen eines Jahrganges. Die Spiele fordern die Skills der Bewerber, geben dem Unternehmen die Chance, den Bewerber kennenzulernen, und im Gegenzug kann der Bewerber das Unternehmen kennenlernen.

Abb. 4: Houthoff Buruma – The Game

Das Spiel basiert auf der fiktiven Übernahme eines holländischen Familienunternehmens durch ein chinesisches Staatsunternehmen, bei dem die Spieler das chinesische Unternehmen vertreten. Die Spieler haben 90 Minuten Zeit, um genug Aktionäre der Zielfirma zu überzeugen, ihre Aktien zu verkaufen und um versteckte Probleme zu lösen. Während dieser Zeit werden die Spieler mit Videokonferenzen, Chats, Filmausschnitten, E-Mails, Nachrichten, Webseiten und anderen Medien konfrontiert.

Bis zu fünf Teams mit je bis zu fünf Teilnehmern treten in jeder Session gegeneinander an. Es ist entscheidend für jedes Team, die richtige Strategie zu wählen und die Aufgaben untereinander aufzuteilen, um Zeitverluste zu vermeiden und der Informationsüberflutung Herr zu werden.

Nach Ablauf der 90 Minuten wird eine Vollversammlung abgehalten, in der jedes Team seine Argumente für seine Lösung präsentiert.

Jede Entscheidung während des Spiels verändert den gewählten Spielpfad innerhalb der Storyline. Das Spiel kann mehrere Male gespielt werden, ohne sich zu wiederholen.

Houthoff Buruma – The Game ist in vielerlei Hinsicht einzigartig:
- Die 3D-Visualisierungen wurden speziell entwickelt, um die Storyline und das Klientenbüro bestmöglich darzustellen.
- Sieben hauptberufliche Schauspieler spielen die verschiedenen Charaktere und reagieren in den Filmsequenzen exakt auf die Fragen der Spieler, nicht nur inhaltlich, sondern auch gemäß den verschiedenen Charakteren. Der Mandarin sprechende Kunde wurde mit aufwendigen Kostümen direkt in Shanghai gedreht.
- Spezielle Software ermöglicht es, den unterschiedlichen Spielpfaden zu folgen, die das Spiel durch die nahezu unendlichen Entscheidungsmöglichkeiten nehmen kann.
- Fast 100 Dokumente (z. B. Bilanzen, Verträge, Aktiennotierungen, Sitzungsprotokolle) wurden als Entscheidungsgrundlage für die Spieler erzeugt.
- Drei Filmtrailer wurden produziert, um das Konzept und das *look and feel* darzustellen.
- *Houthoff Buruma – The Game* wurde ausgewählt, um im holländischen Pavillon auf der EXPO 2010 in Shanghai als Best-Practice-Beispiel für Serious Games ausgestellt zu werden.

Weiter Informationen zu *The Game* inklusive der Filmtrailer finden sich unter: www.apunto-sc.com/houthoff.

Zusammenfassung

Allen hier beschriebenen Lösungen ist die gelebte Philosophie der Serious Games gemein: Zunächst muss ein Spiel Spaß bringen, mit dem Spaß kommt die Begeisterung und damit die volle Konzentration des Spielers. So kann spielend das Wissen vermittelt werden, für das das Spiel entwickelt wurde, wobei die Lerngeschwindigkeit und der Grad der Wissensbewahrung extrem hoch sind.

Serious Games haben daher folgende Vorteile:
- Serious Games motivieren durch den unterhaltenden Charakter des Spieles.
- Jede Situation kann simuliert werden, auch die, die im realen Leben unerwünscht ist. Dadurch kann in einer sicheren Umgebung durch Erfahrung ge-

lernt werden, was der besten Lernmethode sehr nahekommt: „Es wirklich machen und schauen, was passiert."
- Die Situationen können immer wieder mit leicht veränderten Entscheidungen oder Rahmenbedingungen ausprobiert werden, um so das Ergebnis kontinuierlich zu verbessern.
- Teilnehmer können zu jeder Zeit an dieser Art der Schulungen teilnehmen, wann immer es ihre Arbeitsbelastung gerade zulässt.
- Serious Games können in *role plays* eingebunden werden und unterstützen so das Lernen. Bei komplexen *role plays* moderieren die Spieleentwickler das Spiel im Hintergrund und verändern bei Bedarf die Rahmenbedingungen in Absprache mit dem Kunden (s. Gapgemini-Beispiel).
- *Blended Training:* Durch Coaches, die ihre Mitarbeiter während der Schulung betreuen, kann der Nutzen von Serious Games weiter gesteigert werden.

Ausblick

In der Zukunft erwarten wir einen signifikanten Anstieg der Serious-Games-Verbreitung auch in Deutschland. Spätestens im Jahre 2014 wird Game-Based Learning aus der Personalentwicklung nicht mehr wegzudenken sein. Es wird unser Lernen Stück für Stück verändern. Digital Natives werden beim Lernen, ebenso wie in vielen anderen Bereichen, die *alten* Methoden nicht mehr akzeptieren. Die immer ausgereiftere Technologie wird eine Verbreitung kostengünstig möglich machen.

Literatur

Abt, C. C. (1970): Serious Games. New York.

Bogost, I. (2007): Persuasive games. Cambridge.

Csikszentmihalyi, M. (2002): Flow: the classic work on how to achieve happiness (new edition). London.

Deen, M./Schouten, B. A. M. (2009): I am motivated because I can: a new approach to motivational game design, focussed on competence and autonomy (vorläufige Version).

Egenfeld-Nielsen, S. (2006): Overview of research on the educational use of video games. Digital Kompetance, 1 (3), S. 184–213.

Juul, J. (2009): Fear of failing? The many meanings of difficulty in video games. http://www.jesperjuul.net/text/fearoffailing [Stand: 07.05.2010].

Kolb, D. A. (1984): The experimental learning: experience as the source of learning and development. Prentice-Hall: New Jersey. http://www.learningfromexperience.com/images/uploads/process-of-experimental-learning.pdf [Stand: 07.05.2010].

Michel, D./Chen, S. (2006): Serious games: games that educate, train, and inform. Boston.

Zyda, M. (2005): From visual simulation to virtual reality to games. Computer, 38 (9), S. 25–32.

Game-Based Learning mit SimuCoach als integriertes Trainingstool zur Transferüberprüfung

THORSTEN UNGER

Ausgangssituation: Veränderung des Medienkonsums

Bedingt durch das Aufkommen von digitalen Medien für ein breiteres Zielpublikum in den 80er-Jahren bis hin zu einer nahezu flächendeckenden Verbreitung hat sich auch parallel der Medienkonsum verändert. Die neuen technischen Möglichkeiten haben nicht nur andere mediale Konzepte ermöglicht, sondern auch bestehende Medien erfahren hierdurch eine andere Nutzung. Technische, allgemein zugängliche und gesellschaftlich akzeptierte neue Informationsvermittler wie die Mobiltelefonie und das Internet und damit verbundene Dienste wie Short Message Services (SMS) oder Instant-Message-Angebote (beispielsweise ICQ) leisten dazu seit einigen Jahren eine andere Art der Informationsbereitstellung. Dabei hat sich die – zunächst technisch bedingte – Beschränkung der Information auf wenige Zeichen zu einer gerade in den jungen Zielgruppen akzeptierten und praktizierten Kommunikationsform entwickelt. Auch die Fernsehlandschaft hat sich in den vergangenen Jahren nachhaltig verändert. Mit dem Auftreten des Musikfernsehens Ende der 80er-Jahre, welches in den gleichen Zeitraum fiel wie die allgemein zugängliche Verfügbarkeit von Computersystemen, wurden clipartige, auf kurze Aufmerksamkeitszeitfenster programmierte Formate beliebter.

Haben sich diese Sender zunächst auf die Bereitstellung von Musikvideos beschränkt, folgten in den nächsten Jahren auch sequenzielle, kurzweilige TV-Formate, beispielsweise in Form von Reality-Soaps, welche das tägliche Leben reflektieren. Als Folge dieser Konditionierung durch Reality-Soaps veränderte sich die TV-Nutzung hin zu einem passiv konsumierten Medium. Stand vor dieser Veränderung der aktive TV-Konsum, das gezielte Auswählen einer Sendung, im Vordergrund, veränderte sich die Nutzung dieser Programmanbieter hin zu einer passiven. Das Fernsehen wurde – wie das Radio auch – zu einem *Begleitmedium*. Zu dieser Zeit standen schon Millionen von Computersystemen in den Kinder- und Jugendzimmern der westlichen Welt. Es war die Epoche der Homecomputer. Hersteller wie Commodore, Atari oder Schneider boten eine Kombination von Anwendungen und Spielen. PCs mit windowsbasierten Betriebssystemen fanden sich zumeist noch in Unternehmen und waren wesentlich teurer. Doch der Anfang war gemacht, die Nutzung dieser Systeme beschränkte sich dabei bei vielen Anwendern auf *Games*. Eine neue Industrie steckte in den Kinderschuhen, es ging jedoch Jahr für Jahr schneller voran. Das Internet wurde zu dieser Zeit noch ausschließlich in den militärisch-universitären Bereichen genutzt. Akustikkoppler, die Vorläufer der Modems und per Telefoneinwahl erreichbare Mailboxen waren die einzigen der Öffentlichkeit zugänglichen Datentransfermöglichkeiten. Während der Neunzigerjahre begann dann der *Siegeszug* der Mobiltelefonie ebenso wie der des PCs mit dem Betriebssystem Windows und nicht zu vergessen die Erfolgsgeschichte des Internets. Dieses erlaubte die Erschaffung völlig neuartiger Medien, und auch die bereits existierenden Medien machten sich die neuen technischen Möglichkeiten zu Diensten. Spiele wurden komplexer, und die Datenkommunikation mit steigenden Bandbreiten ermöglichte ein sinnvolleres und umfangreicheres Angebotsspektrum. Heute, über zwanzig Jahre nach Beginn der digitalen Revolution, hat sich der Medienkonsum an diese Möglichkeiten angepasst. Das Schlagwort *Multitasking* ist aktuelles Zeitgeschehen und wird positiv wie negativ diskutiert. Welche Position man immer auch einnehmen möchte, die Veränderungen sind unumkehrbar. Junge Generationen können heute aus einer Vielzahl von Medien eigenständig wählen. Und was sie können, werden sie auch nutzen. Folglich kommen auf den Medienschaffenden im Laufe der Zeit nicht nur die veränderten Anforderungen zu, es fällt zudem unlängst schwerer, die Konsumenten von heute und besonders von morgen überhaupt noch zu erreichen. Medienkonsumenten sind heute nicht nur mündig, sie sind ihre eigenen Programmdirektoren und Programmanbieter. Neue mediale Plattformen (beispielsweise *Youtube*, *App-Store*) erlauben es, eigene Werke zu schaffen und öffentlich zugänglich zu machen. Das Medium Internet erlaubt eine unglaubliche Demokratisierung und Verbreitung von Informationen. Dieses Potenzial auch sinnvoll für die Bildung zu adaptieren ist eine komplexe, jedoch nachhaltige und notwendige Aufgabe, der es sich zu stellen gilt.

Zentrale Bedeutung von Unterhaltung in der Kommunikation

Als wesentlicher Treiber von Veränderungen im Medienkonsum ist heute die zunehmende Relevanz von Unterhaltung als Transporteur von Informationen, gleich welcher Art, festzustellen. Dies macht selbst vor der klassischen Bereitstellung von Information, etwa bei Nachrichtensendungen nicht halt. Verglichen mit einer Ausstrahlung in den Siebzigerjahren und der heutigen Aufbereitung ergeben sich auch hier deutliche Verschiebungen.

Eine Kennzahl hat sich trotz der veränderten Gegebenheiten innerhalb der Mediennutzung gehalten. Ein durchschnittlicher Kinofilm dauert etwa 100 Minuten. In diesem Zeitraum durchleben die Protagonisten verschiedene Wirren und Veränderungen bis hin zum mitunter vermeidlichen Happy End. Egal wie man es verändert, es wird kaum schneller gehen ohne die notwendige intensive Erfahrung, sich mit den Figuren zu identifizieren. Kino ist heute jedoch auch mehr denn je ein Lebensgefühl. Kino findet im Kopf statt. Die Filme sind dabei aber nicht der Grund für einen Kinobesuch, denn die gibt es frei zugänglich im Internet – ob legal über Video-on-Demand-Plattformen oder als illegaler Download oder zum unmittelbaren Betrachten. Was aber besonders ist, ist die Tatsache, dass ein herkömmlicher Film konträr zu den sonstigen Sehgewohnheiten ist.

Medien, die heute intensiv und lange genutzt werden wollen, müssen ein Lebensgefühl spenden, persönlich von hoher Relevanz sein und es dem Betrachter und oder Nutzer erlauben, in eine andere Welt einzutauchen: Sie müssen *immersiv* sein. Dies zu erreichen wird in einer reizüberfluteten und mediengesättigten Welt immer schwerer. Heutige Medien buhlen um Aufmerksamkeit. Dies dokumentiert sich in immer aufwendiger werdenden Filmen und Computerspielen mit horrenden Budgets. Ein Wettstreit, der heute nur unter hohen Kosten und Risiken bewerkstelligt werden kann. Ob dies in Zukunft noch erfolgreich bestritten werden kann, bleibt fraglich.

Wissen vervielfacht sich

Bildung wird internationalisiert. Die hieraus resultierenden Bachelorstudiengänge verfolgen den sicher sinnvollen und notwendigen Schritt einer Vergleichbarkeit, beispielsweise in einem immer enger zusammenrückenden Europa. Als negativ empfundener Nebeneffekt erfolgt jedoch im gleichen Zuge eine zunehmende Annäherung an den Schulbetrieb innerhalb der universitären Bildung. Praktische Anwendung, praxisnahe Informationsbereitstellung und berufliche Erfahrung während dieser verkürzten und auf Abschlüsse fokussierten Bildung bedingen einen systemimmanenten Nachteil. Ein Transfer auf berufliche Situationen, beispielsweise in Form von Praxissemestern, findet nicht oder weniger umfangreich statt. Ähnlich wie in der Schule kann es durch punktgenaues Lernen gelingen, Prüfungen zu bestehen, ohne das tief greifende Verständnis für die Sache zu erlangen. Studenten und Schüler lernen heute punktuell auf bestimmte Prüfungssituationen hin, mit der Folge, das angeeignete, aber nicht zwangsläufig verstandene Wissen meist umgehend nach Niederschrift wieder zu vergessen. Es gelangt mehr oder minder lediglich in das Kurzzeitgedächtnis. Verständnis jedoch ließe sich langfristig nutzbar machen. Dafür fehlen jedoch Medien, die über ein entsprechendes Anwendungsdesign verfügen.

In den letzten 100 Jahren hat sich das bekannte Wissen vervielfacht. Moderne Forschungsmethoden, computergestützte Verfahren, die Vernetzung der Welt und die Nutzung von kollaborativen Forschungs- und Diskussionsmethoden erlauben, dass sich unser Wissen in immer schneller werdenden Iterationen verdoppelt. Ein Ende dieser Entwicklung ist nicht abzusehen. Aber was bedeutet dies für die Bildung?

Zukünftig verliert das Faktenwissen an Bedeutung. Sich mit Fakten zu beschäftigen bedeutet zumeist, dass das Erlernte binnen kürzester Zeit wieder überholt ist. Aufgrund der Menge der Daten, egal in welchem Bereich der Wissenschaften wir uns bewegen, ist es unmöglich, sinnvolle Selektionen vorzunehmen. Lernkonzepte, die Informationen auf dieser Basis vermitteln, können den Anforderungen der Zukunft nicht gerecht werden. Grundsätzlich ist infrage zu stellen, ob herkömmliche E-Learning-Angebote mit den neuerlichen Anforderungen in Bezug auf das informelle Lernen und das Verständniswissen nachkommen können. Ein Blick auf die übliche Konfiguration solcher Kurse zeigt, dass diese zu den heutigen medialen Aufmerksamkeitsgewohnheiten konträr konzipiert sind. Die Organisation in Kursangeboten mit abschließenden Tests erscheint wenig zweckdienlich, ein tief greifendes Verständnis von Informationen zu ermöglichen. Demnach werden bestehende Bildungsangebote allein nicht den Aufgabenstellungen gerecht.

Informationen wollen heute gefunden werden. Sie liegen in riesigen digitalen Datenbanken vor oder verbergen sich in unzähligen Veröffentlichungen. Werke wie das *Statistische Jahrbuch* oder Kataloge für Normen und Regelwerke verlieren an jeglicher Bedeutung. Das Einstellen der Encyclopedia Britanica ist nur eine Frage der Zeit – Bertelsmann oder Brockhaus haben bereits die Zeichen der Zeit erkannt und ihre Angebote digitalisiert in das Internet gestellt. Heute sind Informationen nahezu zu jedem Titel frei zugänglich zu erhalten. Der informellen Informationsbeschaffung kommt daher eine wichtige, zentrale Aufgabenstellung zu. Verständniswissen ist gefragt: Es bedarf des Verständnisses von Prozessen sowie Prinzipien und weniger der konkreten Information. Diese ist vergänglich und bei Erlernen meist schon veraltet.

Der „Begriff des informellen Lernens wird auf alles Selbstlernen bezogen, das sich in unmittelbaren Lebens- und Erfahrungszusammenhängen außerhalb des formalen Bildungswesens entwickelt" (Dohmen 2001, S. 25; vgl. auch Small 1999).

Im Gegensatz zum formalen Lernen, welches üblicherweise in einer Bildungs- oder Ausbildungseinrichtung stattfindet und strukturiert ist, stellt das informelle Lernen auf kontextualisierten Wissensabruf innerhalb eines an die Realität angelehnten Szenarios, beispielsweise am Arbeitsplatz, ab. Dabei steht das Lernen zwar im Mittelpunkt des Bildungsangebotes, erfolgt jedoch beiläufig. Damit erfüllt es eine wesentliche Parallelität zum Computerspielen. Auch die Bedienung eines Computerspiels selbst, also die Eingabe und Kombination von Informationen zur Steuerung und Veränderung des Spiels im Sinne der Erlangung der gestellten Aufgabe, erfolgt, ohne dass es einer gezielten Aufmerksamkeit des Anwenders bedarf. Vordergründig ist die Lösung der jeweilig gestellten spielerischen Aufgabe, notwendig ist die Eingabe der dafür benötigten Informationen. Dabei ist der immersive Charakter hilfreich, damit der Nutzer mit hoher Aufmerksamkeit in die Spielwelt eintaucht.

Um dies zu verdeutlichen, lohnt ein Einblick in die Motivationsbausteine von Computerspielen. Diese bestehen aus mehreren Faktoren, nämlich Spieltrieb, Herausforderung, Ehrgeiz, Selbstverwirklichung und eben Immersion. Zunächst kommt der Herausforderung eine exponierte Stellung zu. Denn nur was für den Spieler eine persönlich ansprechende, fordernde Situation darstellt, wird genutzt. Die Aufgabenstellung muss sich lohnen, um im Zusammenspiel von Selbstverwirklichungsmotiv und Ehrgeiz die immersive Erfahrung zu schaffen. Nur dann gelingt es, den für den eher beiläufigen Wissenserwerb notwendigen Zustand der Immersion zu erreichen.

SimuCoach

Demnach eignen sich Serious Games besonders zur Überprüfung von Wissen innerhalb arrangierter Lernumgebungen. Ein Ansatz kann dabei die Simulation von Gesprächen sein, bei denen der Anwender eine vorher definierte Aufgabenstellung innerhalb eines Dialoges erreichen muss. Mit *SimuCoach* liegt eine solche Simulation als selbst administrierbare Lösung vor. Diese kann vom Anbieter des Bildungsangebotes selbst verwaltet und editiert werden. Mittels eines Editorensystems legt dabei der Autor den Gesprächsgegenstand, die Gesprächsumgebung und die Gesprächsprobanden fest.

Herzlichen Glückwunsch. Da sind Sie sicher froh drüber, in der jetzigen Zeit ist das ja nicht so einfach. Wo fangen Sie denn an?

Abb. 1: Telefonische Kundenberatung

Der Ablauf des Dialoges erfolgt über ein Multiple-Choice-Verfahren. Darüber hinaus ist es möglich, Gesprächsverläufe über das Editorensystem selbsttätig zu entwickeln. Hierzu stehen Standards, die sogenannten Templates, zu bestimmten Überbegriffen zur Verfügung. Der Anwender kann diese abwandeln oder auf deren Basis eigene Varianten entwickeln. Die Lösung ist datenbankgestützt und wird unmittelbar im Browser konfiguriert. Dadurch können erstellte Fälle direkt in die Live-Umgebung übertragen und freigeschaltet werden.

Auf diese Weise kann flexibel auf Veränderungen und spezielle Anlässe unmittelbar reagiert werden, ohne dass es einer programmtechnischen Veränderung bedarf. Rückfragen oder Monologe sind ebenso möglich wie standardisierte und zufällig ausgewählte Eröffnungs- und Schlussphrasen. Auf diese Weise entstehen lebendige Dialogsituationen, die auf Basis des Anwenderfeedbacks permanent optimiert werden können. Das System erzielt seine spielerische Spannung aus dem Umstand, dass ein Gesprächsverlauf wie im wahren Leben in Abhängigkeit zum gegebenen Input positiv wie negativ verlaufen kann.

Einzelne Antwortmöglichkeiten können bewertet werden – bis hin zum sofortigen Gesprächsabbruch bei vollkommen falscher oder gar beleidigender Antwort. Aber auch bei mäßigen oder zu langsamen Antworten verändert sich zunehmend die Gesprächsatmosphäre. Wissensdefizite werden anhand von falschen oder nicht optimalen Antworten ermittelt. Hinter diesen Auswahlmöglichkeiten können innerhalb des Autorenwerkzeuges verschiedene Bildungsangebote namentlich hinterlegt werden. Diese werden dann während des Mentorfeedbacks dargestellt und wenn möglich auch auf der Lernmanagementplattform als Empfehlungen abgebildet.

Die Simulation selbst erlaubt das Abbilden von verschiedenen Mimiken und eine natürliche und dynamische Gesprächsatmosphäre. Zustimmung, Verwunderung, Ablehnung, aber auch Verärgerung und Langeweile werden in unterschiedlicher Qualität und entsprechend dem Gesamtverlauf ausgelöst. Abgeschlossen wird der simulierte Fall durch die Analyse eines Verkaufsmentors. Die in der Software integrierte Analysefunktion wertet jede Antwort aus und fasst dies in einem Feedback zusammen. Dieses wird dem Anwender durch einen virtuellen Coach, den Mentor, übermittelt.

Abb. 2: Beispiel eines Beraterbüros

Dieser gibt auch Hinweise in Bezug auf die verwendete Fragetechnik, die offenkundigen Defizite, welche aus den Aufgabenstellungen abgeleitet wurden, und das Gesamtscoring in Form einer virtuellen Währung. Diese kann innerhalb der Lernplattform auf Wunsch als Bonus in Mehrwerte umgewandelt werden.

Als Einsatzgebiete für arrangierte Lernumgebungen lassen sich weniger die Inhaltsvermittlung selbst als die Transferüberprüfung und die Wissensstandsermittlung benennen. Durch den spielerischen Ansatz lässt sich in einem für den Anwender relevanten Umfeld bisher vorhandenes oder unlängst vermitteltes Wissen überprüfen und analysieren. Das übergeordnete Ziel von *SimuCoach* ist demnach das Anwenden von Wissen, Verständnis des Themenkomplexes und Handlungskompetenz. Es liefert dem Anbieter wichtige Hinweise, inwieweit weiterer Schulungsbedarf besteht und wenn, in welchen Bereichen Bedarf zu erwarten ist. Auf diese Weise kann ein auf die Simulation von Kundengesprächen gestütztes Online-Assessment zur Ermittlung eines nutzerindividuellen Lernstandsprofils erfolgen.

Fazit

Training in arrangierten Lernsituationen ist ein probates Mittel, Inhalte zu vertiefen und Wissensdefizite ausfindig zu machen. Der Anwender kann sein Wissen durch Handlung unmittelbar überprüfen. Durch den individuellen und für den Anwender relevanten Charakter sieht sich der Lernende in einer für ihn persönlich wichtigen und realitätsnahen Situation, welche er aus Gründen der Selbstverwirklichung und des Ehrgeizes auch im Vergleich mit anderen bestmöglich bestreiten möchte. Denn wer möchte schon in einer fachlich authentischen Umgebung schlechter dastehen als andere Probanden innerhalb der Lerngruppe? Auf diese Weise wird Wissen aktiviert, nachvollziehbar und schlussendlich für den beruflichen Alltag nutzbar. Damit stellt SimuCoach eine ideale Ergänzung zu anderen Bildungsmedien dar.

Literatur

Dohmen, G. (2001): Das informelle Lernen – die international Erschließung einer bisher vernachlässigten Grundform menschlichen Lernens für das lebenslange Lernen aller. BMBF (Hg.). Bonn.

Small N. J. (1999): Self directed learning: Opportunities of control? In: Alheit, P. (Hg.): Lifelong learning inside and outside school, second European Conference on lifelong learning. Bremen 25.–27.02.1999, Collected Papers Vol. 2, Roskilde University Press, Roskilde Denmark 2000, S. 698–717.

ViPOL – Virtuelles Training von Polizeieinsatzkräften

MARKUS HERKERSDORF UND UWE SEIDEL

Virtuelle Trainingswelten

Flugsimulatoren sind seit vielen Jahren fester Bestandteil der Trainingsroutine von Piloten. Der Vorteil liegt auf der Hand: Man kann mit hoher Effizienz zu wirtschaftlichen Konditionen, in einer geschützten Umgebung unter optimalen Bedingungen trainieren. Allerdings waren derartige Simulatoren – vornehmlich aus Kostengründen – bislang nur ausgewählten Bereichen vorbehalten: der Luftfahrt, militärischen Einrichtungen oder Leitwarten industrieller Großanlagen. Die prinzipielle Befähigung, in komplexen und dynamischen Umgebungen der Situation angemessen entscheiden und handeln zu können, oft unter Zeitdruck und eingeschränkten Informationen, trifft jedoch auf viele andere Berufsgruppen gleichfalls zu. Eine zunehmend anspruchsvoller werdende Berufswelt lässt den Wunsch nach Lernumgebungen entstehen, die mehr als reine Wissensvermittlung leisten können. Die technologische Entwicklung der letzten Jahre eröffnet hierfür nun Möglichkeiten. Aktuelle Computerspiele vermitteln einen guten Eindruck, was – in Bezug auf Realitätsnähe und Interaktionsvielfalt – bereits heute realisierbar ist. In Form von realitätsnahen Abbildungen tatsächlicher Handlungsumgebungen in Computern, die – miteinander vernetzt – dynamische Interaktion vieler Akteure in Echtzeit zulassen, entstehen *virtuelle Lern- und Trainingswelten*.

Während die dahinterstehende Technologie weitestgehend identisch ist, unterscheiden sich virtuelle Trainingswelten von (Unterhaltungs-)Games deutlich in der methodisch-didaktischen Anlage und Ausgestaltung und natürlich in der Zielsetzung. Fragen wie Trainingsnutzen, nachhaltiger Lerntransfer und Wirtschaftlichkeit stehen im Vordergrund. Das viel beachtete und europaweit einzigartige Beispiel ViPOL zeigt auf, welchen Beitrag virtuelle Trainingswelten im Rahmen moderner Aus- und Weiterbildung leisten können.

Projektkontext POLIZEI-ONLINE

Die Polizei Baden-Württemberg nimmt im Rahmen der zukunftsweisenden Zielsetzungen von POLIZEI-ONLINE seit mehreren Jahren eine führende Rolle bei der Entwicklung innovativer Managementlösungen ein und wurde hierfür bereits mehrfach ausgezeichnet. Mit POLIZEI-ONLINE betreibt die Polizei Baden-Württemberg ein fortlaufend weiterentwickeltes Bildungs- und Wissensmanagementsystem, welches den rund 30.000 Polizeibeschäftigten des Landes an über 700 Standorten zur Verfügung steht. POLIZEI-ONLINE bietet hierbei an jedem Arbeitsplatz eine umfassende und bedarfsoptimierte Wissensplattform, welche weitreichende Informationen sowie eine Vielzahl nützlicher Fachanwendungen beinhaltet. Das vollständig in die Arbeitsprozesse integrierte System unterstützt die Polizeibediensteten bei der Bewältigung ihrer mannigfaltigen Aufgaben. Die daraus resultierende Steigerung der Handlungskompetenz trägt wesentlich zur Zukunftsfähigkeit der Polizei Baden-Württemberg bei. Durch die Einbettung in ein ganzheitliches Bildungs- und Wissensmanagementsystem werden darüber hinaus Synergien genutzt, Ressourcen gebündelt und Entwicklungspotenzial freigesetzt. Vor dem Hintergrund immer knapper werdender personeller und finanzieller Ressourcen sowie permanent steigender Anforderungen an die Polizeibediensteten sind gerade im Managementbereich kreative und innovative Lösungen erforderlich. Als *Innovationsmotor* und Garant steht POLIZEI-ONLINE für eine kontinuierliche Entwicklung und Modernisierung der Polizei in Baden-Württemberg.

Bedarf an innovativen Bildungs- und Trainingslösungen

Als zentrales Produkt von POLIZEI-ONLINE steht den Polizeibediensteten in Baden-Württemberg ein europaweit einmaliges integriertes Bildungs- und Trainingsmanagementsystem zur Verfügung. Alle Buchungs-, Dokumentations- und Evaluationsprozesse im Bereich der polizeilichen Bildungs- und Trainingsmaßnahmen werden hierüber abgewickelt. Weitere Module dienen der Vermittlung elektronischer Lerninhalte (E-Learning, Blended Learning) sowie dem Management sämtlicher Prozesse rund um Schieß- und Einsatztraining. Was bislang jedoch fehlte, war eine Lösung, die es ermöglicht, polizeiliche Trainingsmaßnahmen insbesondere dann wirkungsvoll zu unterstützen, wenn ihre Durchführung in der Praxis zu gefährlich, zu teuer oder zu aufwendig wäre. Als ein weiteres Modul bot sich daher die Realisierung virtueller Handlungs- und Trainingsszenarien geradezu an; Komplexität und Risiken können beliebig gesteigert werden, Material- oder gar Personenschäden sind nicht zu befürchten. Wetter und/oder Geländebedingungen können beliebig gestaltet werden. Virtuelle Trainingsszenarien – auch bekannt unter der Bezeichnung *Serious Games* – dienen der Unterstützung von Bildungs- und Trainingsmaßnahmen in vielfältigen Berufssparten, so zum Beispiel, wie eingangs bereits erwähnt, in der zivilen und militärischen Luftfahrt.

Vergleichbarer Bedarf besteht im polizeilichen Einsatztraining beispielsweise im Bereich des Einsatztrainings für das Zusammenwirken von Polizeikräften am Boden und in der Luft. Entsprechende Szenarien lassen sich angesichts der Spezifika des Einsatzmittels Hubschrauber (Verfügbarkeit, organisatorischer Aufwand, Kosten, Lärm etc.) allerdings nur eingeschränkt trainieren, weshalb das Training in der Vergangenheit weitestgehend den polizeilichen Spezialeinheiten vorbehalten blieb. Gleichzeitig besteht jedoch die Notwendigkeit für ein flächendeckendes Training sämtlicher Polizeieinsatzkräfte, da diese Einsatzsituationen im polizeilichen Alltag jederzeit und überall entstehen können. Der Erfolg ist hierbei in hohem Maße von der effektiven sowie effizienten Zusammenarbeit zwischen den Einsatzkräften am Boden und in der Luft abhängig, weshalb gerade das vorstehend geschilderte Trainingsszenario als Grundlage für die Entwicklung und Pilotierung einer virtuellen Trainingslösung festgelegt wurde.

Zielsetzung

Mit der Einführung virtuell-interaktiver Trainingsszenarien soll künftig allen Polizeibediensteten in Baden-Württemberg ein ressourcenschonendes sowie ökonomisches Trainingsinstrument zur Verfügung gestellt werden, welches die bisherigen Module in geradezu idealer Weise ergänzen wird. Das Pilotvorhaben *Lenken von Einsatzkräften aus dem Hubschrauber* (ViPOL Bussard) ist hierbei nur der erste Schritt auf dem Weg zu einer landesweiten Einführung von virtuell-interaktiven Trainingsformaten. Im Zuge der Durchführung des Pilotprojektes werden die Möglichkeiten und Grenzen virtueller Trainingssysteme als Modul des polizeilichen Bildungs- und Trainingsmanagements evaluiert und auf ihren künftigen Ausbau hin überprüft, weshalb der Einsatz zunächst im Rahmen einer Pilotierung erfolgt. Eine wissenschaftliche Begleitung sowie Evaluierung erfolgt durch das Institut für Wissensmedien Tübingen in Zusammenarbeit mit der Universität Tübingen.

Vorgaben

Wesentliche Vorgaben stellten unter anderem die Netzwerkfähigkeit der Trainingslösung sowie – damit einhergehend – die Nutzung der Software von jedem beliebigen Arbeitsplatz aus dar, wobei insbesondere die vorhandene polizeiinterne IT-Infrastruktur berücksichtigt werden musste. Polizeiliche Arbeitsplatzrechner waren und sind mit neuesten leistungsfähigen Spielkonsolen bzw. -rechnern nicht zu vergleichen. Das System sollte daher sowohl für die Nutzung in einer lokalen Netzwerkumgebung als auch für eine internet-/intranetbasierte Anbindung der Nutzer mit der bereits vorhandenen IT-Infrastruktur ausgelegt sein.

Im Rahmen der Pilotierung sollte letztlich ein computerbasierter, virtueller Übungsraum geschaffen werden, in welchem Boden- und Luftkräfte gemeinsam in einer 3D-Landschaft realitätsnah und zielgerichtet interagieren können. Bei der primären Zielgruppe handelte es sich jedoch um die Einsatzkräfte am Boden (Hubschrauberbesatzung optional). Die Rolle der Hubschrauberbesatzung musste vollständig durch die Trainingsorganisation wahrgenommen werden können. Die jeweiligen Szenarien sollten zudem durch die Einsatztrainer selbstständig angelegt und beeinflusst werden können.

Realisierung

Realisiert und implementiert wurde die virtuelle Trainingsumgebung in Kooperation mit der TriCAT GmbH im Rahmen von POLIZEI-ONLINE, einem Public-Private-Partnership-Modell des Landes Baden-Württemberg mit T-Systems. Das Portfolio der TriCAT GmbH umfasst – neben klassischem E-Learning und Simulationen – schwerpunktmäßig das Themenfeld *Virtuelle 3D-Welten für Lernen, Training, Meetings und Kollaboration*.

Die virtuell-interaktive Trainingslösung

Die virtuelle Trainingsumgebung wird als LAN- und WAN-geeignete Server-/Client-Lösung auf Windows-Basis betrieben und enthält im Kern eine multiagenten fähige 3D-Echtzeit-Engine.

Als Trainingsszenario wurde im Rahmen der Pilotierung ein virtueller Übungsraum realisiert, in welchem Boden- und Luftkräfte gemeinsam in einer 3D-Landschaft interagieren können. Die virtuelle Trainingsinfrastruktur ist jedoch nicht nur auf dieses Szenario begrenzt, sondern zeichnet sich vielmehr durch ihre Variabilität aus. Weitere Szenarien, optional auch unter Einbeziehung von Feuerwehr sowie anderen Rettungs- und Hilfskräften, werden ebenfalls realisiert und können trainiert werden. Das System bietet hierfür ein weitläufiges Stadt-, Industrie- und

Grünanlagenszenario, welches jederzeit dem Trainingsanlass angepasst werden kann (Tag-/Nachtmodus, Wettersituationen etc.). Insgesamt stehen rund 150 virtuelle km² frei begeh- sowie befahrbares Gelände zur Verfügung; selbst einzelne Gebäude sind im Innenbereich voll ausgestaltet und können betreten werden.

Die Akteure werden durch sogenannte Avatare (Kunstfiguren) repräsentiert. Jeder Akteur ist damit mit *seiner* Figur in einer zugewiesenen Rolle (beispielsweise als Polizeibeamter oder flüchtender Täter) in der virtuellen Umgebung präsent und kann sich frei bewegen. Die Umgebung sowie andere Handlungsteilnehmer nimmt jeder aktive Akteur optisch und akustisch aus der Ego-Perspektive seines jeweiligen Avatars wahr. Jeder Avatar verfügt über ein definiertes Set möglicher Aktionen (stehen, gehen, Handbewegungen, in eine Richtung blicken, Waffe ziehen und zielen, hinlegen u. v. m.), welche über ein User Interface angesteuert werden. Neben den aktiv gesteuerten Handlungsfiguren kann das Szenario mit sogenannten *autonomen Agenten* bevölkert werden. Diese dienen der natürlichen Population überall dort, wo eine direkte Interaktion mit aktiven Handlungsträgern nicht unmittelbar vorgesehen ist. Autonomen Agenten werden nach festgelegten Regeln über *Künstliche Intelligenz* (KI)-Software oder Bewegungspfadvorgaben gesteuert.

Abb. 1: Verkehrskontrolle sowie Fahndung nach flüchtigem Bankräuber
(Quelle: aus ViPOL von TriCAT GmbH)

Als weiteres bewegliches Szenarioelement stehen zwei Klassen von Fahrzeugen zur Verfügung: Fahrzeuge, die den natürlichen, sporadischen Verkehr simulieren, sowie Einsatzfahrzeuge der Polizei. Die Fahrzeuge der Polizei können sich im Szenario frei bewegen und werden durch die Akteure ebenfalls über das User Interface gesteuert. Das Szenarioelement *Hubschrauber* wird aus Sicht der Bodenkräfte optisch und akustisch realistisch repräsentiert. Das System ist hierbei so ausgelegt, dass der Trainer auch ohne Unterstützung durch fliegerische Crewmitglieder den Hubschrauber gemäß den Erfordernissen des Szenarios steuern kann. Aus der Perspektive des Hubschraubers stehen zwei primäre Sichten zur Verfügung: die natürliche Tag-/Nachtsicht sowie die Sicht durch die Restlichtverstärkerbrillen (BIV) des Piloten/Kopiloten bei Nacht. Auf Monitoren am FLIR-Operator-Arbeitsplatz (Forward Looking Infrared) sowie im zentralen Cockpit-Panel kann das Wärmebild der Wärmebildkamera zur Anzeige gebracht werden. Diese wird unabhängig von der Flug-/Schwebeflugrichtung des Hubschraubers vom Operator auf potenzielle Sichtziele ausgerichtet. Die Kamera verfügt im FLIR-Modus über drei diskrete Zoomstufen und zahlreiche Einstelloptionen. Im Sinne der einfachen Bedienbarkeit wurde der Funktionsumfang im Wesentlichen auf die Ausrichtung der Kamera auf ein Zielobjekt reduziert. Die künstlich generierte FLIR-Sicht wird auf Basis von Sichtaufnahmen des Originalsystems im Rahmen der technischen Möglichkeiten nachempfunden.

Abb. 2: Polizeihubschrauber mit Wärmebildsicht
(Quelle: aus ViPOL von TriCAT GmbH)

Alle beweglichen Objekte können prinzipiell mit ihrer Umgebung interagieren. Diese Interaktion erfolgt entweder ereignisgesteuert, aktiv ausgelöst durch den Trainer oder andere aktive Handlungsträger. Die Anwendung stellt hierzu sowohl natürliche 3D-Sprach- als auch Funkkommunikation zwischen den Teilnehmern bereit. Darüber hinaus kann der Trainer mit Handlungsanweisungen jederzeit gezielt einzelne oder alle Übungsteilnehmer ansprechen. Sowohl für ein natürliches Umgebungsempfinden als auch als Störgröße in der Kommunikation sind Umgebungsgeräusche wie Fahrzeug- oder Hubschrauberlärm integriert. Diese Geräuschkulisse ist – bezogen auf den Betrachterstandort – ebenfalls entfernungs- und richtungsabhängig sowie veränderlich in Abhängigkeit der Bewegung der Lärmquelle. Während alle Trainees das Übungsgeschehen aus ihrer *Avatar-Egosicht* erleben, kann der Trainer jede beliebige Perspektive, wie etwa die eines Trainees oder Hubschraubers, einnehmen.

Die Steuerung aller beweglichen Objekte, die Ausführung von Aktionen und Kommunikationshandlungen, die Einflussnahme durch den Trainer usw. – all dies erfordert geeignete Eingabeschnittstellen, – sogenannte User Interfaces. Für das aktuelle Pilotvorhaben sind Maus und Tastatur das Standardeingabe-Device. Maßgabe für die Gestaltung des Trainee User Interface (TUI) war eine möglichst geringe Beeinflussung des Trainees im Hinblick auf ein *Eintauchen* in das Szenario. Die virtuelle Welt soll, möglichst ungestört durch Menüs, unmittelbar erlebbar werden, um einen maximalen Grad an Realitätsnähe zu erzielen. Das Trainer Control Interface (TCI) enthält sämtliche Funktionen zur Vorbereitung, Durchführung und Überwachung sowie zur Auswertung, Kommentierung und Nachbesprechung einer Trainingssession. Dies sind beispielsweise Setup-Funktionalitäten zur initialen Vorbereitung eines Trainings, Steuerfunktionen zur Positionierung von Avataren, Fahrzeugen und Hubschraubern, Einstellung unterschiedlicher Wettersituationen und Tages- oder Nachtzeiten sowie Kommunikationsfunktionen, z. B. zur Simulation von Leitstelle oder Koordinator an Bord des Hubschraubers.

Abb. 3: Trainer Control Interface – Menüauswahl Umweltbedingungen (z. B. Wetter)
(Quelle: aus ViPOL von TriCAT GmbH)

Das System erlaubt die variable Erstellung sehr komplexer Trainingsszenarien, die sich an den polizeilichen Einsatzlagen der Praxis orientieren, und unterstützt damit die Durchführung eines ereignis- und einsatzorientierten polizeilichen Einsatztrainings. Analog realen Trainingssituationen erlaubt auch das virtuelle System ein initiales Briefing sowie Debriefing aller Teilnehmer. Besonders für das Debriefing stehen sehr viele didaktische Optionen zur Verfügung. So ermöglicht etwa eine Marker- und Kommentarfunktion das Setzen eines zeitlichen Fixpunktes, der später komfortabel wieder *angesprungen* werden kann. In Verbindung mit dem hinzugefügten Kommentar lassen sich so auch bei längeren Trainingsdurchläufen effizient die wesentlichen Szenen nachbesprechen und – als zusätzlichen Vorteil – gleich auch dokumentieren. Durch die vollständige Aufzeichnung des gesamten Trainingsgeschehens ist eine detaillierte Auswertung der taktischen Vorgehensweise sowie der Sprach- und Funkkommunikation zur Einsatznachbereitung möglich. Dabei kann die Trainingssituation aus jeder beliebigen Perspektive (nach-)erlebt werden – aus der Sicht eines der Trainees, des Täters, der Hubschrauberbesatzung oder einer anderen, durch den Trainer bestimmten Sicht.

Projektstand und Ausblick

Gemeinsam mit den leistungsstarken Partnern T-Systems sowie TriCAT wurde das Pilotvorhaben *ViPol – Virtuelles Training für Polizeieinsatzkräfte* anhand eines konkreten Anwendungsfalles, des Lenkens von bodengebundenen Einsatzkräften durch den Polizeihubschrauber (ViPol Bussard), in Baden-Württemberg eingeführt und zunächst in einer lokalen Trainingsumgebung bei der Bereitschaftspolizeidirektion Biberach beziehungsweise dem dortigen *Kompetenz und Entwicklungszentrum Einsatztraining* (KEZ-ET) angesiedelt. Die aktuelle Phase des lokal begrenzten Trainingsbetriebs dient vorwiegend dazu, einen optimalen methodisch-didaktischen Umgang mit dem System zu erarbeiten und Erkenntnisse für den anschließenden Nutzerbetrieb zu gewinnen. Parallel hierzu erfolgt eine nochmalige Ausweitung des Szenarioangebots. Die Beschaffung eines zusätzlichen leistungsfähigen Servers wurde umgesetzt; ein landesweiter Rollout ist in Vorbereitung. Das Pilotprojekt wird in seiner Gesamtheit durch das Institut für Wissensmedien Tübingen in Zusammenarbeit mit der Universität Tübingen wissenschaftlich fundiert begleitet und evaluiert. Die Erfahrungen in anderen Fällen zeigen jedoch bereits jetzt: Die Vorteile virtuell-interaktiver Trainingsformate sind enorm und insbesondere dann effizient und ökonomisch, wenn die Durchführung von Übungsszenarien in der Realität zu aufwendig, zu teuer oder zu gefährlich wäre. Entsprechende Ergebnisse werden auch für die Evaluation virtuell-interaktiver Trainingsformate innerhalb der Polizei Baden-Württemberg erwartet, weshalb das Pilotvorhaben lediglich der erste Schritt auf dem Weg zu einer landesweiten Einführung sein wird.

HELIOS – Das Spiel

JIRKA DELL'ORO FRIEDL

HELIOS – Das Spiel wurde von der HELIOS-Akademie der HELIOS Kliniken GmbH in Auftrag gegeben. Zur HELIOS-Kliniken-Gruppe gehören 61 eigene Kliniken, darunter 42 Akutkrankenhäuser und 19 Rehabilitationskliniken. Darüber hinaus hat die Klinikgruppe 24 Medizinische Versorgungszentren (MVZ) und 4 Seniorenresidenzen. HELIOS versorgt jährlich mehr als zwei Millionen Patienten, davon rund 600.000 stationär. Die Klinikgruppe verfügt insgesamt über mehr als 18.500 Betten und beschäftigt über 33.000 Mitarbeiter.

Die HELIOS-Akademie hat sich auf dieser Grundlage im Rahmen der Personalentwicklung für den Einsatz eines Serious Game entschieden. Das dafür entwickelte Spiel richtet sich in erster Linie an die HELIOS-Mitarbeiter und verfolgt dabei verschiedene Ziele:

1. Die Mitarbeiter sollen *spielerisch* die verschiedenen Abläufe und Entscheidungszusammenhänge einer Klinik erfahren. Speziell sollen die HELIOS-Mitarbeiter Einblick in Gebiete bekommen, in denen sie nicht primär eingesetzt sind. Dabei sollen im Besonderen die Mitarbeiter im Pflegebereich erreicht werden, da deren Aufgabenbereiche meist eher abgekoppelt von wirtschaftlichen Zusammenhängen erscheinen.
2. Die Mitarbeiter sollen durch das Spiel auf die Notwendigkeit zur Fort- und Weiterbildung sowie die dazu passenden Angebote (Seminare und Online-Medien) aufmerksam gemacht werden.
3. Weiterhin soll die Kompetenz der Mitarbeiter geschult werden, die Möglichkeiten der modernen Informations- und Kommunikationstechnologien, welche HELIOS in den Kliniken einführt, zu nutzen. Die Heranführung an vernetztes Denken, der Blick über den Tellerrand und die Reflexion der eigenen Rolle im kybernetischen System Krankenhaus ist das dritte Ziel, welches das Spiel verfolgt.

Die Zielgruppe und -setzung sind entsprechend klar umrissen, und das Spiel passt sich zudem gut in die Strategiematrix der HELIOS Kliniken GmbH ein.

Patientennutzen	Wissen
Steigerung Patientennutzen und Qualitätsführung	Ausbau HELIOS zum Wissenskonzern
Nachhaltige Sicherung und Entwicklung der Kliniken	Selektives Wachstum und Stärkung der Marktposition
Wirtschaftlichkeit	Wachstum

Tab. 1: Ziel- bzw. Strategiematrix der HELIOS Kliniken

Diese Ziele und Betrachtungen leiten direkt die Konzeption von *HELIOS – Das Spiel* zu einem Wirtschaftssimulationsspiel. Die Spieler können selbst Krankenhäuser entwerfen und bauen, ausstatten, Mitarbeiter einstellen und deren Arbeitsplätze und Bedingungen festlegen und beobachten, wie Patienten das Angebot wahrnehmen und wie es ihnen und den Mitarbeitern im Haus ergeht.

Im Vergleich zu bekannten Simulationsspielen werden aber einige grundlegend andere Wege begangen. Viele dieser Spiele binden die Spieler lange Zeit an den Bildschirm und verlangen permanente Interaktion. Dies ist nicht wirklich wünschenswert. Die Arbeitszeit lässt eine derart intensive Beschäftigung mit einem Spiel kaum zu. Außerdem ist es nicht zu erwarten, dass viele Mitarbeiter derart spielebegeistert sind, sodass sie große Teile ihrer Freizeit darauf verwenden möchten oder können. Kommunikation mit anderen Spielern steht zudem bei Wirtschaftssimulationsspielen in der Regel nicht im Vordergrund, klassischerweise sind dies eher Single-Player-Spiele. *HELIOS – Das Spiel* wird dagegen im Team gespielt und ist rundenbasiert. Rundenbasiert bedeutet, dass die Simulation nicht in Echtzeit permanent läuft, sondern in Zyklen. Jeder Zyklus besteht aus der Abgabe eines komplexen Spielzugs durch die Spieler, der Berechnung der Simulation durch den Computer, der zeitunabhängigen Darstellung des simulierten Zeitintervalls und schließlich der Analyse durch die Spieler.

Aufgrund der Analyse stellen die Spieler dann den nächsten Spielzug zusammen und geben ihn ab, wodurch sie den nächsten Zyklus einleiten. Das Spielen im Team wird dadurch erreicht, dass das Spiel in der ersten Version nicht alleine gespielt werden kann, die Spieler melden sich zunächst im Team an. Dabei rotiert eine *Boss-Rolle* zwischen den Spielern. Die Spieler machen Vorschläge für den nächsten Spielzug und können die Spielzüge auch alleine vorbereiten. Nur der *Boss* selbst kann keine Spielzüge vorbereiten. Seine Aufgabe ist es, einen der vorgeschlagenen Spielzüge auszuwählen und auf Knopfdruck in die Simulation zu schicken. Am Ende dieser Aktion muss er noch einen anderen Spieler auswählen, an den er die *Boss-Rolle* für den nächsten Spielzug abgibt. Natürlich ist es in-

Abb. 1: Hauptscreen mit der Aufsicht auf eine Station

effizient, wenn alle Spieler akribisch Spielzüge vorbereiten, wo doch nur ein einziger ausgewählt werden kann. Also werden die Spieler nach ihrer Analyse die besten Optionen für den Spielzug diskutieren, ein Spieler wird daraufhin den Spielzug vorbereiten, den der *Boss* dann, bereits in die Entscheidungsfindung einbezogen, vertreten und abgeben kann. Dieses Vorgehen entspricht bereits einer wünschenswerten und guten Teamarbeit außerhalb des Spiels, bei der alle einbezogen werden, die arbeitsintensiven Aufgaben aber verteilt und wechselnd vergeben sind.

HELIOS – Das Spiel ist folglich ein Multi-Player-Spiel. Es ist zudem browserbasiert, lässt sich also mit den unterschiedlichen Browsern wie Internet-Explorer oder Firefox auf ganz unterschiedlicher Hardware spielen. Lediglich das Flash-Plug-in, welches heute standardmäßig vorinstalliert ist, ist erforderlich. Damit ist sichergestellt, dass die Zielgruppe in ganzer Breite erreicht werden kann. Die Umsetzung als Browserspiel bringt noch weitere Vorteile. Das Spiel bettet sich in eine Internetpräsenz ein, welche daneben noch weitere Optionen bietet. Für die teaminterne Kommunikation und Abstimmung steht jedem Team nahtlos ein eigener Forenbereich zur Verfügung, die Teams können sich mithilfe servererzeugter

Statistiken mit anderen Teams vergleichen, Hilfen und Tutorien zum Spiel können abgerufen werden. Außerdem können wichtige, aktuelle Informationen für alle Spieler übergreifend eingeblendet werden.

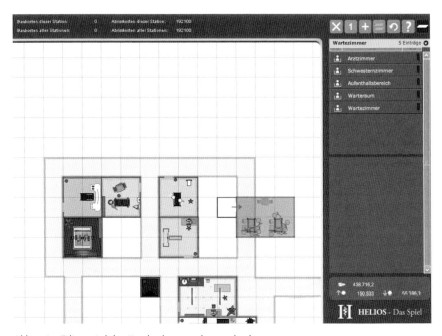

Abb. 2: Im Editor wird das Krankenhaus geplant und gebaut

Nach der Anmeldung eines neuen Teams geht es bei HELIOS – Das Spiel zuerst darum, eine Klinik zu bauen. Hierzu wechselt der Spieler in den Editor-Modus. Es erscheint ein Raster mit einer Weite von 2,4 x 2,4 Spielmetern, welches zunächst einen ebenso großen Aufzug und ein ebenso großes Stück Flur vor dem Aufzug beinhaltet. Diese beiden bereits besetzten Rasterflächen bilden auf jeder Etage des Krankenhauses die unverrückbare Basis, von hier aus wird weitergebaut. Unter Berücksichtigung der Zielgruppe wurde ein Schema gefunden, welches das Bauen intuitiv und leicht möglich macht. Durch einfachen Klick auf angrenzende Rasterflächen kann der Flur beliebig erweitert werden. Im rechten Auswahlmenü befinden sich, ordentlich kategorisiert, unterschiedliche Funktionsräume, Untersuchungsräume, Patientenzimmer, Warteräume, Lager, Büros etc. Ein Klick darauf genügt, und der entsprechende Raum heftet sich an den Mauszeiger. Es genügt nun, eine besetzte Flurkachel zu berühren, und der Raum richtet sich mit seiner Eingangstür daran aus. Per Mausklick wird der Raum platziert, sofern er dadurch keine bereits belegten Rasterflächen überdeckt. Auf diese Weise ist schnell eine erste Station errichtet, bei jeder Aktion werden die Baukosten in HELIOS-Credits, welche im Wert dem Euro nahekommen, aufsummiert.

Die Station alleine funktioniert natürlich nicht ohne Mitarbeiter. Auf dem Arbeitsmarkt können sich die Spieler umsehen und nach besonders qualifizierten Mitarbeitern suchen, die in ihr Krankenhaus zu passen scheinen. Dabei sind die Mitarbeiter zunächst den verschiedenen Bereichen Service, Funktionsdienst, Pflegedienst, ärztlicher Dienst und Verwaltung zugeordnet. Zudem sind verschiedene Hard Skills definiert, welche für jeden Mitarbeiter mithilfe von Statusbalken dargestellt werden und so einen schnellen Vergleich ermöglichen. Sie reichen von Raumpflege und Instandhaltung bis hin zu Spezialisierungen im medizinischen Bereich wie Gefäßchirurgie oder Neurologie. Die Mitarbeiter haben entsprechend ihrer Qualifikation auch entsprechende Gehaltsvorstellungen, welche aber deutliche Schwankungsbreiten aufweisen. Es lohnt sich also, hier etwas zu forschen. Soll ein Mitarbeiter eingestellt werden, kann ihm noch eine Schicht zugewiesen werden, damit die Dienste rund um die Uhr aufrechterhalten werden können.

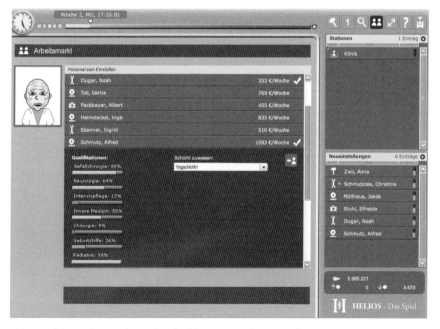

Abb. 3: Auf dem Arbeitsmarkt werden die fähigsten Mitarbeiter angeheuert

Damit kann der Betrieb des Spiel-Krankenhauses bereits beginnen. Nachdem der Zug abgeschickt wurde, wird eine komplette Woche simuliert. Beim nächsten Aufruf des Spiels kann das Ergebnis der Simulation eingesehen werden. Dies allerdings nicht (nur) als Zahlentabelle oder Diagramm. Jeder Augenblick der simulierten Woche kann in der Aufsicht auf die Station wie in einem Film betrachtet werden. Die Spielfiguren laufen herum und gehen ihren Tätigkeiten nach. Es kann vor- und zurückgespult, angehalten und an beliebige Zeitpunkte gesprungen werden, um einzelne Vorgänge im Detail zu untersuchen. Außer den eingestellten Mitarbeitern ist nun natürlich auch die zweite wichtige Personengruppe zu finden: Patienten!

Die Patienten werden vom Server generiert und kommen mit bestimmten, vordefinierten Krankheitsbildern in das Haus. Dabei handelt es sich um reale Krankheitsbilder, die sich auch in den Fallpauschalen der realen Krankenkassen wiederfinden. Auch die Behandlungspfade sind an die Realität angelehnt, und in der Simulation versucht das Spiel, mit den Möglichkeiten des von den Spielern gebauten und ausgestatteten Krankenhauses diesen Behandlungspfaden nahezukommen. Für jede einzelne Maßnahme wird dafür aus dem virtuellen Personal ein Team zusammengestellt und ein Raum zugewiesen. Dabei werden die für die jeweilige Maßnahme vorgesehene Teamzusammensetzung bezüglich der Dienstbereiche, die gewünschten Spezialfähigkeiten der Mitarbeiter, deren Verfügbarkeit und die Verfügbarkeit der erforderlichen Räume und Betriebsmittel berücksichtigt. Das bedeutet, dass für die Simulation eine große Menge mehrdimensionaler Optimierungsprobleme zu lösen sind, bis schließlich der bestmögliche Ablauf (aufgrund von bestimmtem Algorithmen) einer Woche gefunden werden kann.

Die Spieler müssen sich also nicht um die einzelnen Patienten kümmern, was sie in ihrem realen Leben ohnehin tun. Dass erledigt der Kollege Computer für sie. Sehr wohl ist es aber Aufgabe der Spieler, die Bedingungen für den Arbeitsablauf so weit zu optimieren, dass für die Patienten der optimale Behandlungserfolg erreicht werden kann. Damit wird im Spiel das Krankenhaus auch profitabel. Denn auch die Fallpauschalen der Krankenkassen werden angenähert dargestellt. Gelingt die optimale Behandlung bei einer gleichzeitig optimalen Auslastung der Ressourcen, werden dadurch die Kosten reduziert, können gedeckt werden oder sogar ein Gewinn erzielt werden. Mit diesem eventuellen Gewinn können die Spieler das Krankenhaus, zum Beispiel auf mehrere Stockwerke – jeweils wieder beginnend mit einem Aufzug und einem Flurstück –, das Personal und die Qualität weiter ausbauen und so in einen Kreislauf der stetigen Verbesserung eintreten.

Ein wichtiger Faktor dabei ist es, die Qualifikation der Mitarbeiter zunehmend zu verbessern. Zu einem gewissen Grad bildet das Spiel bereits ein *Learning on the Job* ab. Durch Erfahrung werden die Fähigkeitsbalken der Spielfiguren langsam größer. Bleibt die Erfahrung aus, weil die Fähigkeiten nicht genutzt werden, bilden sie sich allerdings auch langsam wieder zurück. Einen richtigen Sprung in der Qualifikation kann man erreichen, wenn man den Mitarbeiter zu Fortbildungsmaßnahmen schickt. Er steht dann zwar in der nächsten Woche eine gewisse Zeit für die Simulation nicht zur Verfügung, hat danach aber gestärkte oder neue Fähigkeiten. Diese Fortbildungsmaßnahmen bilden sogar reale Fortbildungsmaßnahmen der HELIOS-Akademie ab, und Spieler, die im Spiel darauf gestoßen und darauf aufmerksam geworden sind, können sich aus dem Spiel heraus weitere Informationen zu den Maßnahmen aufrufen und gegebenenfalls gleich auch für sich selbst buchen. Die Steuerung des Spiels ist betont simpel. Alles ist per einfachem oder doppeltem Klick mit der linken Maustaste zu steuern. Die Tastatur ist lediglich zum Vergeben von Namen, z. B. für neue Stationen, erforderlich. Das Userinterface ist in mehrere Bereiche unterteilt, welche konsistent bedient werden und sich entsprechend dem Kontext bei Interaktion gegenseitig beeinflussen.

Das Grafik- und Interaktionsdesign wurde im Rahmen einer Diplomarbeit an der FH Mainz im Studiengang Mediengestaltung entwickelt und implementiert.

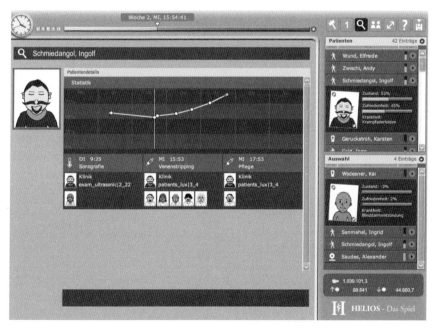

Abb. 4: Jede Spielfigur ist einzigartig, die Diagnosen und Maßnahmen realitätsnah

Bei der Gestaltung des Spiels sind zum einen die CI-Vorschriften der HELIOS Kliniken GmbH in Bezug auf Farbgebung, Typografie, die Ausstattung der Räumlichkeiten im Spiel und die Kleidung der virtuellen Mitarbeiter eingeflossen. Zum anderen wurde darauf geachtet, dass die Spielfiguren keine austauschbaren *Einheiten* darstellen. So wird für jede Figur ein einzigartiger Name und ein individuelles Porträt generiert. Auch sind Charaktereigenschaften abgebildet. Patienten kommentieren ihre Erfahrung im Krankenhaus, und Mitarbeiter geben differenzierte Aussagen zu ihrer Zufriedenheit bezüglich Gehalt, Arbeitsbelastung, Teamarbeit und anderen Aspekten ab. Auch können die Spieler erfahren, wer mit wem am liebsten und am wenigsten gern zusammenarbeitet. Diese Informationen stellen wertvolle Hilfen für die Optimierung der Arbeitsprozesse durch die Spieler dar, die unbedingt beachtet werden sollten. Denn bei allen technischen Ausstattungen und Qualifikationen Einzelner ist ein Faktor für den Erfolg einer Zusammenarbeit besonders entscheidend: die Chemie!

HELIOS – Das Spiel wird eingesetzt im Rahmen der strukturierten Fort- und Weiterbildung. Ziel ist es, im Spiel gute medizinische und wirtschaftliche Ergebnisse zu erzielen. Es ist ein voll kongruentes Serious Game. Außerhalb des Spiels gibt es keine zusätzlichen Lernteile, welche die anvisierten Lernziele explizit verfolgen. Alles ist Spiel, und die Lernziele werden durch die Interaktion mit dem Spiel und zwischen den Spielern erreicht. Allerdings ist das Spiel so komplex, dass ein Tutorial den Einstieg in das Spiel erleichtert. Zudem gibt es innerhalb des Spiels einige Hilfestellungen per Pop-up. Das Spiel befindet sich derzeit in einem ersten Test im Intranet der HELIOS Kliniken GmbH (www.helios-spiel.de).

Der Vodafone Code

THORSTEN UNGER

Ausgangssituation

Vodafone Deutschland, einer der größten und modernsten Telekommunikationsanbieter in Europa, war auf der Suche nach einer innovativen Lösung für die Schulung neuer Mitarbeiter im Bereich Vertrieb Geschäftskunden. Das bis dahin einer längeren Präsenztrainingsphase vorgeschaltete E-Learning entsprach nicht mehr den veränderten didaktischen Ansprüchen der Zielgruppe, weshalb sich das Unternehmen für die Realisierung einer spielbasierten Lernplattform entschied, in welcher der Anwender die Rolle eines Vertriebsmitarbeiters übernimmt.

Simulatives Lernen mit dem *Vodafone Code*

Als Ergebnis dieser grundlegenden Überlegungen entstand im Jahre 2008 der *Vodafone Code*, eine webbasierte, interaktive Lösung, welche Lerninhalte durch die Simulation von arbeitsrelevanten Prozessen vermittelt. Dieses Tool, das unter Führung der E-Learning-Experten der Mindmedia GmbH (heute KnowHow AG) und unter Nutzung des spielspezifischen Fach-Know-hows der Zone 2 Connect GmbH in enger Abstimmung mit der Personalentwicklung entstand, findet in unterschiedlichen Bereichen des Vertriebes von Vodafone Deutschland Anwendung.

Um die Situation darzustellen, wird das Arbeitsumfeld des Lernenden durch 3D-Technologie abgebildet. Diese kann über jeden gängigen Internetbrowser verfügbar gemacht werden. So ist es möglich, Arbeitsumgebungen realitätsgetreu darzubieten und auf diese Weise Wissen und Herausforderung in Form von Prozessen und interaktiven Aufgaben wirklichkeitsnah nachzustellen. Somit ist das Lernen realitätsnah und der Wissenstransfer zugleich erleichtert. Innerhalb des *Vodafone Codes* sind die betrieblichen Prozesse und Einrichtungen möglichst nah am wirklichen Unternehmen abgebildet, um dem Anwender die Übertragung der zu erlernenden Prozesse auf den täglichen Berufsalltag zu erleichtern.

Hintergrund

Der *Vodafone Code* nutzt mehrere mediendidaktische Prinzipien und Wirkungsketten, die durch vielfältige Studien aus der universitären Forschung bestätigt werden. Eine hohe Verständlichkeit des zu erlernenden Stoffes erfolgt am wirkungsvollsten durch eine ansprechende, erkundbare und dem Lernenden bekannte Visualisierung. Hintergründig hierfür ist die Nutzung des Immersionseffektes, des Eintauchens in ein bekanntes oder zu erforschendes Umfeld, mit dem Ziel der höheren Identifikation mit der Anwendung.

Abb. 1: Frei begehbare 3D-Umgebung

Die optionale Möglichkeit eines Alter Egos, eines Avatars, als Spielfigur kann diesen Effekt noch verstärken. Zur Erhöhung der Emotionalisierung kann sich der Anbieter der Trainingssimulation des *Storytelling* bedienen. Hierbei werden die zu vermittelnden Inhalte in eine Rahmenhandlung übertragen, die für den Anwender von Interesse sind. Auch ist es möglich, zusätzlich Konflikte oder Ziele in diese Geschichte zu integrieren. Generell stellt das einen Rahmen dar, wo hingegen die Lernplattform selbst einen nicht linearen Charakter hat.

Der Lernende ist in der Anwendung kontinuierlich gefordert, sich auf neue Situationen und Aufgaben einzustellen. Die Aufgaben sind mit unterschiedlichen Schwierigkeitsgraden versehen, welche im Idealfall von weiterentwickelbarem

Charakter sind. Ziel ist es, den Spieler in einen positiven *Schaffens- und Tätigkeitsrausch* zu versetzen. Ein solcher Zustand wird in der Psychologie als *Flow-Erlebnis* beschrieben.

Die Lernmotivation wird beim *Vodafone Code* aus der spielerischen Motivation heraus gewonnen, die gestellte Aufgabe zu meistern. Eine positive Rückmeldung auf das eigene Handeln unter Einsatz von zu erlernendem Wissen in einem für den Anwender relevanten Umfeld sind hierbei die entscheidenden Faktoren. Das komplexe Hinterfragen und die Erweiterung der zu vermittelnden Inhalte werden so ermöglicht und der Lernerfolg sichergestellt. Der *Vodafone Code* stellt damit eine ideale Ergänzung zu dem klassischen E-Learning und Präsenztraining dar und kann diese insgesamt effizienter gestalten. Die Fort- und Weiterbildungskosten können vom anbietenden Unternehmen auf diese Weise in der Summe, bei gleichzeitig verbessertem Lernerfolg der Anwender, gesenkt werden.

Aufbau des *Vodafone Codes*

Um die benötigte Anwendungstiefe zu erreichen, wurden verschiedene Komponenten umgesetzt, welche sich auch an den Motivationsmodellen der Computerspielindustrie orientieren. Ein besonderer Wert wurde hier auf die Anlehnung an die Realität, die Abbildung der eigenen, virtuellen Persönlichkeit und die Belohnung des Anwenders innerhalb der Simulation gelegt. Die Lösung ermöglicht es, das Arbeitsumfeld des Anwenders auf die jeweiligen Gegebenheiten anzupassen. Dabei ist es unerheblich, ob es sich um einen Verkaufsbereich mit Kundenverkehr oder einen Bürotrakt handelt. Der Nutzer kann sich mittels Maussteuerung innerhalb des Objekts frei bewegen und in die Umgebung integrierte Nutzungsangebote anwählen.

Das Umfeld ist dynamisch und zusätzlich in Abhängigkeit zur Leistung des Probanden gestaltbar. Neben dem Avatar können auf diese Weise auch durch das System generierte und gesteuerte Charaktere, wie z. B. Kunden oder ein Mentor, in die Umwelt integriert werden. Dies ermöglicht das Abbilden von realistischen Arbeitsabläufen und Arbeitsumfeldern.

Avatar-Generierung

In einem umfangreichen Tool kann der Nutzer seinen eigenen Charakter aus verschiedenen Komponenten zusammenstellen. Editierbar sind hier beispielsweise die Bekleidung, Haare, Körperform oder das Gesicht. Mittels der Funktion, ein mögliches *Ich* selber zu bestimmen, steigt die Identifikation mit der Anwendung, der Anwender schlüpft in die Rolle und wird Teil einer Welt, die es zu erkunden gilt.

Gesprächssimulation

In der Gesprächssimulation muss der zu Trainierende in virtuellen Kundengesprächen erworbenes Wissen anwenden. Sowohl Anwender als auch der durch das System generierte Gesprächspartner verfügen über ein umfangreiches Mimiksystem. Die innerhalb der Simulation entstehenden Dialoge haben eine komplexe Dynamik und werden (mathematisch nahezu ausgeschlossen) nicht gleichlautend noch ein weiteres Mal verwendet. Die im System enthaltenen Softwarekomponenten unterliegen einer langjährigen Erprobung und Erfahrung, da sie auf der Abbildung von virtuellen Gesprächen aus der Softwarelösung *SimuCoach* aufbauen. Die simulierten Trainingseinheiten liefern Rückmeldungen aus den Aktionen des Lernenden. Dieses Feedback kann auf unterschiedliche Weise vermittelt werden. Ein geeigneter Weg im Rahmen des Storytelling ist die Integration eines Mentors oder Coaches. Dieser übernimmt eine beratende und motivierende Funktion, liefert Hinweise und gibt positives wie negatives Feedback an den Anwender zurück.

Abb. 2: Beratungssituation in realistischer Umgebung

Handlungsrahmen

Das Storytelling arbeitet mit authentischen Geschichten, die etwas über Möglichkeiten aussagen und darüber, wie diese realisiert werden können. Es bildet den fiktiven Rahmen der Lernwelt und trägt wesentlich zur Motivation des Lernenden bei, in die *Lernwelt* einzutauchen. Der Anwender übernimmt eine Rolle, ist Teil eines größeren Ganzen, in dem er als Einzelner gefordert ist, die gestellten Aufgaben und Anforderungen zu erfüllen. Von daher bietet der Handlungsrahmen einen Beziehungsrahmen, den es innerhalb der Handlung zu erfüllen gilt. Dies kann sich auf die simple Aufgabe eines Vertriebsziels ebenso beziehen wie auf Abstraktionen, die man aus Fabeln oder Romanen kennt. Es lassen sich Gewinn- und Verlustbedingungen ebenso definieren wie Konflikte, welche vom Nutzer gelöst werden sollen.

Zeit ist hierbei ein wesentlicher Faktor über Erfolg und Misserfolg von beruflichen Aufgaben und Projekten. Aus diesem Grund beinhaltet der *Vodafone Code* optional ein Zeitmanagementtool, welches es erlaubt, den Tagesablauf selbst auf Basis von gestellten Aufgaben und Erlebnissen auszugestalten. Ein mangelhaftes Zeitmanagement innerhalb der Anwendung hat Konsequenzen, auch auf die anderen Module der Anwendung, wie beispielsweise auf geplante Termine und damit verbundene zu erzielende Abschlüsse oder zu erhaltene Informationen.

Motivationssystem

Um die Motivation noch zu steigern, kann Erfolg in der Anwendung in eine fiktive Währung umgewandelt werden. Hierdurch lässt sich der Fortschritt visuell mess- und vergleichbar machen. Das erworbene Guthaben kann gegen virtuelle Gegenstände und Incentives, wie Einrichtungsobjekte oder Mini-Games, eingetauscht werden oder wirkt sich auf den Status des Anwenders aus. Der Wettbewerb unter den Teilnehmern wird transparenter, die Motivation zur erfolgreichen Teilnahme gesteigert.

Informationsmanagement

Um den Betriebsablauf möglichst realitätsnah abzubilden, verfügt der *Vodafone Code* über ein virtuelles Informationssystem. Wissenswertes, wie wichtige Produktinformationen oder Terminabsprachen mit zu überzeugenden Kunden, wird über einen als Modul verfügbaren E-Mail-Client bereitgestellt und muss vom Anwender beachtet werden.

Zur Anwendung können für die Informationsbeschaffung unterschiedliche Informationsquellen herangezogen werden. Diese können fiktiv oder real sein. Es lassen sich problemlos neue wie bestehende Inhalte in die Plattform integrieren. Auch kann auf externe Quellen zugegriffen werden (Internet, Intranet), die Informationsbeschaffung kann mittels Webseiten, Filmen, virtuellen SMS oder E-Mails oder über ein *grafisches* Smartphone erfolgen.

Die einzelnen Module des *Vodafone Codes* lassen sich zu betrieblichen Prozessen verknüpfen. Zum Beispiel kann der Nutzer auf einer *Map* potenzielle Kunden vorqualifizieren, in einem Terminkalender Termine vereinbaren, virtuell mit Kunden per E-Mail oder im Dialog kommunizieren und alles in einer Kundendatenbank erfassen.

Fazit

Der *Vodafone Code* stellt eine spannende und erfolgreiche Anwendung dar, das Potenzial von Computerspielen für die betriebliche Bildung nutzbar zu machen. Das Projekt, welches 2009 erstmals innerhalb der betrieblichen Aus- und Weiterbildung eingesetzt wurde, ist bis heute mehrmalig ausgebaut und umgestaltet worden. So ist es inzwischen fester Bestandteil des Ausbildungsprogramms von Vodafone Deutschland und im Jahr 2010 mit mehreren Auszeichnungen bedacht worden.

Die Autoren

Lukas **Bucher** ist Diplom-Berufspädagoge und Softwareentwickler. Er arbeitet als wissenschaftlicher Mitarbeiter im Bereich Human Factors bei der IAB GmbH in Ottobrunn. Seine Arbeitsschwerpunkte liegen in den Themenbereichen Serious Games und Ausbildung.

Jirka **Dell'Oro Friedl** ist Gründer-Gesellschafter der Firma EnterTrain Software GmbH. An der Fachhochschule Mainz war er seit dem Jahr 2000 Dozent für interaktive Gestaltung, Gamedesign, Informatik und Computergrafik. Seit 2010 ist er Professor für Anwendungskonzeption und Gamedesign an der Fakultät Digitale Medien der Hochschule Furtwangen University.

Dr. Claudia **de Witt** ist Professorin für Bildungstheorie und Medienpädagogik an der FernUniversität in Hagen, Institut für Bildungswissenschaft und Medienforschung. Ihre Forschungsschwerpunkte sind E-Learning und Mobile Learning, insbesondere didaktisches Design internetbasierter Kommunikationsszenarien sowie die Implementation asynchroner und synchroner Kommunikations- und Kollaborationstools in Bildungskontexten. Sie ist Mitherausgeberin der Online-Zeitschrift MedienPaed.org.

Manuela **Feist** erlangte 2008 ihr Diplom in der Angewandten Informatik an der Hochschule für Technik und Wirtschaft (HTW) Berlin. Im Januar 2010 wurde ihr der Master of Science in Interactive Media von der University of Limerick in Irland verliehen. Seit Abschluss des Masterstudiums arbeitet sie in der Forschungsgruppe INKA (Informations- und Kommunikationsanwendungen) an der HTW Berlin. In dem aktuellen Forschungsprojekt werden Konzepte und Lösungen für ein multimediales mobiles Museum erstellt. Ihr besonderes Interesse gilt der Entwicklung von E-Learning-Anwendungen und Museumsinformationssystemen.

Dr. Gernold P. **Frank** ist Professor für ABWL, insbesondere Personal & Organisation an der Hochschule für Technik und Wirtschaft in Berlin. Er ist Verantwortlicher für den Masterstudiengang Arbeits- und Personalmanagement und wissenschaftlicher Beirat des eLearningCompetenceCenters, einer HTW-Einrichtung, um neue Lehr-/Lernformen in den Hochschulbetrieb zu integrieren. Er arbeitet derzeit insbesondere im Umfeld von ePortfolio und Game-Based Learning.

Dr. Regina **Franken-Wendelstorf** ist Sozialwissenschaftlerin und seit 2009 Projektkoordinatorin in der Forschungsgruppe INKA (Informations- und Kommunikationsanwendungen) für das Projekt Hardware und Multimediatechnik zur Entwicklung eines mobilen Museums an der HTW in Berlin. Die Schwerpunkte ihrer Arbeiten befassen sich mit den Transitionsprozessen gesellschaftlicher Strukturen unter besonderer Berücksichtigung kultureller und technischer Einflüsse.

Herbert **Frick** ist Diplom-Informatiker für Wirtschaftsinformatik und hat sich nach 25 Jahren Tätigkeit im Bereich kaufmännischer IT-Lösungen dem Thema Serious Gaming zugewandt. Er ist Gründer und Geschäftsführer der Apunto SC GmbH.

Dr. Sonja **Ganguin** ist Diplom-Pädagogin und promovierte an der Universität Bielefeld zum Thema Computerspiele und lebenslanges Lernen. Seit November 2010 ist sie wissenschaftliche Mitarbeiterin an der Fakultät für Kulturwissenschaften der Universität Paderborn im Bereich Medienpädagogik und empirische Medienforschung, Mitglied im Bundesvorstand der GMK, Jurymitglied des Deutschen Computerspielpreises. Ihre Arbeitsschwerpunkte sind: Computerspiele, Mobile Learning, Medienkompetenz, qualitative und quantitative Medienforschung.

Kathrin **Gerling** ist seit 2008 wissenschaftliche Mitarbeiterin im Fachgebiet Medieninformatik und Entertainment Computing der Universität Duisburg-Essen. Ihre Forschungsschwerpunkte liegen primär im Bereich der Serious Games mit besonderem Fokus auf der Berücksichtigung menschlicher Faktoren im Gamedesign. Zuvor war sie in der Spieleindustrie tätig und an der Entwicklung mehrerer Projekte für die Handheld-Plattformen Nintendo DS und Sony PSP beteiligt.

Markus **Herkersdorf** ist Mitgründer und Geschäftsführer der TriCAT GmbH. Der Diplom-Ingenieur der Luft- und Raumfahrttechnik, befasst sich seit 20 Jahren mit dem Thema technologiegestütztes Lernen und Training. Sein besonderes Interesse gilt den Möglichkeiten, die virtuelle 3D-Welten in zukünftigen Lern- und Trainingsszenarien bieten. Die TriCAT GmbH, mit Sitz in Ulm, zählt bei diesem Thema zu den führenden und mehrfach ausgezeichneten Unternehmen in Deutschland.

Dirk **Hitz** ist Diplom-Informatiker für Wirtschaftsinformatik, hat mehr als 10 Jahre internationale IT-Projekte geleitet und sich Anfang 2010 als Gesellschafter und Geschäftsführer der Apunto SC GmbH auf Serious Gaming spezialisiert.

Dr. Nils **Högsdal** verantwortet bei der TATA Interactive Systems GmbH als Geschäftsführer und Vice President TOPSIM die Bereiche Planspielneuentwicklungen, kundenspezifische Simulationen und Trainingskonzeptionen. TATA Interactive Systems GmbH gehört zur indischen TATA-Gruppe und ist einer der größten E-Learning-Anbieter speziell im Bereich Custom eLearning. Davor war er am Lehrstuhl für Wirtschaftsinformatik an der Universität Tübingen als wissenschaftlicher Mitarbeiter im Rahmen eines E-Learning-Projektes tätig.

Dr. Dr. Klaus Peter **Jantke** leitet die Abteilung Kindermedien des Fraunhofer IDMT in Ilmenau. Seine Arbeitsschwerpunkte liegen im Bereich E-Learning, insbesondere der digitalen Spiele und in deren Verbindung, dem Game-Based Learning. Zu seinen Aufgaben gehören die Entwicklung, Implementierung und Evaluation von digitalen Spielen.

Dr. Annette **Klotz** hat Pädagogik, Psychologie und Betriebswirtschaftslehre studiert und ist ausgebildete Mediatorin. Neben ihrer Tätigkeit als Projektleiterin für die Landes-Gewerbeförderungsstelle des nordrhein-westfälischen Handwerks e.V. arbeitet sie als Dozentin sowie als freiberufliche Trainerin. Den Schwerpunkt bildet dabei die Vermittlung von Kommunikations- und Konfliktlösungskompetenzen.

Oliver **Korn** studierte Computerlinguistik, Anglistik und Germanistik an der Universität Stuttgart und der University of Glasgow. Nachdem er für das Fraunhofer IAO und die Hochschule der Medien im Bereich Simulationen und Serious Games arbeitete, gründete er 2003 die KORION als Spin-off der Fraunhofer Gesellschaft. Als Geschäftsführer des forschungsnahen Unternehmens betreut er innovative Simulations- und Game-Projekte für Wirtschaft und Bildung.

Dr. Huberta **Kritzenberger** ist Informationswissenschaftlerin mit einer Vertiefung im Bereich der benutzer- und anwendungsgerechten Gestaltung von Benutzungsschnittstellen multimedialer und interaktiver Systeme. Seit 2002 ist sie Professorin für Multimediale Kommunikation und E-Learning an der Hochschule der Medien in Stuttgart. Ihre Forschungsschwerpunkte sind Interaktionsdesign, Digital Game-Based Learning und Serious Games.

Dr. Maic **Masuch** ist Leiter des Lehrstuhls für Medieninformatik der Universität Duisburg-Essen mit dem Schwerpunkt Entertainment Computing. 2001 wurde er an der Universität Magdeburg auf Deutschlands erste Professur für Computerspiele berufen. Mit über 12 Jahren Erfahrung zählt Maic Masuch zu den Pionieren im Lehr- und Forschungsfeld digitaler Spiele.

Dr. Maren **Metz** ist Diplom-Psychologin mit der Vertiefung Kommunikation. Sie ist Coach und wissenschaftliche Mitarbeiterin an der Helmut-Schmidt-Universität/Universität der Bundeswehr Hamburg. Ihre Forschungsschwerpunkte sind (virtuelles) Coaching, moderne Lernstrategien und digitale Spiele.

Katrin **Napp** ist Diplom-Sozialpädagogin und Magistra Artium in Erziehungs-, Politik- und Medienwissenschaften. Nach mehreren Jahren freiberuflicher Tätigkeit im Bereich der Medienpädagogik und -didaktik ist sie seit dem Jahr 2002 im Verein Schulen ans Netz tätig. Dort war sie zunächst für die Konzeption und redaktionelle Betreuung der Bereiche Recht und Medienkompetenz des Internetportals Lehrer-Online zuständig. Seit Januar 2008 ist sie im Projekt qualiboXX für die Konzeption und Entwicklung digitaler Lernmodule und Lernspiele verantwortlich.

Frank **Neises** ist studierter Diplom-Pädagoge mit dem Zusatzdiplom in Medienkommunikation. Er ist seit vielen Jahren als Projektleiter bei Bildungsträgern in den Bereichen Berufliche Bildung und Medienbildung tätig. Als Projektleiter von qualiboXX (Schulen ans Netz e.V.) interessieren ihn vor allem die didaktischen und methodischen Handlungsmöglichkeiten durch den Einsatz digitaler Medien in der Pädagogik.

Dr. Harald **Schaub** studierte Biologie, Informatik und Psychologie. Er promovierte und habilitierte sich über kognitionswissenschaftliche Themen. Er ist außerplanmäßiger Professor an der Otto-Friedrich Universität Bamberg und leitet die Abteilung Systemic Analysis and Human Factors bei dem Technologie-, Simulations- und Testdienstleister IABG in Ottobrunn bei München. Sein Schwerpunkt ist dabei die Analyse und das Training des Menschen im Umgang mit soziotechnischen Systemen.

Ralf **Schmidt** ist Diplom-Medieninformatiker und war über 5 Jahre als freiberuflicher Projektmanager und Producer und Dozent in der deutschen Entwickler- und Verlagsszene tätig. Seit Januar 2010 arbeitet Ralf Schmidt als wissenschaftlicher Mitarbeiter am Lehrstuhl für Medieninformatik der Universität Duisburg-Essen und forscht im Themenkomplex des Game-Based Learning.

Uwe **Seidel** ist Polizeioberrat und Referent im Innenministerium – Landespolizeipräsidium des Landes Baden-Württemberg. Er ist dort für die Innovationsvorhaben POLIZEI-ONLINE/MEPA-ONLINE verantwortlich, die im Rahmen von öffentlich-privaten Partnerschaften umgesetzt werden. Zu seinen Arbeitsschwerpunkten gehören die Modernisierung der polizeilichen Aus- und Fortbildung und der Einsatztrainings sowie der Aufbau und die Fortentwicklung eines ganzheitlichen Informations- und Wissensmanagementsystems. Die Ergebnisse von POLIZEI-ONLINE/MEPA-ONLINE sind dabei Grundlagen für weitreichende nationale und internationale polizeiliche Kooperationen.

Oliver **Steinke** ist Diplom-Pädagoge mit der Fachrichtung Erwachsenen- und Jugendbildung. Er ist langjähriger Mitarbeiter der Landes-Gewerbeförderungsstelle des nordrhein-westfälischen Handwerks e.V. und in diesem Zusammenhang schwerpunktmäßig in der Leitung von Bildungsprojekten unter Einsatz Neuer Medien tätig. Hierzu gehören vor allem die Konzeption und Entwicklung von Web-2.0-Anwendungen sowie von medienbasierten Lernarrangements.

Fabienne **Theis** ist Diplom-Pädagogin mit dem Schwerpunkt Erwachsenenbildung/Weiterbildung. Sie arbeitet als Koordinatorin für berufliche Weiterbildung bei der Wirtschaftsförderungsgesellschaft Altenkirchen mbH. Seit ihrer wissenschaftlichen Mitarbeit an der Helmut-Schmidt-Universität Hamburg beschäftigt sie sich mit den Themen Corporate (Social) Responsibility, berufliche Bildung und organisationales Lernen.

Thorsten **Unger** ist geschäftsführender Gesellschafter der Zone 2 Connect GmbH, einem Anbieter von spielbasierten Lernmedien für die Industrie. Er ist zuständig für die Beratung und Konzeption und beschäftigt sich intensiv mit der Umsetzung von Serious Games und Game-Based Learning. Zudem ist er Mitautor der Plattform www.serious-games.de.

- **News** - aktuelles aus der Branche
- **Blogs** - Experten teilen Ihr Wissen
- **Hintergründe** - didaktische Grundlagen, Wissenschaft, etc.
- **Anwendungsgebiete** von Serious Games
- **Glossar**
- **Newsletter**

Das Portal für spielbasierte Wissensvermittlung

SeriousGames.de

„Sage es mir, und ich vergesse es, zeige es mir, und ich erinnere mich, lass es mich tun, und ich behalte es."
(Konfuzius, 551 - 479 v. Chr.)

powered by **ZII ZONE 2 CONNECT**®

SimuCoach®
innovativ • komfortabel • webbasiert

muCoach - Virtuelles Coaching als SaaS-Lösung.
ntwickeln Sie ganz einfach virtuelle Gesprächssituationen.

one 2 Connect macht mit SimuCoach die Potentiale von
ames für Ihr Bildungsangebot nutzbar - ganz ohne
ogrammierkenntnisse und lange Entwicklungszeiten.

ne 2 Connect GmbH   -   Am Wasserturm 6   -   40668 Meerbusch   -   Tel.: 0 21 50 / 70 5 66-0   -   Fax: 0 21 50 / 70 5 66-77
eb: www.zone2connect.de   -   www.simucoach.de